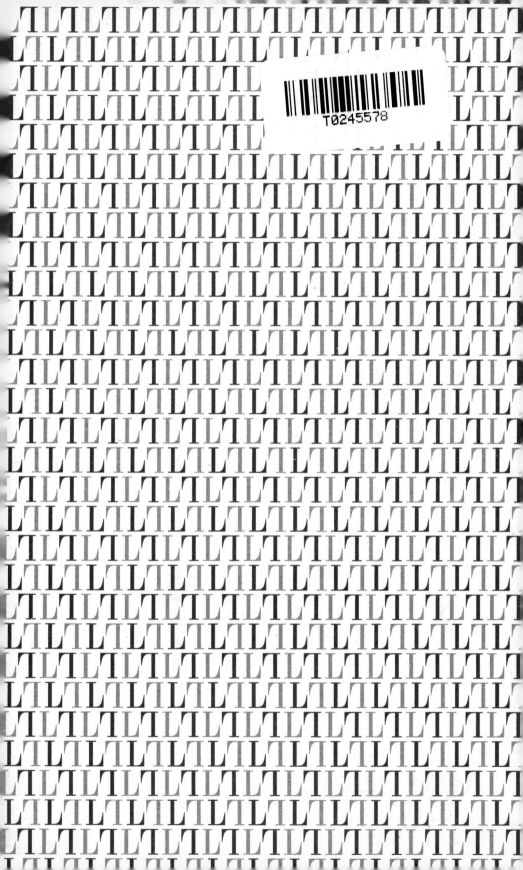

Las desheredadas

Las desheredadas

Una historia de mujeres creadoras
Siglos XVIII y XIX

Ángeles Caso

Lumen

ensayo

Papel certificado por el Forest Stewardship Council®

Penguin
Random House
Grupo Editorial

Primera edición: octubre de 2023

© 2023, Ángeles Caso
© 2023, Penguin Random House Grupo Editorial, S. A. U.
Travessera de Gràcia, 47-49. 08021 Barcelona

Printed in Spain – Impreso en España

ISBN: 978-84-264-2281-1
Depósito legal: B-13.706-2023

Compuesto en M. I. Maquetación, S. L.
Impreso en Unigraf, Móstoles (Madrid)

H 4 2 2 8 1 1

Índice

Para Sebas y Alberto (o Alberto y Sebas),
por tantas noches de acogida,
compañía y cenas ricas.

¡Qué distinta habría sido mi vida si en mi tarjeta pusiera Emilio en vez de Emilia!

EMILIA PARDO BAZÁN

Introducción

¿Quién puede medir el calor y la violencia de un corazón de poeta apresado y enmarañado en un cuerpo de mujer?

VIRGINIA WOOLF

¿Recuerdan a Judith Shakespeare? Era la hermana de William, sí. Debió de nacer un poco después que él, hacia 1567, y era igual de lista, de aventurera y de imaginativa que el inmortal dramaturgo. Pero, mientras que a él a los ocho años lo mandaban a la buena escuela que había por entonces en Stratford-upon-Avon y empezaba a estudiar y a desarrollar su mente prodigiosa, Judith tuvo que quedarse en casa y aprender tan solo los infinitos trucos para que la mesa-donde-William-hacía-sus-deberes brillase, el colchón-en-el-que-William-tenía-que-descansar estuviese bien aireado, las-manchas-de-tinta-de-la-ropa-de-William desaparenciesen, las-medias-de-William fuesen remendadas de manera que no se notase y la carne-que-William-iba-a-cenar estuviera bien guisada.

Por las mañanas, durante mucho tiempo, cada vez que lo veía saliendo hacia la escuela con sus libros bajo el brazo, Judith rompía a llorar. No conseguía entender por qué ella tenía que quedarse allí, haciendo todas aquellas cosas tan tontas, mientras William se iba por el mundo a embriagarse con las historias que habían contado los hombres del pasado. Pero las niñas no podían ir a la escuela. Mil veces se lo dijo su madre, y hasta la amenazó con no enseñarle ni siquiera a leer y a escribir si no paraban sus rabietas. Al final, pararon, y Judith terminó por aprender todas esas tareas que, según le decían, le serían de tanto valor cuando se casase y tuviera hijos y un hogar del que cuidar.

Aunque, mientras hacía todo aquello, por su cabeza no dejaban de pasar historias sin fin, las que le oía a William cuando volvía del colegio, las que se contaban las viejas entre ellas en el mercado —esperando a que se asaran las castañas—, las que representaban las compañías de teatro que llegaban a la ciudad y, sobre todo, las que se aparecían en su mente sin más ni más, historias nuevas, inexistentes, que nadie había contado nunca y que ella quería narrar, poniendo aquellos versos tan sonoros que se le ocurrían, uno tras otro, en un papel, para que luego los actores los repitiesen en el escenario.

Cuando llegó el momento de casarse —a los dieciséis años— y su padre le eligió un marido, se dio cuenta de que no podía seguir obedeciendo: se le iba a parar el corazón, estaba segura de que se le iba a parar el corazón. Judith huyó de casa una noche —sería hacia 1583— y consiguió llegar a Londres. Igual que haría William unos años después —en ese momento, William estaba muy ocupado con su mujer y sus hijos, aunque luego no tendría ningún problema en dejarlos plantados—, se presentó en la entrada de artistas del teatro The Globe y, en cuanto pasó el director, le dijo que quería ser actriz y escribir comedias. El director se rio en su cara: ¿Actriz...? Las mujeres no actúan en el teatro, muchacha, son hombres disfrazados... En cuanto a lo de escribir, de eso ya ni hablamos... ¿Acaso sabes escribir?

Sola, perdida, sin recursos, con las puertas de aquel espacio en el que siempre había soñado entrar totalmente cerradas, Judith Shakespeare —embarazada además de un hombre que la sedujo y la abandonó de inmediato— se suicidó a los diecisiete años y está enterrada bajo una de las paradas de autobús de Elephant and Castle, no muy lejos del teatro en el que nunca le permitieron entrar.

La historia de Judith Shakespeare no es real —se la inventó Virginia Woolf en su ensayo *Una habitación propia*—, pero podría serlo: es la parábola perfecta que resume la historia de infinidad de mujeres a lo largo de los siglos, mujeres con talento a las que acallaron, mujeres inteligentes a las que les impidieron estudiar, mujeres valiosas que tuvieron que poner todo su esfuerzo y su tiempo al servicio de otros —los maridos, los hijos, los progenitores, los hermanos, los sobrinos—, mujeres únicas a las que les cerraron todas las puertas en las narices, una y otra vez, para hacer de ellas mujeres «comunes», es decir, silenciosas, obedientes y pasivas.

En 1971, la historiadora del arte estadounidense Linda Nochlin (1931-2017) estableció el mismo juego de géneros respecto a Pablo Picasso:

> ¿Qué habría sucedido si Picasso hubiese sido una niña? ¿Se habría preocupado tanto por él [su padre] el señor Ruiz? ¿Habría estimulado de la misma manera su ambición de grandes logros si hubiera sido una pequeña Pablita?*

Creo que pararnos a pensar un momento —solo un momento— en Judith y en Pablita es un ejercicio fundamental si quere-

---

* Todas las citas incluidas en el texto, salvo indicación expresa, son traducción de la autora.

mos entender la historia del mundo: la vida de los seres humanos está llena de Judiths y Pablitas a las que nadie hizo caso, y de Williams y Pablos que fueron atendidos, alimentados, educados, apoyados y aplaudidos para que pudieran llegar hasta donde quisieran. Seguramente todavía a día de hoy, en muchos lugares del mundo, sigue ocurriendo lo mismo.

Y a pesar de todo eso, fueron muchísimas las mujeres que, a lo largo de los siglos, se atrevieron a desviarse de la senda severamente trazada para ellas —bien guardada por muros infranqueables—, muchísimas las que decidieron creer en sí mismas, enfrentarse a sus familias, sus amigas y la sociedad en su conjunto porque —como Judith— sentían que, si no lo hacían, el corazón les dejaría de latir.

Son las heroínas de la genealogía cultural femenina, las artistas, dramaturgas, pensadoras, novelistas, músicas, poetas, fotógrafas y científicas —sí, la ciencia también es cultura y creación— que nos precedieron, alzándose sobre el pantano gris y amorfo en el que deberían haberse resignado a ahogarse, para levantar muy altas la cabeza y la voz.

Desde que publiqué el primer tomo de este estudio en 2005 hasta la fecha en la que escribo estas líneas (febrero de 2023), los estudios de género han dado un enorme paso adelante. Investigadoras e investigadores de todos los países han seguido el camino iniciado por algunas feministas en la década de los setenta y están volviendo a revisar los viejos archivos, los documentos centenarios, los atestados almacenes de los museos y los catálogos de las bibliotecas más vetustas para buscar el rastro de las mujeres. Porque, aunque parezca mentira, ese rastro apenas se había seguido hasta ahora.

El relato de cómo ha ido transcurriendo la vida humana a lo largo de los milenios que llevamos sobre el planeta —es decir, lo que llamamos historia— se lo debemos fundamentalmente a los eruditos del siglo XIX. Fue el tiempo en el que nacieron las ciencias sociales tal y como las conocemos, como materias académicas de estudio e investigación. Tanto la historia general como las específicas que se centran en determinados ámbitos —historia del arte, de la literatura, de la música, de la ciencia, etcétera—, con sus métodos de búsqueda, de análisis y de narración, surgieron en ese momento. El objetivo era crear disciplinas imparciales y veraces, analizando los documentos del pasado con mirada ecuánime y poniendo orden e interpretación en los hechos.

El problema es que la mirada casi nunca es ecuánime, y la de aquellos hombres —que en muchos sentidos, reconozcámoslo, hicieron una tarea colosal— no lo fue en absoluto. Es más, padeció de un tipo de miopía particular, la miopía patriarcal y androcéntrica tan característica de su tiempo, que hizo que, para ellos, todo lo importante que había sucedido en el mundo lo hubiera protagonizado el género masculino —existiesen o no pruebas al respecto— y, en cambio, todo lo que hubiera sido protagonizado por alguna mujer fuese mirado con prejuicios, menosprecio y burlas. O, aún peor, ni siquiera fuese mirado.

El esfuerzo está ahora centrado en revisar el ingente material sobre el que se ha construido ese relato para añadir lo que falta, lo relativo a esa mitad de la población que estaba ausente, la femenina. A veces basta con cuestionar el discurso recibido y abrir el campo de visión hacia los seres inexistentes, que, por cierto, no son solo las mujeres, sino también otros grupos humanos «débiles», digamos, por los que la historiografía apenas se interesó, como las niñas y los niños, las ancianas, los enfermos o los discapacitados: ¿no se les ha ocurrido pensar, por ejemplo, que todas esas figurillas muy pequeñas que suelen exhibirse en los museos arqueológicos bajo los nombres de «ídolo» o «pequeña olla para ofrenda» puedan ser, simplemente, juguetes, las muñecas y los cacharritos con los que las niñas —y muchos niños— hemos jugado toda la vida? Es tan solo una cuestión de mirada.

Este es el trabajo que se está haciendo ahora, y que probablemente deberá extenderse aún durante muchas décadas: cuanto más se mira, más se ve. A fuerza de investigar, los hallazgos son incesantes. Y no me refiero solo a los nombres de mujeres singulares que hayan podido crear obras valiosas en el campo que sea, sino a la presencia femenina en general, al papel en la vida real de las multitudes de seres humanos del género femenino que han vivido sobre la Tierra: la existencia de las infinitas mujeres anónimas del mundo, sin las cuales ese mundo no habría sido posible, aunque a buena parte de los fabricantes del relato se les olvidara ese pequeño detalle.

Mi objetivo como historiadora, desde hace ya muchos años, se ha centrado en la reconstrucción de esa genealogía cultural femenina. Siento una profunda admiración hacia todas las mujeres que en el pasado se atrevieron a crear, porque puedo imaginar perfectamente las dificultades que tuvieron que atravesar para lograrlo. Sé que vivieron siempre a contracorriente, y la vida a contracorriente es agotadora. Y me indigna ver el menosprecio con el que han sido tratadas por la crítica, el canon, la academia y todos aquellos que se han dedicado a poner las coronas de laurel sobre las frentes de los creadores, por el simple hecho de pertenecer al género femenino.

En el primer tomo de este estudio hablé de lo que ocurrió en ese terreno entre la Edad Media y finales del siglo XVII. Este segundo tomo se centra en el XVIII y el XIX, dos siglos cruciales en la historia de Occidente, que sacudieron Europa de arriba abajo y nos configuraron tal y como somos, con sus muchas luces y sus muchas sombras. A ellos les debemos todavía en buena medida la estructura política, social y cultural en la que aún vivimos: la sociedad europea sigue siendo hija de la Ilustración y del posterior Romanticismo liberal. Ni siquiera los fascismos del siglo XX y las dos guerras mundiales lograron terminar con las profundas raíces de las democracias burguesas que esos dos siglos sembraron e hicieron fructificar.

Ahora bien: al contemplar todo ese periodo depositando la mirada en el género femenino, lo que se ve no tiene nada que ver con el fulgor mítico que acompaña a los ilustrados, a los revolucionarios, a los luchadores de la libertad o de los derechos de la clase trabajadora, irradiando desde el tradicional relato historiográfico de ese tiempo. Lo que se ve es, por el contrario, cómo la burguesía que fue haciéndose con el poder a lo largo del periodo trató a las mujeres peor de lo que lo había hecho el Antiguo Régimen: la burguesía ilustrada y liberal fue un hombre gigantesco que intentó ahogar a todas las mujeres en un pantano.

Esta es una historia de puertas sonoramente cerradas, de empujones y puñetazos, y de muchas risotadas de señores sentados en una taberna, después de uno de esos chistes misóginos que a algunos les hacen tanta gracia. A veces, es una historia de una inaudita crueldad envuelta en seda y pétalos de rosa. Y —esto es muy triste— de mentes masculinas muy brillantes, que le han dado al mundo cosas magníficas, pero que al llegar al asunto «género femenino» se volvían estúpidas y malvadas.

Pero también es una historia de mujeres resistiendo, luchando por mantener la cabeza fuera del agua turbia para seguir respirando y, después, dándose las manos, organizándose y lanzándose a defender su vida a mordiscos.

No he tratado de establecer un catálogo exhaustivo y definitivo de las infinitas mujeres que pueblan el mundo creativo de esos dos siglos. En estas páginas faltan muchas, muchísimas, seguro. De las ya conocidas y de las que aún nos quedan por descubrir. Lo que he pretendido hacer es tomar cierta distancia para verlas en su conjunto, observar cómo iba evolucionando el mundo que las rodeaba, fijarme en las palabras de los hombres que trataban de imponerse sobre ellas, en las leyes y las costumbres, e iluminar por un momento las vidas de algunas para que nos permitan sentir el deseo de iluminar las de las demás. Las he mirado como historiadora, como mujer y como compañera. Es tan solo una de las múltiples maneras de mirarlas, una de las muchas formas posibles de acercamiento a ellas. Caben otras muy diferentes, y espero que algunas de las personas que lean este libro encuentren las suyas propias.

En 1880, la escultora y poeta estadounidense Anne Whitney escribió un verso que siempre me emociona:

Si quieres, mundo, júzgame, critica, desgañítate.

(You are welcome, world, to criticize, carp and croak yourself hoarse if you will).

Yo he intentado hacer todo lo contrario: lo que he querido es entenderlas. Lo que más desearía es que estas páginas sean un abrazo en el que quepamos todas, ellas, yo, nosotras, y las que nos seguirán.

Febrero de 2023

1

Orgullosas de sí mismas: las pintoras del siglo XVIII

Las mujeres no pueden ser útiles al progreso
de las Artes, pues la decencia de su sexo les impide poder estudiar [el desnudo] del natural.

CONDE DE ANGIVILLER

Siempre quise que mi reputación y mi fortuna dependiesen tan solo de mi paleta.

ÉLISABETH VIGÉE LE BRUN

El 31 de mayo de 1783 hizo un día espléndido en París, una de esas
jornadas que a menudo estallan en primavera a orillas del Sena.
Todo un regalo para los sentidos después del invierno de vientos y
nieve. Las hojas de los árboles aleteaban en la brisa, y la luz volvía
dorados hasta los mohos que se habían ido amontonando en las
piedras durante los largos meses de humedad permanente. A las diez
y media, un séquito de carrozas se dirigía lentamente hacia el palacio del Louvre, donde iba a comenzar enseguida la ceremonia. Incluso los caballos parecían más animados que de costumbre y a los

cocheros les costaba un poco mantenerlos serenos, con la pompa propia de las grandes ocasiones.

Quizás el único lugar de París en el que aquel día se veían rostros malhumorados era la sala en la que se iba a celebrar el gran evento de la jornada: algunos hombres, algunos grandes artistas famosos en toda Europa por sus cuadros y sus esculturas, se sentían profundamente indignados porque dos mujeres —no una, sino dos— fueran a ingresar esa mañana en la Academia Real de Pintura y Escultura por decisión de Su Majestad Luis XVI. Por supuesto que había habido otras artistas miembros de la institución en sus más de ciento treinta años de vida, pero siempre habían ido llegando de una en una, y ya era suficiente. De hecho, las pintoras Marie-Thérèse Reboul (1728-1805) —que había realizado cuadros de flores y pájaros para la mismísima Catalina de Rusia— y Anne Vallayer-Coster (1744-1818) —autora de impresionantes retratos y magníficas naturalezas muertas— todavía estaban allí, ya mayores, sentadas al lado de los muchos hombres gloriosos. Pero que dos seres con faldas —¡dos!— accediesen el mismo día a aquel sanctasanctórum del genio artístico era para muchos una verdadera deshonra.

Los ofendidos echaban humo esa magnífica mañana de mayo. El grupo más alterado se reunió en una esquina: al menos —susurraban algunos—, después de la carta que le habían hecho llegar al rey, este había aceptado que el número de académicas nunca pudiese superar las cuatro. Cuatro pintoras como mucho en la Academia, ¡ya estaba bien! Un viejecillo desdentado, que se había hecho rico años atrás pintando gloriosos cuerpos de diosas desnudas, se echó a reír, alegre, mientras aseguraba que a él le consolaba pensar que las dos mujeres a las que estaban esperando eran jóvenes, bonitas y elegantes: Adélaïde Labille-Guiard tenía treinta y tres años; Élisabeth Vigée Le Brun, veintisiete. Dos preciosas parisinas, sin duda, aunque, la verdad —aseguró un compañero—, habrían hecho mucho mejor dedicándose a ser modelos para que ellos, los maestros, pudiesen retratarlas. Un académico viudo se atrevió entonces a afirmar, enfadado, que cualquiera de esas damas habría podido disfrutar de un destino muchísimo más digno de haberse casado con él, o con algún otro de los caballeros disponibles allí presentes, convirtiéndose así en respetables y acaudaladas esposas de artistas, en lugar de jugarse el honor y la decencia yendo de un sitio para otro con sus pinceles, como si fueran hombres... Pero, en fin, este siglo XVIII se ha empeñado en prestar demasiada atención al género femenino y permitir que escape fácilmente a sus deberes de toda la vida. ¡Ay, los altos e infranqueables muros de las viejas casas!

Aunque esta sea una conversación imaginaria, no me cabe duda de que en aquellas fechas pudieron producirse muchas parecidas. Una parte importante de los hombres del momento que gozaban de voz pública —y tonante— estaban hartos del proceso de «feminización» que las élites europeas habían padecido desde el comienzo del siglo. Al menos, feminización en las formas, que ya era mucho: el patriarcado se mantenía intacto, por supuesto, pero, de pronto, las cortes y las grandes mansiones se habían ido llenando de una delicadeza ornamental que parecía más del gusto de las mujeres que del de los nobles guerreros de los siglos anteriores. Ellos abandonaron incluso las sempiternas espadas que antes colgaban de sus cinturas, y ahora todo eran flores, adornos, maquillajes, sedas, pelucas, lazos, puntillas y suaves músicas zalameras que impulsaban el refinamiento exagerado de las danzas y los ademanes.

«Lo femenino» —fuera eso lo que fuera— se puso de moda a principios del XVIII y explotó en el estilo rococó, que llenó

Europa de palacios e iglesias decorados como cajitas de música. Los intentos de imponer desde mediados de siglo la estética «viril» del Neoclasicismo, aunque fructíferos, no paraban de darse de bruces con aquel afeminamiento que ya estaba durando demasiado.

Pero no nos equivoquemos: ese poder de «lo femenino» era algo más que mera apariencia. No creo que sea casualidad que este fuera el único siglo en el que dos mujeres reinaron al mismo tiempo en Europa con una autoridad de la que no muchos varones gozaron, ni antes ni después. Dos auténticas emperatrices, María Teresa de Austria, que gobernó los inmensos dominios de los Habsburgo desde 1740 hasta 1780, y Catalina la Grande, que controló los no menos inmensos territorios de Rusia desde 1762 hasta 1796. Por supuesto, las dos llegaron al trono por estricta necesidad. María Teresa, porque no había herederos varones. Lo de Catalina fue más complicado: le correspondía ser solo emperatriz consorte, pero la manifiesta incapacidad para gobernar de su marido, Pedro III, propició que diversos sectores de la nobleza la apoyasen para dar un golpe de Estado contra él, que, como por azar, falleció misteriosamente tan solo tres días después...

Dos mujeres cuyo poder, ejercido con mano de hierro, irradiaba sobre medio mundo. En su vida privada, las emperatrices coetáneas fueron dos ejemplos opuestos de comportamiento. María Teresa se mantuvo siempre fiel a su marido, Francisco de Lorena, con el que tuvo dieciséis hijos. Eso sí: ninguno de sus embarazos, partos o abortos le impidió seguir trabajando de manera infatigable. Catalina, en cambio, actuó como cualquier rey varón de su tiempo, igual que lo hizo al tomar el poder abruptamente: solo dio a luz un hijo, que se sepa, y tras la muerte de su marido nunca volvió a casarse. Tuvo todos los amantes que quiso, incluso en plena vejez, y, como era costumbre entre los monarcas, les concedió toda clase de privilegios.

En lo que sí estuvieron las dos de acuerdo fue en no poner en cuestión la forma de gobernar que tenían los hombres: de haberlo intentado, sin duda no habrían sobrevivido. Así que, igual que cualquier rey del momento, ambas hicieron guerras, conquistaron territorios, promulgaron sentencias de muerte y excluyeron a numerosos grupos sociales y religiosos. Pero el hecho de que dos mujeres demostraran ser tan inteligentes, tan preparadas, tan dotadas para el mando y tan capaces de mantener incólume su potestad, contra todo pronóstico, supuso una convulsión en la mentalidad de sus contemporáneos: ¿no habíamos quedado en que el género femenino, por naturaleza, carecía de capacidades intelectuales y de autoridad moral? ¿Era esto solo un fenómeno extraordinario, como el de los monstruosos personajes que se exhibían en las ferias, o escondía una verdad más profunda? Si era así, la amenaza resultaba aterradora.

Aquella inesperada potencia femenina empezaba a ser para muchos una auténtica ofensa. Algunos pensadores, incluso de entre los más avanzados, lo expresaron abiertamente en sus textos. En sus *Cartas persas* de 1721, el gran Montesquieu llegó a describir una especie de organización masónica de mujeres que comenzaban a infiltrarse por todas partes en los entramados del poder, las redes de las que habla el feminismo actual:

> No hay nadie que tenga un cargo en la Corte, en París o en una provincia, que no tenga a su lado una mujer por cuyas manos pasan todos los favores, y a veces todas las injusticias, que puede hacer. Esas mujeres están todas relacionadas entre sí y forman una especie de república cuyos miembros, siempre

activos, se socorren y se sirven mutuamente: es como un nuevo estado dentro del Estado.[1]

Eso es lo que debieron de pensar aquella mañana de 1783 los académicos molestos por la elección de Élisabeth Vigée Le Brun y Adélaïde Labille-Guiard como miembros de la Academia Real de Pintura y Escultura de Francia: ya estaba bien de tanto corsé paseándose por los salones que les pertenecían exclusivamente a ellos.

Es justo decir que no todos protestaron. Algunos incluso se habían dejado retratar por la propia Labille-Guiard cuando ciertos rumores malintencionados comenzaron a afirmar que no era ella quien pintaba sus retratos, sino un hombre, este o aquel... Y ese gesto, el hecho de que varios grandes maestros posaran para ella, comprobaran en vivo lo bien que era capaz de retratarlos y dieran fe de su talento, había sido un gran aval para su carrera.

Sin embargo, y aunque muchos se negasen a reconocerlo, que una mujer resultase ser una buena artista no era algo tan excepcional. Las nuevas académicas eran en realidad dos brillantes descendientes de una larga genealogía femenina que se había iniciado en el siglo XVI —con pintoras italianas como Sofonisba Anguissola, Lavinia Fontana o Elisabetta Sirani—, había seguido a lo largo del XVII y, de pronto, había crecido de manera extraordinaria en el XVIII.

Fue sin duda esa nueva sensibilidad hacia la estética de «lo femenino» la que favoreció el auge de las artistas en esa centuria. Aquel momento de esplendor de maestras de la pintura comenzó a principios de siglo, precisamente con una mujer que, inspirándose en las labores del encaje, fue capaz de convertir la delicadeza y la suavidad del trazo en características pictóricas aplaudidas por la clientela. Se llamaba Rosalba Carriera (1675-1757) y, a pesar de ser autodidacta —o tal vez por ello—, revolucionó la técnica del retrato.

Carriera nació en Venecia. Obligada a trabajar desde muy pequeña —como todas las niñas del mundo de familias modestas durante siglos y siglos—, empezó haciendo dibujos de modelos para su madre, que era encajera. Después se dedicó a pintar decoraciones en cajitas de rapé, una mezcla de tabaco en polvo que se aspira por la nariz y que estaba muy de moda en aquel entonces. De ahí pasó a realizar pequeños retratos, que pronto obtuvieron un enorme éxito entre los numerosos visitantes extranjeros de Venecia. A esos retratos, Carriera les aplicó las técnicas que había aprendido en sus oficios anteriores: los hacía al pastel, un tipo de pigmento que los artistas de la época solo usaban para sus bocetos y que hasta entonces había sido considerado una técnica menor.

Quizás empezase a pintar de esa manera por falta de recursos, pero lo cierto es que el pastel ofrecía numerosas ventajas que Carriera supo entender como nadie: su acabado era más ligero que el del óleo, más etéreo, y los colores también resultaban más suaves, dos características que encajaban muy bien en el gusto del tiempo. Además, permitía trabajar con mayor rapidez, acortando las interminables sesiones de posado de las personas retratadas y abaratando los precios.

Con esas innovaciones, Rosalba Carriera se convirtió pronto en una celebridad europea. Todo el mundo quería un retrato suyo, aunque por «todo el mundo» me refiero obviamente a las gentes de las clases privilegiadas, las únicas que podían permitirse legar su imagen a la posteridad, al menos hasta que a finales del siglo XIX la fotografía democratizase ese proceso, extendiéndolo a la población en general.

Reinas y princesas, reyes y generales, aristócratas y celebridades de todo tipo hacían lo que fuese para que la retratista de
moda fijase sus ojos en ellos. Carriera viajó por diversas ciudades
europeas, cosechando éxito, dinero y honores. Su estancia de unos
meses en el París de 1720 ejemplifica muy bien lo que la artista
significaba en aquel momento: la gente se agolpaba desde las
siete de la mañana delante de su casa para intentar que aceptase
un encargo. Los Borbones le abrieron de par en par las puertas
de sus palacios, seguidos por toda la nobleza, y sus compañeros
artistas no solo la trataron como a una igual y la acogieron como
académica en el seno de la Academia Real de Pintura y Escultura, sino que comenzaron a imitar su técnica: el pastel pronto fue
el método favorito de los pintores del rococó.

Por una vez, aquellos varones henchidos de sí mismos —podemos dar por hecho que buena parte de ellos lo estarían—
aprendieron algo muy relevante de una mujer que, para colmo,
procedía de los márgenes del mundo artístico, jamás había estudiado al lado de un maestro y se lo había ganado todo con el
único mérito de su talento.

Rosalba Carriera falleció en 1757. Tristemente, la artista que
había observado a sus contemporáneos con una mirada tan sin-
gular pasó ciega los últimos años de su vida. Pero su ejemplo
había cundido, dejando una reluciente saga de pintoras que se
paseaban a sus anchas por los palacios más lujosos de Europa: el
fenómeno de las retratistas no hizo más que amplificarse a lo
largo del siglo XVIII y ocurrió en casi toda Europa, desde el Reino
Unido hasta Rusia, desde Suecia hasta Nápoles. Compusieron
un nutrido grupo de maestras que fueron sucediéndose a lo largo
de las décadas, hasta principios del siglo XIX, auténticas celebridades del arte a las que nobles y reyes se disputaban y que gana-
ron mucho reconocimiento y mucho dinero sin que nadie, du-

rante mucho tiempo, les pusiera límites por su género: un momento de esplendor, sin duda alguna, del arte practicado por mujeres.[2]

España parece haber sido en esto una excepción: ninguna de esas grandes artistas puso, que sepamos, un pie en el país. Sin descartar que puedan aparecer nuevos nombres y obras en el futuro, las investigaciones realizadas hasta ahora muestran un panorama del arte femenino en el XVIII español más bien pobre. Sabemos que entre 1752, cuando se fundó la Real Academia de Bellas Artes de San Fernando, y 1808, en el momento de la invasión francesa, esa institución aceptó como académicas de honor o de mérito a un total de treinta y cuatro mujeres, aunque ninguna lo fue de pleno derecho.

El título otorgaba un ligero barniz de competencia a las que pretendían dedicarse profesionalmente al arte, como Bárbara María Hueva (Madrid, ca. 1733-1772), Faraona Olivieri (París, ca. 1730-¿Madrid?, después de 1762), Josefa Carón o Carrón (¿1776?-Madrid, 1823), Francisca Meléndez (Cádiz, 1770-Madrid, 1825) o Anna Maria Mengs (Dresde, 1751-Madrid, 1792). Lamentablemente, no conocemos apenas nada de su trabajo, salvo un mediocre autorretrato de Olivieri, algunas miniaturas de Meléndez y cuatro magníficos pasteles de Anna Maria Mengs.

El resto de las académicas de honor eran aristócratas —la duquesa de Huéscar, las marquesas de Estepa y Santa Cruz, o la mismísima infanta doña Isabel—, meras aficionadas al arte para las que, simplemente, aquello era un adorno más de los muchos que embellecían sus vidas.[3] A pesar de todo, hay que reconocer que los académicos del XVIII fueron mucho más generosos con ellas de lo que lo serían los del XIX, como veremos en el capítulo 7.

Anna Maria Mengs formaba parte de una gran saga de artistas centroeuropeos. También Francisca Meléndez era hija, sobrina y nieta de pintores. En realidad, la mayor parte de las pintoras lo eran. Solían proceder de familias dedicadas por entero al arte: al menos desde la Edad Media, fue común en Europa que hubiese dinastías de artistas, igual que las había de zapateros, de alfareros o de carpinteros.

Tiene sentido: ni el mercado del arte ni la concepción del artista tenían nada que ver con lo que sucede actualmente. La pintura y la escultura son actividades manuales, y en aquella sociedad tan jerarquizada del Antiguo Régimen se equiparaban con la artesanía, aunque fuese una artesanía de lujo, por así decir, de modo que, en muchísimos casos, eran una profesión —y un negocio— que se iba heredando de padres a hijos.

De hecho, los artistas, igual que el resto de los artesanos, se regían por las normas de los gremios, donde convivían con decoradores de enseñas de comercios, coches de caballos, porcelana, etcétera. Tampoco existía una enseñanza oficial en academias o escuelas, sino que los futuros artistas se formaban desde niños en el taller de otro pintor que ya hubiera sido admitido por el gremio como «maestro» o «maestra». Este título permitía no solo producir, firmar y vender obras, sino igualmente enseñar.

El aspecto creativo del arte era también muy diferente de lo que es ahora: los pintores trabajaban casi siempre en equipo. Dado que hasta mediados del siglo XIX no hubo producción industrial de pigmentos envasados —los tubos de pintura que tanto nos gustan—, una parte muy importante del trabajo en el taller consistía en la fabricación de los colores. Para ello se utilizaban toda clase de materiales: minerales, vegetales y hasta animales. Había que moler piedras, machacar cochinillas para encontrar el rojo carmín, quemar huesos para el negro profundo, mezclar estiércol con vinagre para el blanco más luminoso, depurar tintes procedentes de plantas o emulsionar en aceite cierta cantidad de orina de vacas alimentadas con mango para obtener un reluciente amarillo...

Y luego estaba el acto en sí de pintar, que también se realizaba a menudo en equipo. Aunque las combinaciones eran infinitas y únicas, según las costumbres y el tiempo disponible de cada maestro, era normal que los ayudantes ejecutasen diversas partes de cada obra, dejando al maestro titular lo más importante —la composición, el color y la luz— y aquello en lo que más destacaba, tal vez la representación de los rostros de los personajes o la carnación de la piel de una Venus desnuda, por ejemplo.

Se entiende que en un sistema tan complejo, lento y exigente estuviesen implicadas las familias al completo. Los hijos de los maestros solían formarse junto al padre y ayudarle hasta que alcanzaban a su vez la maestría y podían heredar el taller familiar o crear otro propio. Los hijos... y a menudo también las hijas. Las biografías de muchos grandes artistas contienen referencias veladas a esas hijas que muchas veces ejercían como ayudantes en el taller familiar. Lo mismo ocurría con las esposas: aquella era una sociedad horizontal, y lo común era contraer matrimonio con una persona dedicada a la misma actividad, ampliando así las redes de contactos y la clientela. Podemos imaginarnos pues los talleres de pintura y de escultura como espacios en los que toda la familia colaboraba de una u otra manera en la actividad.

En ese contexto, muchas hijas de pintores lograron formarse, alcanzar el respaldo del gremio correspondiente como «maestras» e iniciar su propia carrera. Las listas del Gremio de San Lucas de París de 1764, que se han conservado, son muy claras a este respecto: había 1.100 personas inscritas, de las que 199 eran mujeres, explícitamente llamadas *maîtresses peinteresses* (maestras pintoras). Prácticamente un 20 por ciento del total. Es cierto que muchas de esas *maîtresses peinteresses* eran más bien lo que ahora denominaríamos decoradoras o diseñadoras, pero aun así se sabe que al menos una veintena eran «pintoras de talento», es decir, artistas propiamente dichas. Esa cifra suponía un 10 por ciento de los doscientos hombres considerados como tales en aquel momento. La lista solo recoge los nombres de los maestros y maestras —los titulares de los derechos del taller, digamos—, y por lo tanto no menciona a las mujeres que pudieran trabajar como ayudantes.[4]

Si lograr el éxito como artista nunca ha sido fácil, es lógico imaginar que las mujeres lo tuvieron en general mucho más difícil que los hombres. Las razones son numerosas y fáciles de entender. La justificación que teóricos del arte, críticos y practicantes solían dar era que no estaban capacitadas para ello. Pero el motivo fundamental, el que subyacía detrás de cualquier otro argumento, era que —obviamente— ni la sociedad ni a menudo las propias familias esperaban de ellas que se dedicasen a crear obras y obtener la fama, sino más bien a casarse, criar hijos y, como mucho, ayudar al marido en sus propias tareas artísticas. Hacer las dos cosas a la vez —ser artista, con todas las exigencias y obsesiones que ello conlleva, y ser esposa y madre abnegada— no ha sido nunca una tarea sencilla, y las biografías de estas pintoras lo ponen con frecuencia de relieve.

Fijémonos por ejemplo en la berlinesa Anna Dorothea Therbusch, de soltera Lisiewska (1721-1782). La extraordinaria Therbusch, hija del retratista polaco Georg Lisiewski, fue exquisitamente formada por su padre para convertirse en una gran pintora. De hecho, lo logró: con casi cincuenta años, viviendo en París, fue elegida miembro de la Academia Real de Francia, la misma en la que están ahora a punto de ingresar, unos años después, sus dos compañeras más jóvenes. Luego fue nombrada «primer pintor» de Federico el Grande de Prusia y decoró para él, con pinturas mitológicas y desnudos, muchas salas de su nuevo palacio de Sanssouci, además de trabajar para Catalina la Grande.

Pero, para llegar hasta ahí, Anna Dorothea Therbusch tuvo que huir de su propia vida de mujer «normal»: a los veintiún años, siendo una artista prometedora, se había casado con un tabernero berlinés que le dio el apellido por el que la conocemos. También le dio mucho trabajo en la taberna y siete hijos... Solo veinte años después, cuando las criaturas ya habían crecido lo suficiente, Therbusch, harta sin duda de borrachos y fregoteos, fue capaz de abandonar al marido, volver a la pintura y reiniciar con enorme éxito la carrera que había tenido que abandonar para cumplir con sus obligaciones como miembro del género femenino.

En los mismos años en los que Anna Dorothea Therbusch trabajaba para el rey de Prusia y la zarina rusa, su hermana, Anna Rosina de Gasc (1713-1783), retrataba una y otra vez a los soberanos, príncipes y princesas de numerosos estados alemanes. Más al norte, en el reino de Suecia, Ulrika Pasch (1735-1796), que pertenecía igualmente a una conocida familia de pintores, hacía lo mismo con los gobernantes y aristócratas de su país. Y en el Reino Unido triunfaba una auténtica estrella del arte, Angelica Kauffmann (1741-1807).

Kauffmann, de nuevo hija de pintor, había sido una de aquellas niñas prodigio que tanto gustaban en la época. Inteligente, bonita, culta y llena de talento para el arte y la música, hablaba con fluidez varios idiomas. Su padre, el suizo Joseph Kauffmann, supo sacar provecho de su brillante criatura: igual que hacía el progenitor de Mozart, la paseaba por los palacios europeos, demostrando lo bien que sabía pintar y cantar la inolvidable niña. A los veinte años, instalada en Roma, ya era una retratista de prestigio ante la que posaban con gusto cardenales y príncipes, además de muchos de los viajeros extranjeros que llegaban a la ciudad. Poco después, siempre con su padre acompañándola, se marchó a vivir a Londres, precedida por el éxito que habían logrado sus retratos de los nobles británicos que hacían turismo por Italia. Pero Angelica Kauffmann no quería conformarse con ser una «simple» retratista. Sus capacidades y su ambición iban más allá, y se dirigían hacia la gran pintura de historia.

Merece la pena detenerse unos momentos a conocer el sistema del arte, y descubrir el papel que se les adjudicó a las mujeres dentro de él. Desde el Renacimiento y hasta finales del siglo XIX, cuando las primeras vanguardias lo hicieron saltar todo por los aires, el territorio de la pintura estuvo dividido en diversos géneros claramente diferenciados y jerarquizados.[5] En la base de esa escala se encuentra la representación de naturalezas muertas y flores. Un poquito por encima, la de paisajes y animales. Después, la pintura llamada «de género»: escenas de la intimidad, interiores domésticos, fiestas populares, tabernas, temas muy del gusto de los clientes burgueses de la pintura holandesa del siglo XVII, que en el XIX se extendieron por toda Europa. Por encima de la pintura de género se situaba el retrato. Y en la cumbre de la escala, la pintura de historia, es decir, todas las representaciones basadas en los textos clásicos, con sus relatos de diosas y héroes, así como todo lo referente a la Biblia, tanto el Antiguo como el Nuevo Testamento, lo que solemos llamar la pintura religiosa. Era ahí, en ese territorio de composiciones complejas y frecuentes desnudos, donde se jugaban el más solemne de los prestigios y las mayores fortunas.

Una revisión rápida y poco documentada del arte practicado por las mujeres se ha empeñado en afirmar en los últimos tiempos que casi todas las artistas del pasado —cuya existencia ya nadie se atreve a negar— se estancaron en la base de la escala y se dedicaron a las rosas y las alcachofas... Nada más lejos de la verdad. Muchas de las grandes maestras de los siglos XVI y XVII —Lavinia Fontana, Elisabetta Sirani, Artemisia Gentileschi, Giulia Lama— practicaron con toda naturalidad la gran pintura de historia, representando cuerpos desnudos y compitiendo con los hombres por los potentes encargos de la Iglesia y la nobleza, a cuyos miembros no parecía importarles demasiado que aquellas mujeres se enfrentasen a la desnudez. Solo en los Países Bajos, con su gusto por las escenas cotidianas, las maestras se especializaron, igual que los maestros, en las representaciones «inferiores» de la escala jerárquica: Judith Leyster lo hizo en las obras «de género», Rachel Ruysch en las flores —sí, bellísimas flores, que tampoco está tan mal— y Clara Peeters en los bodegones.

Pero el territorio en el que la mayoría de las pintoras —y en particular las del XVIII— parecen haberse movido con más soltura es el del retrato. Tengo la sensación de que algo debió de ocurrir a lo largo de los siglos entre los retratados y las retratistas, una relación de admiración y de deseo mutuo, que llevó a muchos grandes comitentes a encargar la trascendental cuestión de la reproducción de su imagen a una mujer. Quienes posaban ante ellas no eran solo bebés principescos o damas tímidas, que tal vez se sintiesen más a gusto siendo contempladas por los ojos de una congénere, sino también reyes poderosos, altivos nobles, agresivos generales y cardenales arrogantes, además de poetas de enorme prestigio, famosos compositores y otros muchos pintores y escultores varones. Obviamente, a ninguno de ellos parece haberle avergonzado que una mujer lo mirase con intensidad, captando esa parte del alma que siempre se cuela en los grandes retratos, o que unas delicadas manos femeninas manejasen los pinceles que debían recrear en un lienzo su porte, su elegancia y hasta su viril autoridad.

Es más, parece como si en la frecuente elección de pintoras en vez de pintores para retratar a los poderosos y a los muy prestigiosos —sobre todo, insisto, en el siglo XVIII— hubiese algo también de expresión de una moda, de una sofisticación propia de gentes por encima de lo común, refinadas, civilizadas al extremo. Al mismo tiempo, pone de relieve el aprecio del que ellas gozaban como artistas: cuando Estanislao II de Polonia le pagó una cantidad importante de dinero por su retrato a Élisabeth Vigée Le Brun, Gustavo III de Suecia a Ulrika Pasch o Goethe a Angelica Kauffmann, es evidente que pensaban que eran grandes pintoras. Para ninguno de ellos era un deshonor posar para una mujer, sino más bien todo lo contrario.

El acceso del género femenino a la pintura de historia, en la Europa de finales del siglo XVIII, parece haber sido en cambio algo más complicado de lo que había sido en las centurias anteriores: a medida que transcurría el siglo empezaba a cundir la idea de que las pintoras no debían representar desnudos porque era amoral, algo que no había sucedido hasta entonces. En ese 1783, a punto de que Élisabeth Vigée Le Brun y Adélaïde Labille-Guiard ingresasen en la Academia Real de Pintura y Escultura de Francia, un grupo de académicos, como ya he dicho, había escrito a Luis XVI rogándole que no siguiera nombrando a mujeres para compartir con ellos aquella cima de los honores. El conde de Angiviller, responsable máximo de los Edificios del Rey, expresó muy bien en su carta una de las razones fundamentales: «Las mujeres no pueden ser útiles al progreso de las Artes, pues la decencia de su sexo les impide poder estudiar [el desnudo] del natural».⁶ Como veremos más adelante, esta excusa del desnudo y la decencia mantuvo al género femenino totalmente excluido de la enseñanza oficial del arte durante los siguientes cien años.

Pero de momento, en la aparentemente sonriente segunda mitad del siglo XVIII, algunas artistas todavía lograron saltar ese muro y colocarse en el lado de los dioses y las heroínas que exhiben su carnalidad. La propia Élisabeth Vigée Le Brun donó a la Academia Real, con motivo de su recepción, un cuadro titulado *La Paz trayendo la Abundancia*, en el que la figura alegórica que encarna la Paz enseña descaradamente un bellísimo pecho: todo un corte de mangas de la pintora, sin duda, a las pacatas razones de monsieur D'Angiviller y sus compañeros.

De entre todas las maestras que triunfaron en el siglo XVIII en esa cumbre máxima del prestigio artístico, la más conocida fue Angelica Kauffmann. Durante sus muchos años en Inglaterra, decoró mansiones y palacios con sus lienzos y frescos de temas de la Antigüedad —plagados de desnudos de mujeres y de hombres—, ligándose así a la corriente en boga del Neoclasicismo. Que se sepa, nadie dudó nunca de su «decencia»: llevó una vida tan brillante socialmente como discreta en lo personal. Estuvo casada muchísimos años con un artista italiano, Antonio Zucchi, acumuló una gran fortuna gracias a su trabajo y fue admirada y querida en toda Europa. Su entierro en Roma, donde falleció en 1807, a los sesenta y seis años, fue uno de los más solemnes y multitudinarios que se recuerdan en la ciudad. El entierro de una gloria del arte que rápidamente pasó a ser considerada por los historiadores y críticos como una pintora menor.

Como mucho, las «hermanas menores» de los grandes maestros... Esa fue la consideración que les dio a las artistas aquel nutrido ejército de hombres muy sabios —y muy henchidos de su visión patriarcal del mundo— que en el siglo XIX se dedicaron a construir el relato histórico que todavía nosotras hemos heredado. Además de la historia, ese fue también el siglo en el que nacieron la mayor parte de los grandes museos. El primero fue el del Louvre, inaugurado en 1793, en plena Revolución francesa, en el momento en que los nuevos gobernantes de la recién proclamada República decidieron que las magníficas colecciones de los reyes debían ponerse a disposición del público. Le siguieron el Rijksmuseum de Ámsterdam en 1800, el Museo del Prado en 1819, los Museos Reales de Berlín en 1823, el Metropolitan de Nueva York en 1870 o el gigantesco desarrollo imperialista del Museo Británico —que había nacido como una pequeña colección en 1753— a lo largo de toda la centuria.

Quienes crearon, dirigieron y organizaron los museos fueron de nuevo hombres. Ellos dieron lugar al canon del arte del que todavía en buena medida nos nutrimos. Y ese canon siempre ha afirmado que no hubo ninguna pintora o escultora importante antes de bien entrado el siglo XX: ¿cómo iba a haberlas, si las mujeres estaban en sus casas, cuidando de sus hijos y vigilando los pucheros?

En 1950 —quiero insistir en la fecha: 1950, a mediados ya del siglo XX—, Ernst Gombrich, profesor de la Universidad de Londres, publicó su *Historia del arte*, que pasa por ser el primer manual sobre esta disciplina pensado para el gran público. Setecientas páginas de nombres de artistas, que cubren desde los orígenes hasta mediados del siglo XX, y entre los que no está incluida ninguna mujer... Ninguna, cero absoluto. Cientos de nombres cuidadosamente colocados en el índice por orden alfabético —artistas geniales y menos geniales—, entre los que ni uno solo es femenino.

Lo más triste no es que se publicase ese libro en 1950, sino que desde entonces y hasta ahora «el Gombrich», como se le suele llamar, ha sido traducido a treinta y cuatro lenguas y reeditado una y otra vez en numerosos países.* Ese relato excluyentemente androcéntrico ha vendido millones de ejemplares y se ha convertido en el manual de referencia sobre la historia del arte para millones y millones de personas, a pesar de ser falso.**

La inmensa mayoría de textos escritos sobre la historia del arte hasta tiempos muy recientes, así como el discurso de los museos, han precedido o continuado la estela del Gombrich: el borrado sistemático de las artistas. Las argucias para lograrlo han sido diversas. En el Museo del Prado, por ejemplo, los óleos que Sofonisba Anguissola realizó en la corte de Felipe II fueron colgados con nombres de varones como autores, los nombres de los pintores de la misma época, y así han permanecido durante casi dos siglos, hasta que la revisión iniciada en las últimas décadas del siglo XX ha obligado a devolverle la autoría de sus obras. Es cierto que sus cuadros no estaban firmados, pero no es menos cierto que se sabía de su existencia: la atribución automática de sus obras a un hombre fue por lo tanto el resultado de los prejuicios. En cuanto a los espléndidos bodegones de Clara Peeters que posee la colección, estuvieron durante años y años almacenados o

---

* En España se puede encontrar disponible cuando escribo estas líneas (2022) la 16.ª edición. La publicidad de la editorial afirma, probablemente con razón, que es «el libro de arte más célebre y popular de todos los tiempos».
** La artista plástica María Gimeno (Zamora, 1970) ha desarrollado una performance titulada *Queridas viejas* en la que raja con un cuchillo un ejemplar de la *Historia del arte* de Gombrich, mientras va incorporando a las artistas borradas.

expuestos en la parte más alta de las salas —casi invisibles—, hasta que en 2016 la propia pinacoteca organizó una exposición sobre la pintora neerlandesa, sacándolos a la luz.

Esa ha sido la norma durante muchísimo tiempo. En los Uffizi y la Galería Pitti de Florencia, por ejemplo, los cuadros de la grandísima Artemisia Gentileschi se exhibieron durante siglos como lienzos realizados por su padre, Orazio Gentileschi, o, cuando mantuvieron su nombre, se colgaron en los rincones más ocultos, mientras un silencio absoluto se cernía sobre su existencia y su trabajo.

Otras muchas veces, las obras con firmas femeninas se consideraron simplemente «de mala calidad» sin ni siquiera echarles un vistazo, y se escondieron durante décadas y décadas en los depósitos de las pinacotecas, de donde han empezado a salir a la luz en los últimos tiempos.

También se produjeron muchos casos de falsificación de las firmas que borraron —de manera textual— el nombre de la pintora para ponerle encima el de un pintor. Dos historias casi detectivescas pueden servir de ejemplo de esta mecánica del borrado de las artistas.[7]

En 1892, un marchante de arte de Londres le compró a un coleccionista un hermoso cuadro de Frans Hals, un maestro holandés del siglo XVII que siempre ha estado muy cotizado. El marchante opinaba que era una de las mejores obras de Hals jamás vistas, opinión compartida por diversos expertos que lo analizaron. Al año siguiente, el lienzo acabó en manos de un barón parisino, que pagó un altísimo precio por él. Un especialista del Louvre analizó entonces el cuadro, y descubrió que debajo de la firma de Frans Hals aparecía un anagrama desconocido, una J y una L acompañadas de una estrella. El conservador comenzó a tirar del hilo, y averiguó que ese anagrama correspondía a una pintora de la que nadie sabía nada, Judith Leyster, contemporánea de Frans Hals; alguien había superpuesto el nombre del pintor sobre su firma. Las investigaciones continuaron, y pronto se supo que diversos Hals colgados en algunos de los mejores museos eran en realidad obras de Leyster, que reapareció así desde el pozo de la inexistencia a la que había sido arrojada. Añado que el barón comprador del cuadro —que ahora se expone en el Louvre bajo el título de *La alegre compañía*— reclamó el dinero que había pagado por él y consiguió que los tribunales le diesen la razón: la obra podía ser «una de las mejores de Hals», pero si la firmaba una mujer había perdido todo su valor.*

Otra historia de saqueo descarado tiene como protagonista involuntario al Metropolitan Museum de Nueva York, que en 1917 adquirió un lienzo del gran Jacques-Louis David, el pintor por excelencia de la Revolución francesa. El cuadro representa a una muchacha vestida de blanco que dibuja un bosquejo ante una gran ventana. No está firmado, pero al museo no le preocupó mucho: a veces ocurre que la firma ha desaparecido al recortar con negligencia la tela para volver a enmarcarla. En cualquier caso, su calidad era incuestionable: el óleo valía sin duda lo que la colección pagó por él, y fue una gran cantidad. Hubo que esperar casi cuarenta años para que un experto pusiera en cuestión la autoría de David y otros cuarenta más, hasta 1996, para que un historiador rastrease el lienzo y lograse localizarlo en el Salón de París de 1801 como obra de una pin-

---

* En el catálogo del Louvre, el comentario sobre esta obra afirma que está muy influida por Frans Hals y Jan Miense Molenaer, que era por cierto el marido de la artista. Al autor o autora de ese texto no se le ha ocurrido pensar que quizá fuese al revés. El cuadro puede verse aquí: https://collections.louvre.fr/en/ark:/53355/cl010059447

tora desconocida hasta entonces, Marie-Denise Villers (1774-
1821).*

Ocultas, borradas o saqueadas: el relato patriarcal sacrificó
a las artistas durante mucho tiempo para seguir haciendo creer
que jamás había habido en el mundo artístico mujeres inspira-
das que merecieran respeto y un lugar de honor en la memoria
colectiva.

Volvamos a esa mañana de 1783 en la que Adélaïde Labille-
Guiard (1749-1803) y Élisabeth Vigée Le Brun (1755-1842) están a punto de ingresar en la Academia Real de Pintura y Escultura de Francia. Las dos pintoras son dos celebridades en este
París que todavía vive ensimismado en su propio esplendor, sin
adivinar la convulsión que le espera en tan solo seis años. Vigée
Le Brun, en especial, es toda una estrella. Hija ella también de un
pintor que se ocupó de su formación, ha triunfado desde muy
joven, en particular con sus retratos, dotados de un *charme* y una
naturalidad que encajan muy bien con el gusto del momento.
O, por mejor decirlo, con el gusto de los muchos burgueses y
aristócratas que se han dejado seducir por las ideas rousseaunia-
nas, incluida la propia reina María Antonieta, que juega a ser una
pastorcilla en los jardines de Versalles, buscando un cierto alivio
a la aburrida solemnidad que suele acompañar su vida.

De hecho, cinco años antes de esa mañana, Vigée Le Brun
fue nombrada pintora oficial de la soberana, a la que ha tenido el
descaro de retratar con ropa de andar por casa —que diríamos

* El cuadro que ilustra la portada de esta edición puede verse aquí:
https://www.metmuseum.org/art/collection/search/437903?searchField=Ar
tistCulture&ft=Marie-Denise+Villers&offset=0&rpp=40&a
mp;pos=1

ahora—, provocando un escándalo al exhibir ese cuadro en el Salón, la famosa exposición que se celebra cada otoño en París. Está casada con un marchante de arte, Jean-Baptiste Le Brun —que llegará a ser el primer director del futuro Museo del Louvre—, y se ha hecho rica con sus retratos: incluso vive en un lujoso palacete en el que recibe a gentes destacadas mientras pinta y en el que ofrece carísimos banquetes a amigas y clientes.

Esa existencia llena de glamour terminará inesperadamente en 1789, cuando la Revolución estalle en París, arrasando el mundo del que ella formaba parte. Vigée Le Brun, disfrazada de mujer del pueblo, huyó rápidamente al darse cuenta de que la cosa iba en serio y de que su vida, ligada a la de la reina, corría peligro. Se marchó con su única hija, Julie, dejando atrás al marido, sus bienes y su fortuna. Durante los siguientes trece años fue una *émigrée*, una francesa sin patria. Recorrió Europa —Italia, Prusia, Viena, San Petersburgo, Londres— y en todas partes fue recibida como una «diva» de la pintura, no solo por su talento y su capacidad para embellecer a sus modelos, sino porque en los círculos aristocráticos que la acogían y se hacían retratar por ella era un nexo de unión con un pasado aniquilado y una reina guillotinada.

Élisabeth Vigée Le Brun pudo regresar a Francia bajo Napoleón, y murió allí en 1842, a los ochenta y seis años, dejando una enorme producción de casi novecientos lienzos. La mayoría son retratos de la alta clase y la realeza europeas, revisitados ahora por la crítica que la menospreció durante tanto tiempo. También nos dejó en sus *Memorias* una frase sobre aquel abrupto final del Antiguo Régimen que, como veremos en el capítulo 4, contiene mucho de verdad: «Las mujeres entonces reinaban. La Revolución las destronó».[8]

Algo semejante, aunque con un trasfondo ideológico diferente, lo podría haber afirmado igualmente su compañera de recepción en la Academia Real, Adélaïde Labille-Guiard. Ella no procedía del mundo artístico: sus progenitores eran propietarios de una mercería en el barrio próximo al palacio del Louvre, donde vivían la mayor parte de los pintores parisinos. Interesada desde pequeña por la pintura, fue discípula de algunos de los grandes del momento, como Maurice Quentin de La Tour. Sus redes sociales eran sin embargo menos activas que las de Vigée Le Brun, y siempre estuvo por debajo de ella tanto en clientela como en recursos económicos. Pero las dos compartieron dos aspectos fundamentales: el patronazgo de la corte —Labille-Guiard era la retratista oficial de las hermanas y la tía del rey— y la enseñanza. Ambas formaron a otras jóvenes pintoras para que pudieran a su vez desarrollarse como artistas, creando una cadena femenina de conocimientos que daría frutos muy brillantes en los años siguientes.

Sin embargo, y al revés que su compañera, Adélaïde Labille-Guiard no huyó de París cuando estalló la Revolución. Todo lo contrario: compartiendo muchas de las ideas políticas y de las ansias de transformación social del momento, se quedó y participó en ella. Incluso retrató a algunos de sus líderes, como Robespierre, que posó para la pintora sorprendentemente sonriente y relajado. Pero, igual que tantas otras mujeres de las que hablaré en el capítulo 4, fue traicionada por esa misma Revolución en la que creía: en 1795, la joven República, tras guillotinar a los reyes, suprimió las reales academias y las reemplazó por una nueva organización, el Instituto de Francia, que pasaría a partir de entonces a controlar la formación y el prestigio de pintores, escultores, músicos, arquitectos y escritores. Los nuevos dirigentes del país, los burgueses revolucionarios que trataban de cambiar el mundo y democratizarlo, dejaron fuera a las mujeres, prohibiéndoles acceder a la institución: ni cuatro —como en la antigua Academia Real—, ni ninguna. Las mujeres, a sus casas... Fue un portazo de larguísimas consecuencias, como veremos en el capítulo 7.

Adélaïde Labille-Guiard luchó con uñas y dientes por los derechos del género femenino y por los suyos propios, haciendo frente a esta decisión. Pero perdió por completo la batalla: los revolucionarios y los aristócratas misóginos del pasado se dieron la mano por encima de la guillotina para defender algo, al menos algo: la exclusión de las mujeres de cualquier actividad que significase prestigio, dinero y una vida pública activa e interesante. En eso, desde luego, sí que fueron capaces de ponerse de acuerdo.

2

Díscolas y sabias: la ambición de las ilustradas

A una mujer con la cabeza llena de griego o que sostiene discusiones sobre mecánica, parece que no le hace falta más que una buena barba.

IMMANUEL KANT

Los hombres han usurpado la autoridad sobre las mujeres por la fuerza, y no por derecho natural.

MADAME DE LAMBERT

El muecín comenzó su canto desde lo alto del minarete de la Gran Mezquita de Constantinopla: «*Allahu akbar*, Dios es el más grande...». Lady Mary Montagu observó con preocupación a la anciana turca, pero ella parecía concentrada en su tarea: sopló sobre la punta de su aguja de bordar, como si quisiera quitarle cualquier mota de polvo, se acercó a la cáscara de nuez que con tanta delicadeza había colocado sobre la mesa, mojó la punta de la aguja en el líquido amarillento que contenía y se aproximó después al niño, que empezó a llorar, aterrado.

Lady Mary intentó calmarlo, al mismo tiempo que le sostenía firmemente el brazo derecho desnudo, tendiéndolo hacia la anciana para que pudiese clavar allí su aguja. El médico inglés de la embajada hizo un gesto para interrumpir la operación, pero lady Mary lo miró con fiereza: no. Lo iban a hacer. Ya había sido suficiente con un muerto de viruela en la familia. No iba a permitir que su hijo Edward pudiera también contraer la enfermedad en cuanto regresasen a Londres y la plaga comenzara de nuevo a extenderse por todas partes. Si en el Imperio otomano habían logrado atajarla mucho tiempo atrás con ese método, ella también lo conseguiría en la Europa cristiana. O, por lo menos, libraría del contagio a su hijo de cuatro años. «Adelante», le dijo a la anciana. La mujer hundió sin piedad su aguja una y otra vez en diversas partes del cuerpo de Edward —que sollozaba como si lo estuvieran torturando—, mojándola entre uno y otro pinchazo en el pus de la nuez.

Luego, mientras lady Mary abrazaba fuerte al niño, la anciana sonrió, orgullosa de su trabajo, enseñando su boca desdentada. La dama inglesa le devolvió la sonrisa, y pensó que era hermoso que una mujer analfabeta, con su diminuta aguja de bordar, pudiera salvar la vida de su hijo.

Ninguna de las dos lo sabía, pero ese pequeño gesto iba a cambiar la historia de la humanidad.

Una escena semejante a la que acabo de describir ocurrió sin duda en la sede de la Embajada británica en Constantinopla —actual Estambul— en algún momento del año 1717. Lady Mary Wortley Montagu (1689-1762) había llegado a la capital del Imperio otomano un año antes, como esposa del nuevo embajador. Al contrario que la mayor parte de las damas europeas que se veían obligadas a residir algún tiempo en la ciudad y que preferían vivir encerradas dentro de sus mansiones, al margen por completo de la vida de la población turca, lady Mary —culta e inmensamente curiosa, además de valiente y testaruda— había decidido investigar a fondo las costumbres musulmanas. Había recorrido a caballo las calles y los mercados de Constantinopla y había sido invitada por el propio sultán a visitar diversos harenes y conocer a las mujeres de su familia.

Fue allí, en esas partes prohibidas de los palacios a las que muy pocas extranjeras tenían acceso —y, desde luego, ningún extranjero—, entre sedas, perlas, brocados, fuentes cantarinas y bellas esclavas circasianas, donde lady Mary Montagu logró averiguar cómo era posible que en esa zona del mundo no se produjesen epidemias de viruela como las que azotaban la Europa occidental. Aquel era un virus terrible, especialmente violento y recurrente en el siglo XVIII, que afectaba a gentes de todas las edades y clases sociales, dejando tras de sí, se calcula, un 30 por ciento de fallecidos, aparte de muchas otras personas con secuelas espantosas, como la ceguera. Además de la muerte de su hermano en 1713, ella misma tenía la cara «marcada de viruelas», es decir, afeada por las cicatrices de la enfermedad, que había estado a punto de costarle también la vida.

Aunque nadie sabía aún lo que era un virus, el Imperio otomano mantenía los contagios bajo control gracias a una antiquísima costumbre que se pierde en el tiempo, pero que probablemente procedía de China: ciertas mujeres extraían el pus de alguna persona que padeciese una variante leve de la enfermedad y lo inoculaban en la sangre de niñas y niños, e incluso de personas adultas, con una aguja de coser o de bordar.* Las criaturas pasaban durante unos días la enfermedad, en general con síntomas leves —aunque a veces se produjeran complicaciones o infecciones—, y quedaban inmunizadas contra ella.

Es emocionante pensar que algo tan irrelevante como la aguja, algo tan ligado al género femenino, tan menospreciado y poco valorado, no solo ha servido durante millones de años para fabricar las telas y las ropas con las que hemos protegido nuestros cuerpos, dado calor a nuestros hijos, envuelto a nuestros muertos y suavizado la dureza de los espacios en los que habitamos, sino que contribuyó también a extender una costumbre que supuso un cambio definitivo en el devenir de la especie humana. Hace pensar que los objetos más valorados no siempre son los más útiles, y que los honores, las medallas, las grandes estatuas en mármol y bronce a menudo no se han concedido a las personas que más lo merecen. ¿Es más importante una espada que mata que una diminuta aguja que salva vidas?

La historia de la medicina ha borrado el nombre de lady Mary Montagu de su relato y asegura que el descubridor de la vacuna de la viruela —la primera vacuna del mundo— fue el médico británico Edward Jenner: en 1796, Jenner extrajo pus de vacas enfermas de la viruela bovina —cuyo virus es muy parecido al que afecta a los seres humanos— y se lo inoculó a un niño de ocho años, James Phipps. Un niño pobre, por supuesto, que sirvió como involuntario conejillo de Indias para el experimento. Desde ese momento, a la inoculación comenzó a llamársela «vacunación». A Jenner se le considera «el padre de la inmunología»,

* La aguja hipodérmica sanitaria no empezó a utilizarse hasta mediados del siglo XIX.

y se ha dicho de él que su descubrimiento «ha salvado más vidas que el de cualquier otro hombre».*

Conviene detenerse un momento en esta rotunda afirmación, que se ha repetido una y otra vez en libros, artículos, clases y comentarios. Para empezar, el descubrimiento de la inmunología no fue de ningún «padre» europeo, sino que se trataba de un remotísimo hallazgo oriental. Para seguir, si alguien trajo esa costumbre a Europa, no fue un hombre, sino una mujer, nuestra lady Mary Montagu, que la aprendió a su vez de las mujeres turcas.

En 1718, cuando regresó a Londres con su hijo y su hija recién nacida ya inoculados, lady Mary comenzó a hablar a favor del método, a escribir artículos sobre él y a intentar convencer a los círculos sociales en los que se movía. Por supuesto, los médicos ingleses aseguraron que aquello no era más que superstición, charlatanería o, incluso, brujería. Pero ella siguió adelante con su proyecto. En 1721, mientras una nueva epidemia de viruela arrasaba la ciudad, lady Mary y la princesa de Gales —buena amiga suya— convencieron al rey para hacer un experimento: buscaron seis voluntarios entre los condenados a muerte de la prisión de Newgate. Les injertarían el pus, y si sobrevivían cuando la enfermedad llegase a la cárcel, serían liberados. El ensayo fue todo un éxito —en particular para los presos—, y muchas familias de las élites británicas comenzaron a partir de ese momento a inocular a sus niñas y niños.

La costumbre fue difundiéndose poco a poco por Europa, especialmente entre las clases más cultivadas. Sabemos que, en la década de 1760 —treinta años antes del experimento de Edward

* Véase el artículo sobre Edward Jenner en Wikipedia, lleno de referencias con loas semejantes: https://es.wikipedia.org/wiki/Edward_Jenner

Jenner—, Catalina la Grande de Rusia se hizo inocular y promovió la técnica en la corte rusa. En 1774, Voltaire defendía en un artículo la inoculación, que ya estaba muy extendida en Francia, y arremetía contra los «antivacunas» del momento, a los que consideraba ridículamente anticuados. Y en 1793 —todavía tres años antes de la «primera» vacuna oficial—, Manon Roland, que era hija de un simple grabador y no parte de la nobleza, contó en sus *Memorias privadas* que su familia había decidido inocularla cuando era niña para evitarle la enfermedad, como hacían las gentes de mentalidad más avanzada.[1]

Edward Jenner —que también había sido injertado de niño con el procedimiento importado por lady Mary— tuvo su mérito, no cabe duda: mejoró el sistema y lo hizo más seguro, porque la vacuna procedente de las vacas causaba menos efectos secundarios. Y es cierto que a partir de esa se desarrollaron con posterioridad todas las demás. Pero, desde luego, no fue «el padre de la inmunología de todo el planeta». Como mucho, podríamos decir, un brillante descendiente de una larga genealogía que, al menos en los tiempos documentados más cercanos a él, era femenina: la leyenda tejida en torno a Jenner es un buen ejemplo de la mirada eurocéntrica y patriarcal propia del relato historiográfico en Occidente.

Lady Mary Montagu fue uno de los grandes hitos de las mujeres de la Ilustración: culta, abierta, sin prejuicios, libre y, sin duda alguna, muy segura de sí misma. Tanto que en 1739, a los cincuenta años, dejó a su marido y se fue a vivir con su amante a Venecia, sin importarle mucho lo que pudieran decir de ella las mentes biempensantes. Pero su cultura fue el fruto de su propio esfuerzo, y no el resultado del sistema: ni siquiera las niñas de la aristocracia, como ella, tenían garantizada una educación que fuese más allá de aprender a leer y escribir. A la mayor parte se les enseñaba muy poco más. Algún idioma, bordado y costura, un poco de música y dibujo y, eso sí, mucho baile, danzas por aquí y danzas por allá, para que se luciesen bien cuando se convirtieran en plena adolescencia en «debutantes», comenzasen a asistir con sus madres a las fiestas y necesitasen exhibirse un poco —siempre con recato— para que los caballeros en busca de esposa depositasen en ellas sus miradas.

También se les solían enseñar los principios religiosos más básicos —católicos o protestantes—, que deberían ser capaces de transmitir a sus hijas e hijos en el futuro. Pero nadie esperaba de ellas —y, aún peor, casi nadie deseaba— que se enredasen en discusiones teológicas, ni mucho menos políticas, sociales, científicas, económicas o filosóficas, tan importantes en aquel siglo XVIII que transformaría para siempre Europa. Todas esas materias profundas, que nombraban, diseñaban y transformaban el mundo, eran para muchos territorio exclusivo de los hombres.

En 1727 la marquesa de Lambert publicaba de manera anónima sus «Nuevas reflexiones sobre las mujeres». En ellas acusaba al intocable Molière del mal de la ignorancia que asolaba a sus congéneres: el dramaturgo se había burlado cruelmente del ansia de conocimientos de las mujeres en una exitosa comedia de 1672 titulada, con ironía, *Las mujeres sabias*: «Desde entonces —afirmaba madame de Lambert—, se ha considerado tan vergonzoso el saber de las mujeres como cualquiera de los vicios que les están prohibidos».[2]

Podemos remedar a la marquesa y culpar a otro intocable, Jean-Jacques Rousseau, de que las cosas se mantuviesen igual —o aún peor— durante los siguientes ciento cincuenta años. Rousseau fue sin duda el filósofo más influyente del siglo XVIII, cuya larga estela se paseó también por el XIX, dejando caer ideas, gustos y costumbres sobre este lado de la Tierra llamado Europa. Sus libros fueron auténticos superventas, y muchos de los conceptos que él preconizó impregnaron poco a poco la mentalidad de los habitantes del mundo occidental, transformando así la realidad.

Una de sus obras más importantes fue *Emilio o De la educación*, publicado en 1762. En este libro, el filósofo fue, como se ha dicho a menudo, el descubridor de la infancia, y debemos darle las gracias por ello. Hizo comprender a las clases cultas europeas que ese era un momento fundamental de la vida, un tiempo autónomo de la edad adulta, con derechos y exigencias propias. Reclamó que las niñas y los niños fuesen tratados con ternura y educados con suavidad, haciéndoles comprender las cosas y no imponiéndoles los comportamientos por la fuerza. Influido por algunos médicos higienistas, explicó que los bebés no debían ser envueltos en fajas que les impidiesen cualquier movimiento —como solía hacerse en aquellos tiempos— y pidió para ellos, a medida que crecían, juegos y expansiones al aire libre, en lugar del permanente encierro al que solían ser sometidas las criaturas de las familias privilegiadas: las demás, las del pueblo, andaban siempre callejeando y empezaban a trabajar desde que tenían seis o siete años, al menos en las actividades familiares. También aconsejó a las madres que los criasen ellas mismas y no los entregasen en manos de nodrizas y amas de cría, para reforzar así los lazos afectivos.

Las innovadoras ideas de Rousseau, expuestas con talento y sentimentalidad en el *Emilio*, contribuyeron enormemente a cambiar el concepto de familia de las clases ilustradas y, en particular, las relaciones maternofiliales. Pero la modernidad del filósofo tenía un único objetivo, el género masculino, y unos límites clarísimos: todo lo que pusiera en cuestión la preponderancia de los hombres debía ser rechazado. Tras describir cómo había que educar a Emilio, el protagonista del libro, Rousseau dedicó el último capítulo a Sofía, destinada a convertirse en su compañera. El único atisbo de liberación que le concedió a su niña fue el de la ropa y la actividad física moderada: era mejor que las niñas llevasen prendas que no apretasen demasiado. También estaba bien que realizaran un poco de ejercicio al aire libre, pero solo —solo— porque eso garantizaría una mejor salud para su futuro como procreadoras. Este era en realidad el papel fundamental que Rousseau le concedía al género femenino en su conjunto: ser las dóciles portadoras de la continuidad de la especie.

Selecciono aquí algunas de las frases más llamativas del *Emilio*:

Los deberes de cada sexo no son los mismos: la mujer, más que el hombre, está obligada a ser fiel y a ser considerada como tal. Defender la igualdad de los sexos no es más que una declaración sin sentido.

Hazme caso, madre juiciosa, no hagas de tu hija un hombre honorable, desmintiendo así a la naturaleza. Haz de ella una mujer honorable, y siéntete segura de que será mucho mejor para ella y para nosotros.

La naturaleza [...] ha dado a las mujeres una mente agradable y ligera; quiere que piensen, que juzguen, que conozcan, que cultiven su espíritu igual que cuidan de su rostro. [...] Deben aprender muchas cosas, pero solo aquellas que les conviene saber.

Para llegar a poseer lo necesario, para alcanzar una posición, necesitan que se lo demos nosotros, que deseemos dárselo, que las consideremos dignas de ello; dependen de nuestros sentimientos, del aprecio que sintamos por sus méritos, del caso que hagamos de sus encantos y sus virtudes.

Así pues, toda la educación de las mujeres debe estar relacionada con los hombres. Gustarles, serles útiles, hacerse amar y honrar por ellos, educarlos cuando son jóvenes, cuidarlos cuando son mayores, aconsejarlos, consolarlos, hacer sus vidas agradables y dulces: esos son los deberes de las mujeres en todos los tiempos, y eso es lo que hay que enseñarles en la infancia.

Las mujeres no deben ser robustas como ellos, sino por ellos, para que los hombres que nazcan de ellas lo sean también.

La principal cualidad de una mujer es la dulzura. La mujer debe soportar de su marido incluso la injusticia sin quejarse.

La búsqueda de las verdades abstractas no es una de sus capacidades, y por ello sus estudios deben limitarse a lo práctico. Todas las reflexiones de las mujeres, más allá de lo que se refiere a sus deberes, deben tender al estudio de los hombres, o a ese tipo de conocimientos agradables cuyo único objetivo es el gusto: la inteligencia creadora está fuera de su alcance.[3]

Estas son las pequeñas frases de un magno filósofo sobre el género femenino, las mezquinas ideas de alguien que representó como nadie, en su momento, el espíritu de los nuevos tiempos, y contra las que millones de mujeres se vieron obligadas a combatir, cuando no se sintieron condenadas a someterse a ellas.

Hay poco que añadir, aunque no está mal recordar, antes de despedirnos del insigne Jean-Jacques, que este hombre abandonó a los cinco hijos que tuvo con su compañera —y más tarde esposa— Thérèse Levasseur. Una tras otra, las cinco criaturas fueron llevadas por la partera al hospicio de París, un lugar donde la mayor parte de los bebés fallecían al cabo de unas semanas. Él mismo lo contó en diversas ocasiones, sin darle demasiada importancia y reconociendo que Thérèse «obedeció mientras lloriqueaba». Por cierto, Thérèse Levasseur era una mujer muy humilde cuando Rousseau la conoció, una joven que se ganaba la vida como lavandera y que, por lo que sabemos, fue toda su vida prácticamente analfabeta. Parece que el filósofo, en ese sentido, no fue incongruente: eligió como compañera a alguien con quien probablemente jamás pudo discutir ni una sola idea.*

El larguísimo debate en torno al derecho a la enseñanza del género femenino —iniciado desde finales de la Edad Media— era en realidad una lucha de poder. Era y es: todavía en algunos lugares del mundo se está produciendo este combate.** Muchas mujeres inteligentes lo tuvieron claro desde siempre. Ya en el siglo anterior, el XVII, la escritora española María de Zayas había desarrollado en sus textos la idea de que la cuestión de la enseñanza era un asunto de dominio: «El culparlas [los hombres a las mujeres] de fáciles y de poco valor y menos provecho es porque no se les

* Rousseau admitió el abandono de sus cinco hijos en sus *Confesiones* y en varias cartas, y trató de justificarlo con diferentes razones: no tenía dinero para mantenerlos, la madre no era capaz de cuidarlos, la abuela materna era una mala persona, estaban mejor en manos del Estado, como Platón quería que se hiciese con todos los niños...

** Cuando escribo estas palabras, a finales de 2022, la realidad vuelve a demostrarnos lo fácil que es hacer que la historia vuelta atrás: los talibanes que gobiernan desde hace un año y medio en Afganistán acaban de prohibir el acceso de las mujeres a la universidad. Todas las heroínas de este libro tendrán que volver a nacer en Kabul.

alcen con la potestad», llegó a afirmar la lúcida doña María en sus *Desengaños amorosos*, publicados en 1649.[4]

Mantener al género femenino en la ignorancia le confería al masculino dos ventajas gigantescas, ligadas entre sí como el movimiento de la Tierra y la Luna en torno al Astro Rey: jamás podrían competir con ellos por «los puestos y las cátedras», como también decía Zayas, y además sería mucho más fácil seguir sometiéndolas al deseo y a las exigencias impuestas por el orden patriarcal del mundo. Es decir, a lo que muchas mujeres a lo largo de los siglos llamarían «esclavitud».

Una de las personas que lo explicaron más claramente en aquel siglo XVIII fue lady Elizabeth Montagu (1718-1800), pariente de lady Mary:

> Los hombres son muy imprudentes al empeñarse en convertir en tontas a aquellas a las que confían su honor y su fortuna, pero parece que la condición masculina prefiere arriesgar su paz con tal de asegurar su poder, y saben que las tontas son las mejores esclavas.[5]

Lady Elizabeth fundó en Londres un salón especialmente exigente en lo intelectual y centrado en el género femenino —aunque no estaba prohibida la presencia de hombres—, que dio muchísimo que hablar. Según parece, alguien se burló de aquellas reuniones a las que algunos eruditos acudían no con las medias negras de seda de rigor, sino con bastas medias azules de lana. Lady Elizabeth Montagu aceptó el desafío con humor, y llamó a su círculo The Blue Stockings Society, la sociedad de quienes llevan medias azules.

Pronto el término *bluestocking* comenzó a aplicarse a las mujeres con «pretensiones» intelectuales, convirtiéndose en un insulto.

Uno más: *bluestocking, bas-bleu, madame-je-sais-tout, précieuse,* marisabidilla, parlilatina, bachillera... Las lenguas han inventado innumerables palabras despectivas para referirse a las mujeres que se empeñaron en ir más allá del suave bordado, el dulce sonido del arpa, el sagrado susurro del rezo o el parloteo pueril sobre modas y se obsesionaron con dedicar sus cerebros a aprender asuntos que el género masculino pretendía reservarse en exclusiva para sí mismo.

En torno a esa lucha de poder por alcanzar la educación se vertebraría durante mucho tiempo el combate protofeminista y feminista, así como la intransigente reacción del patriarcado. Todavía en 1929, en el magistral ensayo *Una habitación propia*, Virginia Woolf —que como joven de la época victoriana no pudo acceder a la universidad— comparaba burlonamente las condiciones de vida de los alumnos y profesores varones de la universidad «Oxbridge» con las de sus compañeras de una nueva institución vecina, creada poco tiempo atrás solo para mujeres: mientras en el comedor del *college* masculino se almorzaban lenguados con crema, perdices en salsa, ensaladas y un riquísimo pudin —todo bien regado con vinos—, en el comedor del género femenino la cena se reducía a un caldo transparente, carne de vaca hervida con patatas y ciruelas en almíbar con flan, más todas las jarras de agua que una quisiera. «No se puede pensar bien, amar bien, dormir bien, si no se ha cenado bien. La lámpara de la espina dorsal no se enciende con carne de vaca y ciruelas pasas», concluía Woolf con su inquebrantable tono burlón.[6]

En su texto, Virginia Woolf se remontaba hasta el origen de «Oxbridge» para rememorar los inmensos gastos que supuso la creación de un lugar como ese. Conviene repasar con ella la historia de las instituciones universitarias para comprender la larga exclusión de las mujeres de la formación más exigente y, por lo tanto, de las profesiones de mayor prestigio y remuneración económica. La universidad más antigua de Europa fue la de Bolonia, fundada en el año 1088. La segunda fue precisamente la de Oxford, en 1096. Luego vinieron París en 1150 y Cambridge en 1209. A lo largo del siglo XIII, esta novedosa estructura formativa fue extendiéndose por todo el continente.

En los reinos de España, la universidad más antigua fue la de Salamanca, fundada en 1218. Después iniciarían su camino la de Valladolid, en 1241, y la Complutense de Alcalá de Henares en 1293. Las universidades nacieron al unirse diversos «estudios», colegios especializados en los que los alumnos se preparaban como teólogos y abogados. Aquellos estudios eran centros episcopales, catedralicios o monásticos, es decir, fundados, organizados y sustentados por la Iglesia. Al convertirse en universidades, las instituciones eclesiásticas mantuvieron el control, prolongándolo durante muchos siglos, en general hasta bien entrado el XIX.

Casi desde sus orígenes —y sin que esto tenga nada que ver con la fe individual—, la Iglesia ha sido una institución abiertamente patriarcal, dominada por hombres y segregadora del género femenino. «Vuestras mujeres deben permanecer calladas en las congregaciones pues no les corresponde a ellas hablar, sino vivir sometidas, como dice la ley», les escribió san Pablo a los corintios en su Primera Carta, recogiendo así una tradición anterior muy extendida, que se impuso como norma en las diversas divisiones del cristianismo: las mujeres no tienen derecho a predicar, a interpretar la palabra de Dios, a dirigir las celebraciones. Es la razón por la cual, en el catolicismo, no hay sacerdotisas.*

---

* Recientemente, algunas ramas luteranas han comenzado a admitir pastoras en sus filas, lo cual ha provocado una intensa discusión basada justamente en esas palabras de Pablo de Tarso.

Quienes fundaron y dirigieron las universidades durante siglos —fuesen católicos o, más tarde, protestantes— llevaron esta consigna de silencio y sumisión hasta sus últimas consecuencias. Se dedicaron a formar a la élite profesional de la sociedad en campos cada vez más extensos, que abarcaban desde la teología, el derecho y la medicina hasta todas las ciencias exactas, naturales y sociales. Pero desde su nacimiento y hasta bien entrado el siglo XX, dejaron totalmente excluidas a las mujeres, prohibiéndoles el acceso a las aulas y, por lo tanto, el ejercicio de esas profesiones controladas y reguladas por su propio sistema.

Cuando las universidades fueron creadas, no existía una tradición de mujeres de leyes. Así pues, no podemos decir que el género femenino fuese expulsado de ese campo. En lo referente a la teología, hacía ya mucho tiempo que se les había impuesto el mencionado silencio, aunque muchas monjas —y también laicas— intentasen saltárselo. Pero hubo una disciplina en la que el veto universitario a las mujeres tuvo grandes repercusiones: la medicina. Solemos creer que la incorporación del género femenino a la práctica médica es un fenómeno reciente, pero todo parece indicar que, en realidad, las médicas actuales se han reincorporado —con obvio entusiasmo— a una actividad que las mujeres practicaron con normalidad durante cientos de miles de años, hasta que las universidades las expulsaron de ese campo.

Los registros arqueológicos de la prehistoria nos hablan de restos de mujeres enterradas junto a semillas de plantas medicinales, probablemente porque ese era su ámbito de conocimiento y su función social dentro del grupo: conocer las capacidades curativas de la naturaleza y aplicarlas. También la antropología comparada nos dice que cuando pensamos en hechiceros, chamanes o curanderos como precursores de los médicos actuales, podríamos pensar igualmente en hechiceras, chamanas o curanderas, pues son actividades realizadas tanto por hombres como por mujeres. Conocemos por textos escritos la existencia de médicas en civilizaciones como la egipcia, la griega y la romana. Y sabemos que en la Edad Media europea la presencia de mujeres ejerciendo la medicina era algo común.

Los monasterios y conventos femeninos actuaban en aquel entonces como una especie de hospitales que acogían tanto a los enfermos pobres como a las grandes damas. Siempre había en ellos un grupo de hermanas que tenían conocimientos médicos y farmacológicos. La más recordada es sin duda la abadesa alemana Hildegarda de Bingen —santa y doctora de la Iglesia desde 2012—, que fue en pleno siglo XII una sabia deslumbrante. Hacia 1151, Hildegarda escribió un importante tratado de medicina, el *Liber Subtilitatum diversarum naturarum creaturarum*, que todavía a día de hoy se reedita.[7]

En el mundo laico medieval, y no solo en el religioso, también consta la presencia de médicas. Conocemos por los documentos a las «cirujanas» que atendían a las damas de la corte del Reino de Aragón —todas ellas judías, por cierto— o a las muchas que trabajaban en ciudades como Nápoles, Frankfurt y París, como la famosa Magistra Hersend, «física» del rey Luis IX de Francia, al que acompañó hasta Jerusalén en 1249 durante la Tercera Cruzada, ocupándose de su salud: una mujer, sí, y no un hombre, fue la responsable de que el monarca regresase sano y salvo a París de su guerra contra los musulmanes.

Algunas de estas médicas se habían formado en la Escuela de Medicina de Salerno, la mejor y más moderna institución europea de esa disciplina antes de que las universidades copasen los conocimientos en torno a ella. Fundada en el siglo IX, a la escuela acudían a estudiar jóvenes de toda Europa. Sus puertas estaban abiertas para las mujeres, y conocemos incluso los nombres de algunas de las que pasaron por sus aulas, como Trótula —que probablemente llegó incluso a dirigir el centro—, Rebecca de Guarna, Abella o Costanza Calenda.

Es interesante preguntarse qué ocurrió con las médicas después de que las universidades —en realidad, la Iglesia— asumieran el control de la enseñanza y la práctica de la medicina. Las monjas pasaron a convertirse durante siglos en enfermeras, relegadas a un nivel inferior del ejercicio de la sanidad. Las médicas laicas desaparecieron por completo... Quedaron trazas de su existencia en la actividad de las curanderas y las parteras, muy común en toda Europa a lo largo del tiempo. A menudo, las mujeres de una misma familia iban pasándose de madres a hijas los conocimientos sobre hierbas y remedios naturales, legados por sus antepasadas, construyendo así largas dinastías de sanadoras, obligadas a actuar fuera de las leyes.

Lo más triste, creo, es pensar que muchas de las mujeres que fueron quemadas por brujas probablemente eran tan solo las herederas de esos antiguos conocimientos, que al sistema le parecían ahora demasiado peligrosos por estar fuera de su control. Las investigaciones más recientes revelan que entre cuarenta mil y cincuenta mil personas fueron ejecutadas por brujería en Europa entre los siglos finales de la Edad Media y el XVIII. Un 75 por ciento de esas personas eran mujeres, y seguramente buena parte de ellas eran simples curanderas a las que el sistema patriarcal había empujado a la marginalidad.[8]

Los altísimos muros de «Oxbridge» y de todas las universidades, los de los centros de enseñanza media y hasta los de las escuelas de primeras letras se alzaron durante siglos como barreras inaccesibles para el género femenino, altísimas fortificaciones de piedra en las que ni una sola mujer podía poner un pie, tan solo por el miedo de los hombres a que fuesen capaces de ascender muy por encima de lo deseable y competir con ellos o rebelarse contra sus normas. Salvo excepciones, la formación femenina fue mayoritaria y tozudamente autodidacta. A veces, algunas niñas afortunadas contaban con el apoyo de sus padres o sus madres, que las alentaban a instruirse. En el siglo XVIII esto empezó a suceder cada vez más a menudo no solo en la aristocracia, sino también entre los florecientes sectores de la burguesía urbana: madame Roland, que era como ya he dicho hija de un grabador de planchas e ilustraciones, presumió en sus *Memorias privadas* de la buena educación que había recibido en su propia casa, estudiando incluso latín con un tío suyo que era clérigo.

Pero esas niñas instruidas por los suyos siempre fueron una minoría: a la mayor parte de las familias les aterraba que sus hijas llegasen a ser tan doctas que provocasen burlas e hicieran huir a sus pretendientes. Pocos maridos querían tener a su lado a una «parlilatina», como llamaban algunos despectivamente a las mujeres que conocían la lengua que permitía el acceso al conocimiento más formal.

La mayor parte de las mujeres cultas que han existido a lo largo de los siglos lo fueron por voluntad propia y en contra de todos. Testarudas y rebeldes, algunas niñas especialmente ansiosas de saber fueron capaces de desarrollar sus propias estrategias para prepararse intelectualmente, colándose en un rincón en las clases que preceptores y tutores les daban a sus hermanos varones o leyendo a escondidas todo lo que caía en sus manos y haciendo ejercicios de la materia que fuese totalmente solas. Otras muchas tuvieron que esperar a ser adultas para comenzar a caminar sin guías entre los infinitos campos del saber recogidos en los libros. Mi admiración hacia todas esas autodidactas es inmensa.

La misma lady Mary Montagu —de soltera Pierrepont— se regaló a sí misma todos los conocimientos que pudo por el simple método de pasar muchas horas encerrada a solas en la nutrida biblioteca de la mansión familiar. Así aprendió latín —sin que nadie se lo enseñase—, leyó a los clásicos, estudió historia, geografía y ciencias y se disciplinó en el manejo de la lengua inglesa, convirtiéndose por derecho propio en una ilustrada.

Uno de los espacios en los que algunas mujeres pudieron instruirse, profundizar en sus conocimientos y sus ideas y debatir sobre ellas fueron los famosos salones literarios, que forman parte de una larga tradición de patronazgo femenino. En los últimos tiempos ha empezado a revisarse y reivindicarse el papel de las mujeres de la élite en el apoyo activo a la creación. Siempre hemos dado por supuesto que todos los cuadros que se han pintado, las esculturas que se han tallado, los monasterios, iglesias y palacios que se han alzado, los manuscritos que se elaboraron minuciosamente antes de la invención de la imprenta, lo fueron por voluntad masculina: algún rey, algún noble, obispo o papa soñó esa obra, buscó al arquitecto, al artista o al autor más capacitado para hacerla y la pagó con su propio dinero (muchas veces saqueado a otros, pero esa es otra historia). Hoy en día sabemos que buena parte de la creación artística e intelectual que se produjo en Europa a lo largo de los siglos se debe por el contrario al deseo y a la constancia de alguna mujer: reinas y aristócratas han sido comitentes y mecenas con igual intensidad que los hombres, contribuyendo a la creación de ese espacio colosal que llamamos el arte europeo.*

* A finales de 2022, el Museo del Prado ha cambiado muchas de las cartelas que acompañan sus obras para hacer explícita la voluntad femenina

Los salones fueron uno de los ámbitos de patronazgo femenino más visibles. Nacieron en París en el siglo XVII, siguiendo el ejemplo de la marquesa de Rambouillet.[9] Ella inauguró una tradición fecunda que se extendió por toda Europa y que llegó hasta principios del siglo XX, jugando un decisivo papel social y político. Para muchas mujeres imposibilitadas de llevar a cabo su propia obra creativa, intelectual o política, aquel debió de ser un consuelo, un leve resquicio en su común inanidad, un respiradero hacia el reconocimiento de su existencia.

Solemos añadirles el adjetivo de literarios, pero en realidad los salones casi siempre eran mucho más que eso: círculos de sociabilidad y civilidad, pero también verdaderos espacios de debate en los que se abordaban muchas de las cuestiones más importantes del tiempo. La conversación de la era moderna, las polémicas artísticas, intelectuales, sociales y políticas y hasta el perfeccionamiento de las lenguas —en particular el francés— les deben mucho a aquellas damas poderosas.

Aunque cada *salonnière* tenía su propio estilo y sus manías, todos los salones se caracterizaron por dos principios que ahora nos parecen básicos y que, en realidad, se saltaban con osadía las normas imperantes: igual que el de las *bluestockings* de lady Elizabeth Montagu, eran espacios en los que ambos géneros convivían en condiciones de igualdad, tomando la palabra tanto los unos como las otras, algo que no sucedía en ningún otro ámbito prestigioso y que a muchos defensores del patriarcado les resultaba inaudito y hasta pecaminoso. También eran lugares «demo-

---

en su creación y ejecución, transformando así el relato del recorrido de la institución. El propio museo fue creado por iniciativa de una mujer, la reina María Isabel de Braganza, esposa de Fernando VII, que murió de parto antes de poder inaugurarlo en 1819.

cráticos», pues a ellos no asistían únicamente gentes nobles y ricas, sino que las *salonnières* elegían a sus invitados por su talento y su aportación al debate común, al margen de sus orígenes sociales: otro escándalo para quienes creían que la sociedad debía regirse por las viejas reglas estamentales, sin mezcla de clases. Artistas, intelectuales, gentes de la ciencia, la política y la literatura —de ambos géneros y de todas las clases y credos— poblaron así durante casi tres siglos aquellos círculos en los que a menudo se proclamaban las tendencias artísticas y sociales, se aplaudían o se desaprobaban las innovaciones y se lanzaban o se hundían muchas reputaciones públicas.

A lo largo del siglo XVIII, los salones femeninos de París fueron uno de los lugares fundamentales de debate y difusión de las nuevas ideas que pronto se llamarían ilustradas. Cronológicamente, el primer hogar de aquellos pensadores que cambiarían el mundo fue el salón de la marquesa de Lambert (1647-1733). Allí, además de ella misma, reinaba en particular su gran amigo Montesquieu (1689-1755). El filósofo es recordado como autor de *Del espíritu de las leyes* (1748), uno de los ensayos fundadores de la modernidad democrática, en el que reflexionaba sobre las funciones del Estado y establecía el principio de la separación de los tres poderes, el legislativo, el ejecutivo y el judicial. Una idea radical para el súbdito de un monarca absoluto, inspirada en la monarquía parlamentaria británica, y que los ciudadanos del mundo occidental seguimos considerando básica en nuestra organización política.

Madame de Lambert siempre apoyó a su amigo frente a las críticas más reaccionarias, y ese es el papel fundamental por el que ha pasado a la historia. Pero ella misma fue ensayista y reflexionó en diversos escritos sobre la condición femenina. Ya he mencionado su texto *Réflexions nouvelles sur les femmes* («Nuevas reflexiones sobre las mujeres»), que se publicó de manera anónima en 1727, cuando la autora estaba al borde de los ochenta años. En él recogió sus ideas de dama adelantada a su tiempo e indignada por la sumisión y la ignorancia a las que se veía sometido el género femenino. Además de culpar a Molière de la incultura de sus congéneres, dejó una frase extraordinaria que otras pensadoras posteriores desarrollarían: «Los hombres han usurpado la autoridad sobre las mujeres por la fuerza, y no por derecho natural». Me imagino a la marquesa atragantándose toda la vida con esas ideas que le bullían por dentro, pero que casi nadie estaba dispuesto a escuchar.

Madame de Lambert tuvo diversas continuadoras en el agitado París de la Ilustración. Las más conocidas son madame de Tencin, madame Geoffrin, madame du Deffand y Julie de Lespinasse. Todas ellas —y otras muchas— protegieron a los ilustrados, facilitaron su trabajo y ayudaron económicamente a la edición de la magna *Encyclopédie*, que fue publicada mediante suscripciones, el *crowdfunding* de la época. La *Encyclopédie*, cuyos veintiocho tomos fueron publicados entre 1751 y 1772, es sin duda el epítome de la Ilustración, el ejemplo máximo de la voluntad de saber, razonar y transformar que movía a aquellas gentes. El proyecto enciclopédico era revolucionario: contenía en sus páginas un nuevo orden del mundo, en el que la religión ya no era el centro de la existencia y en el que el poder era sometido a crítica y revisión. En la obra, dirigida por Diderot y D'Alembert, colaboraron hasta ciento cuarenta autores. No consta que ninguno de ellos fuera una mujer, pero que *no conste* no es prueba de que ninguna participara de manera anónima en la redacción de alguno de los 72.000 artículos que contiene.

Ni la constante injerencia de la censura, ni el acoso a los implicados ni la prohibición de la obra en 1759, cuando solo habían salido los primeros tomos, consiguieron terminar con ella —siguió imprimiéndose en Suiza— o desanimar a las ardientes ilustradas que la respaldaban. Incluso la «favorita» de Luis XV, madame de Pompadour, jugó un papel fundamental en la publicación de la *Encyclopédie*: amiga de Voltaire y partidaria de las ideas ilustradas, fue ella quien convenció al rey para que autorizase la edición de los primeros volúmenes. Tras el veto de 1759, su intervención y la de algunos ministros cercanos lograron que el monarca hiciese la vista gorda ante la más que evidente continuación del trabajo.[10]

La mayor parte de las *salonnières* fueron también entusiastas escritoras de cartas, *épistolières*, como dicen los franceses: algunas parecen haberse pasado buena parte de sus vidas sentadas ante un escritorio, mojando la pluma en el tintero y componiendo cartas larguísimas y muy brillantes, tanto que llegaron a convertirse en un verdadero género literario en sí mismo. Ese modo de expresión encajaba muy bien con la condición femenina del momento: aparentemente, forma parte de la intimidad, y por lo tanto no se salta las normas y limitaciones prescritas para las mujeres. Pero al mismo tiempo les permitía expresarse libremente, así que terminaba resultando una excusa para reflexionar sobre los grandes asuntos públicos y demostrar que tenían capacidad para observar y analizar y pensar, que poseían cerebros brillantes y un profundo dominio de la lengua, convirtiéndolas de esa manera en autoras por derecho propio.

Todas ellas eran conscientes de que las correspondencias eran mucho menos privadas de lo que ahora nos puede parecer. Salvo que se tratase de cartas entre amantes que ambos prefiriesen guardar en secreto, era normal que aquellos escritos fuesen leídos en voz alta en las reuniones familiares o sociales y que en algún momento terminasen siendo publicados. Cuando madame du Deffand se mostraba ante Voltaire brillantemente descreída y ácida, sabía sin duda que alguien más que su amigo iba a oír o leer sus palabras: «Más valdría no jactarse de haber instaurado la tolerancia. Los perseguidos siempre la predican, pero si dejasen de serlo no la practicarían. Opinen lo que opinen los hombres, quieren que todo el mundo se someta a sus ideas».[11]

La propia lady Mary Montagu fue autora de una importante correspondencia, sus famosas «Cartas de la Embajada de Turquía». Mientras estuvo allí, entre 1716 y 1718, fue escribiendo a amigos y parientes, contándoles sus vivencias. Después recopiló y copió los textos, y los hizo circular entre sus allegados, dejando así de alguna manera preparada su edición, que se llevó a cabo en 1763, ya después de su muerte. Esas cartas son un espléndido testimonio periodístico, diríamos ahora, de un mundo desconocido por entonces en Europa o vislumbrado tan solo a través de algunos viajeros —siempre hombres— que lo habían observado con la mente llena de prejuicios. Lady Mary, por el contrario, carecía de ideas preconcebidas y de solemnidad, aunque no de inteligencia y agudeza, desde luego.[12]

Rousseau, ya lo hemos visto, pensaba que «la búsqueda de las verdades abstractas no es una de las capacidades de las mujeres, y por ello sus estudios deben limitarse a lo práctico». Su compañero Immanuel Kant —otro de los filósofos que más influyeron tanto en su momento como en la posteridad— afirmaba lo mismo en su gran obra *Observaciones sobre el sentimiento de lo bello y lo sublime*:

El estudio trabajoso y la reflexión penosa borran los méritos peculiares del sexo [femenino] y debilitan los encantos que le otorgan su fuerte imperio sobre el sexo opuesto. A una mujer con la cabeza llena de griego, o que sostiene discusiones sobre mecánica, parece que no le hace falta más que una buena barba. [...] La mujer, por tanto, no debe aprender ninguna geometría; del principio de razón suficiente o de las mónadas solo sabrá lo indispensable para entender el chiste en las poesías humorísticas.[13]

A Kant no le bastó con ser el instaurador del idealismo alemán y transformar la historia de la estética, sino que, además, quiso intervenir en el asunto de la instrucción del género femenino, que tanto perturbaba a aquellos sabios. Lo más triste es que, en realidad, las de Rousseau y Kant son solo dos de las innumerables voces que representan a la inmensa mayoría de los hombres de su tiempo, y también, por desdicha, a numerosas mujeres.

A otras muchas, en cambio, les dio igual lo que dijeran los varones más ilustres e ilustrados: por más que se empeñasen en afirmar que la naturaleza las había condenado a ser tontas, ellas insistieron en demostrar lo contrario y, en aquellas décadas de fulgor de la investigación y el pensamiento científicos, unieron sus fuerzas al empeño de desentrañar los principios de la materia, incluso aunque corriesen el riesgo de que les saliera barba.

Aquel fue en efecto un momento fundamental en el desarrollo de las ciencias. Subidas «a hombros de los gigantes» de los siglos anteriores —como dijo Newton—, muchas mentes inquietas se lanzaron con pasión a averiguar las leyes inmutables de la naturaleza, desenredándolas de la maraña de religiosidad y superstición en la que habían permanecido sumidas hasta entonces. Todas esas personas fueron las creadoras de la metodología científica moderna, quienes pusieron las bases deslumbrantes del mundo contemporáneo y su comprensión del universo.

Esa eclosión de las ciencias fue espontánea y repentina, y a las instituciones académicas les costó hacerse con el control de las nuevas investigaciones. De hecho, durante mucho tiempo sospecharon de ellas, porque ponían en cuestión buena parte de los principios establecidos, fuesen religiosos o pseudocientíficos. A veces, incluso, la Iglesia que respaldaba dichas instituciones mandó a sus huestes inquisitoriales, como bien sabemos, contra los científicos más atrevidos.

En cualquier caso, mientras todo aquel mundo de investigaciones e hipótesis fue creciendo al margen de los claustros, numerosas europeas de casi todos los países se sumaron a la multitud de científicos. Igual que ocurrió en la pintura, fueron décadas de resplandor femenino, rápidamente extinguido en cuanto el orden burgués se adueñó de todo en el XIX: las universidades, aunque tarde, terminaron reaccionando ante aquel tumulto de faldas, y elevaron aún más los muros por cuyas brechas algunas habían conseguido colarse.

Pero, antes de que llegase ese momento, numerosas científicas lograron el reconocimiento y se relacionaron en condiciones de igualdad con sus colegas varones. Nunca llegaremos a saber cuántas mujeres colaboraron en aquel esfuerzo colosal. Aunque poco a poco sus nombres van saliendo una vez más a la luz, seguramente muchas permanecerán para siempre sepultadas en la oscuridad, a veces ocultas tras la figura luminosa de un padre, marido o hermano notable que —voluntaria o involuntariamente— carga con la fama de los descubrimientos de la mujer que trabajaba a su lado.

Curiosamente, el campo en el que parecen haber sido más potentes fue el de las matemáticas, un territorio en el que todavía hoy la capacidad femenina para la abstracción es discutida. De todas maneras, casi todas ellas —igual que ellos— investigaban en diversos ámbitos afines, aún no separados por las líneas irreductibles de la especialización, así que era frecuente que las matemáticas las condujesen a la astronomía, y esta a la física, y vuelta a empezar.

Matemática, astrónoma y física fue la científica francesa más recordada de aquellos tiempos —aunque no la única—, Émilie du Châtelet (1706-1749), que reclamó sin complejos su papel en ese territorio. La marquesa de Châtelet fue una niña con suerte: Émilie no necesitó aprender sola, como les ocurrió a lady Mary y tantas otras. Fueron sus propios progenitores, nobles de mentalidad muy abierta, quienes le dieron una educación muy por encima de lo habitual, valorando su inteligencia y sus ganas de instruirse. Émilie tuvo los mismos preceptores que sus hermanos varones, y estudió latín, griego, alemán, inglés y, sobre todo, matemáticas, una materia que la deslumbró y a la que se entregaría más tarde con pasión.

Pero también fue formada para cumplir el mejor papel en sociedad: tocaba el clavecín, cantaba ópera, bailaba bien, montaba a caballo... Durante un tiempo fueron esos aspectos más mundanos los que parecieron dominar su vida, y disfrutó plenamente de las lujosas diversiones de la corte. Luego, tras casarse a los diecinueve años con un militar mucho mayor que ella —y muy respetuoso con su libertad— y ya madre de tres hijos, la marquesa empezó a profundizar en su viejo amor por las matemáticas, la física y la ciencia en general.

Amiga de algunos de los más importantes sabios del momento, como el famoso matemático Maupertuis —los rumores, cómo no, la relacionaron sentimentalmente con varios de ellos—,

Émilie du Châtelet se entregó por completo al estudio. Fue entonces, en 1733, a los veintisiete años, cuando conoció y se enamoró de Voltaire. Y Voltaire de ella: ambos iniciaron una relación que duró una década, formando una de esas parejas milagrosas en las que se unían el amor, la admiración mutua y los intereses comunes. «Fui feliz durante diez años —escribió la marquesa— gracias al amor de aquel que había subyugado mi alma. Y esos diez años los pasé a su lado, sin un solo momento de hastío ni de aburrimiento».

Como a las autoridades les había dado por perseguir a Voltaire cada vez que publicaba algo, Émilie du Châtelet —con la aceptación de su marido— le propuso irse juntos a su *château* de Cirey-sur-Blaise, que se convirtió en un lugar mítico en la memoria de los admiradores de la Ilustración. Allí vivirían los siguientes quince años, primero como pareja y luego, cuando Voltaire rompió la relación, como amigos. Eran un dúo formidable, dedicados los dos a la ciencia, las investigaciones y la escritura. Además de la impresionante biblioteca, montaron un laboratorio —el «gabinete de física», lo llamaban— provisto de telescopios y toda clase de instrumentos para realizar experimentos físicos, químicos y mecánicos.

La marquesa de Châtelet formó parte de muchos de los debates científicos del momento, recibiendo a otros sabios en Cirey o manteniendo con ellos extensas correspondencias. Junto con Voltaire, se lanzó al estudio de las ideas de Newton, la vanguardia del pensamiento matemático y físico. Publicó varios ensayos y tradujo al francés los *Philosophiae naturalis principia mathematica* («Principios matemáticos de la filosofía natural») del científico inglés, obra clave de la revolución que se estaba viviendo. El trabajo de la marquesa consiguió que el descubrimiento de la ley de gravitación universal llegase a los numerosos aficionados a la ciencia que no dominaban el complejo latín de Newton. Pero no se limitó solo a realizar la difícil traducción, sino que añadió un extenso comentario, incorporando algunas correcciones hechas por otros autores posteriores a Newton y también las suyas propias, en las que aportaba cálculos sobre la trayectoria de los planetas y la inclinación de la Tierra. La versión de la marquesa de Châtelet sigue siendo el texto canónico para los estudiosos franceses doscientos cincuenta años después.[14]

Por supuesto, Émilie recibió toda clase de críticas y burlas por su entrega al estudio. Los reaccionarios que militaban contra los avances científicos —y contra el pensamiento del impío Voltaire— llegaron a acusar a la pareja de realizar en Cirey ritos de magia y brujería. Pero también algunas de sus amigas la ridiculizaron en sus correspondencias. Y no porque viviera públicamente con un hombre que no era su marido —la aristocracia francesa podía admitir tales relaciones—, sino por aquella pasión por la ciencia que no entendían. La baronesa de Staal, que recibió una temporada a Émilie y Voltaire en su *château* de Anet, los describió malolientes y parecidos a «dos espectros», y se burló de las muchas mesas que la marquesa pidió para su habitación: «Las necesita de todos los tamaños, unas inmensas, para esparcir sus papeles, otras sólidas para sostener todos sus objetos, y algunas ligeras para los pompones y las joyas». Quizá si solo hubiera pedido estas últimas, la baronesa de Staal se hubiera ahorrado la ironía. En cualquier caso, a Émilie du Châtelet, inmersa en su pasión investigadora, no parece haberle importado demasiado la opinión ajena.

Cuando descubrió, tras diez años de amor, que Voltaire le estaba siendo infiel y ya no la deseaba, Émilie sufrió mucho, según su propia confesión. Pero logró reconvertir sus sentimientos en amistad: los examantes siguieron viviendo juntos, debatiendo, explorando, esforzándose por penetrar en la esencia del mundo. Fue en ese momento, alrededor de 1745, cuando escribió un breve ensayo que sería publicado después de su muerte y que la retrata a la perfección, el *Discurso sobre la felicidad*. Ya el título demuestra la modernidad ilustrada de la autora: durante un milenio, los habitantes de Europa habían vivido convencidos de que la felicidad era algo inalcanzable en este mundo, que solo conseguirían —de merecerlo— en la vida eterna, en forma de beatitud. Fueron las mentes más adelantadas de este siglo XVIII las que empezaron a reivindicar públicamente —como idea filosófica y política— la búsqueda de la felicidad, tanto la individual como la común. Que una mujer se atreviese a reflexionar sobre el tema es prueba de la audacia moral de la marquesa de Châtelet.

Desde las primeras líneas de su ensayo, proclamó de manera clara el derecho de todo el mundo a la felicidad. Es más, consideró que la obligación de cualquier ser humano era intentar alcanzarla:

> Hay que empezar por decirse a una misma, y convencerse a fondo de ello, que en este mundo no tenemos nada más que hacer que procurarnos sensaciones y sentimientos agradables. Los moralistas que les dicen a los hombres «reprime tus pasiones y domina tus deseos si quieres ser feliz» no conocen el camino de la felicidad. Solo somos felices cuando nuestros gustos y nuestras pasiones están satisfechos. [...] Si nos atreviésemos a pedirle algo a Dios, deberían ser pasiones.[15]

Esta frase final podría haber sido un gran lema tallado en piedra sobre el dintel de entrada a su palacio. Desde luego, da la sensación de que ella se lo tomó totalmente en serio. Sus dos grandes pasiones eran el ansia de saber —«El amor al estudio es de todas las pasiones la que más contribuye a nuestra felicidad»— y la propia pasión amorosa. Su texto, de hecho, parece una reflexión escrita para consolarse a sí misma, como si quizás, en un momento de desánimo tras la ruptura con Voltaire, necesitara recordarse lo mucho que le gustaba vivir y lo importante que era mantener la «ilusión», otro de los elementos que ella consideraba fundamentales para alcanzar la felicidad: tener siempre ganas de algo, partir una y otra vez en busca de un objetivo importante.

Fiel a su lema, Émilie du Châtelet comenzó de nuevo la búsqueda del amor, a pesar de tener ya cuarenta años, una edad avanzada para la época. Esta vez, la pasión amorosa le costó la vida: murió a los cuarenta y dos de una infección puerperal que sufrió tras dar a luz una niña. El padre era su nuevo amante, el marqués de Saint-Lambert, un poeta mediocre cuyo nombre solo es recordado por su relación con la marquesa. Una de las escasas veces en que la historia se ha escrito al revés: el varón es memorable por haber sido el amante de una mujer única, y no al contrario.

Émilie du Châtelet admiraba mucho a la científica boloñesa Laura Bassi (1711-1778), de la que se dice que fue una pionera en muchos aspectos: la primera europea en obtener un doctorado en ciencias en una universidad, la primera en poseer una cátedra y la primera en ingresar en una institución científica, al ser elegida miembro de la prestigiosa Academia de Ciencias del Instituto de Bolonia.*

---

* No soy muy partidaria de este tipo de listas: «la primera que...» o «el primero que...». A menudo son afirmaciones falsas, geográficamente parciales o basadas en investigaciones insuficientes que serán corregidas con el tiempo.

Igual que la marquesa de Châtelet, Bassi se dedicó a divulgar la mecánica de Newton. Investigó sobre las corrientes eléctricas —otro descubrimiento de la época— y fue profesora durante muchos años, mientras gestaba, paría y criaba a nueve hijos. Pero las clases las tenía que dar en su casa: a pesar de haber obtenido el doctorado —y con ello la posibilidad de enseñar—, las autoridades académicas no le permitieron pisar el recinto universitario. La presencia allí de una mujer hubiera sido escandalosa.

Solo a los sesenta y cinco años, cuando se le otorgó la cátedra de Física Experimental, pasó a enseñar en el claustro, mientras su marido ejercía como ayudante suyo. Muy anciana ya según los cánones de la época, Laura Bassi había perdido a ojos de los hombres su identidad sexual: nadie iba a armar un revuelo cuando arrastrase sus faldas por los corredores de la venerable institución.

La extensa genealogía de mujeres matemáticas del siglo XVIII concluiría en la primera mitad del XIX con Ada Lovelace (1815-1852), una de las precursoras de la informática. La condesa de Lovelace era hija de lord Byron. En realidad, hija biológica y poco más: el poeta —que esperaba tener un hijo varón— abandonó a su esposa y a la niña cinco semanas después del nacimiento de esta, y nunca más volvió a verlas. Educada por una madre estricta y fría, Ada Byron se volcó en las matemáticas y las máquinas, que la volvían loca: de haber podido, seguramente habría sido una gran ingeniera. Tuvo una magnífica tutora, la también matemática y astrónoma Mary Somerville (1780-1872), miembro de la Real Sociedad Astronómica británica, donde se sentaba otra mujer extraordinaria, Caroline Herschel (1750-1848).

Su enorme talento para las matemáticas —reconocido por muchos contemporáneos— nunca le impidió a Ada Lovelace recordar la importancia de la imaginación, la presencia de lo poético detrás de la aparente frialdad de los números: «[Al observar las curiosas transformaciones que sufren algunas fórmulas matemáticas], me acuerdo de esos duendecillos y hadas sobre los que leemos que pueden adoptar una forma ahora y otra completamente distinta dentro de un minuto».[16]

La condesa fue íntima amiga y colaboradora del matemático e ingeniero Charles Babbage, que diseñó una «máquina analítica» programable para practicar toda clase de cálculos, incluidos los más complejos. Durante su proceso de trabajo con la máquina de Babbage, lady Lovelace realizó una serie de anotaciones que incluyen un algoritmo codificado, es decir, lo que muchos consideran el primer programa informático.

Con su intuitiva imaginación científica, fue igualmente capaz de prever la existencia futura de los ordenadores. «La máquina analítica puede hacer cualquier cosa que sepamos ordenarle que realice», afirmó. La figura de Ada Lovelace ha sido objeto de numerosos reconocimientos en los últimos tiempos, pero también víctima de una intensa polémica por parte de quienes se niegan a reconocerle su carácter pionero.*

En 1865, cuando el filósofo John Stuart Mill redactó una petición al Parlamento británico reclamando por primera vez en el Reino Unido el voto para las mujeres, la antigua profesora y ami-

---

* Cuando consulto el artículo sobre Ada Lovelace en la Wikipedia en español a finales de 2022, lo encuentro lleno de frases —bastante mal escritas, por cierto— que tratan de negarle todos sus méritos y asignárselos a Charles Babbage y otros. No ocurre lo mismo, en cambio, en el artículo sobre el propio Babbage, cuyo trabajo nadie cuestiona. Alguien con «rencor misógino», interpreto, se ha dedicado a estropear la biografía de la matemática. Sucede a menudo...

ga de Ada Lovelace, la longeva Mary Somerville —que ya había cumplido los ochenta y cinco años—, encabezó la lista de personas que firmaron la solicitud. Somerville demostró así su incomodidad con la sociedad patriarcal en la que vivían ella y sus hijas, y en la que se verían obligadas a desenvolverse sus nietas: ni votos, ni propiedades, ni estudios.

Apagado el breve fulgor libertino del XVIII, las mujeres privilegiadas de la era victoriana —excepto la propia reina de Gran Bretaña— solo eran las portadoras de los herederos varones que habrían de mantener el Imperio, las guardianas de la felicidad y el bienestar doméstico de los hombres: Rousseau había vencido. Al menos, de momento.

3

El clamor por la educación: las ilustradas españolas

¿Acaso queremos invertir impunemente el orden, tan antiguo como el mundo, que siempre ha excluido a las mujeres de las deliberaciones públicas?

FRANCISCO CABARRÚS

No puedo sufrir con paciencia el ridículo papel que hacemos las mujeres en el mundo.

INÉS JOYES Y BLAKE

Josefa Amar y Borbón cerró el balcón de su gabinete: a partir de las ocho de la mañana, el ruido insoportable de los carros, los gritos de las aguadoras y vendedoras de toda clase de cosas, el bullicio de la gente que pasaba charlando animada y hasta los cascos de los caballos al chocar contra el empedrado la desconcentraban. Mejor pasar calor en aquella Zaragoza a la que se acercaba ya el sol asfixiante del verano que soportar todo aquello... Y, por cierto, ¿por qué el sol da mucho más calor en verano que en invierno?, se preguntó de pronto doña Josefa. Echó un vistazo rápido a los libros más cercanos a su mesa: sí, allí estaban los *Principia* de Newton traducidos al francés por la marquesa de Châtelet. Se pondría a leerlo en cuanto terminase con lo que tenía entre manos, su respuesta al discurso que Francisco Cabarrús había hecho unas semanas atrás sobre la posibilidad de que las mujeres se uniesen a la Real Sociedad Económica Matritense de Amigos del País.

Estaba harta. Tenía treinta y siete años, y llevaba toda la vida oyendo las mismas estupideces: que las mujeres no eran capaces de estudiar, que su inteligencia no daba para nada, que solo sabían ocuparse de las cosas domésticas y que, al mismo tiempo, eran culpables de todos los males que la ignorancia causaba en el país... ¡Ya estaba bien! Doña Josefa volvió a tomar la pluma y repasó las frases iniciales de su texto:

Los hombres les niegan la instrucción a las mujeres, y después se quejan de que no la tienen. Digo les niegan, porque no hay un establecimiento público destinado para la instrucción de las mujeres, ni premio alguno que las aliente a esta empresa. Por otra parte, les atribuyen casi todos los daños que suceden. Si los Héroes enflaquecen su valor, si la ignorancia reina en el trato común de las gentes, si las costumbres se han corrompido, si el lujo y la profusión arruinan las familias, de todos estos daños son causa las mujeres, según se grita.

Eso es lo que todo el mundo dice: la culpa de que España apenas sobreviva a la quiebra y de que las dinastías pudientes vayan perdiendo su fortuna la tienen las mujeres, con su excesivo amor por los gastos, las modas y las fiestas, por no añadir la costumbre importada de Italia del «cortejo», esa especie de amante platónico que acompaña a las grandes damas desde la mañana hasta la noche y que a veces —demasiadas veces, en opinión de muchos— se convierte en amante real, empujando a las mujeres al adulterio. ¿O son ellas las que empujan al «cortejo» a cometer semejante iniquidad? Algo de culpa tendrán ellos, dice en voz alta doña Josefa, que mandan en todo y no hacen las cosas bien y dicen que entienden pero no entienden: «Yo quisiera saber —vuelve a releer su escrito— cuántos de los hombres que concurren a las Sociedades Económicas tienen esos conocimientos elementales; y con todo, asisten y dan su voto».

Y ese papanatas de Cabarrús, con su banco y sus aires de grandeza, atreviéndose a afirmar que las mujeres no pueden incorporarse a la Sociedad Económica porque van a acabar con ella... Pero ¿quién se ha creído ese hombre que es? Lástima no poder verle cara a cara y explicarle que ella conoce el latín y el griego mejor que la mayor parte de los hombres miembros de esa sociedad —incluido él, seguro—, y que sabe de medicina y de letras...

Concluyamos pues de todo lo dicho que si las mujeres tienen la misma aptitud que los hombres para instruirse; si en todos los tiempos han mostrado ser capaces de la ciencia, de la prudencia y del sigilo; si han tenido y tienen las virtudes sociales; y si, en fin, se trata de hacerlas amigas del país, lo cual sería de mucha utilidad a este, con tales hipótesis, lejos de ser perjudicial la admisión de las mujeres, puede y debe ser conveniente.

Josefa Amar dio por terminado su escrito y puso la fecha: Zaragoza, 5 de junio de 1786. Ahora solo quedaba enviarlo a la revista *Memorial Literario* y esperar a que lo publicasen para ver cómo reaccionaban el dichoso Cabarrús y todos los que pensaban como él... ¡Ay, otra vez! Doña Josefa se sobresaltó al ver que un gran manchón de tinta había caído sobre su falda mientras firmaba el escrito. En eso sí que eran superiores los hombres: seguro que a ninguno de ellos le importaba lo más mínimo que su ropa se manchase. Ya se ocuparía de ello la esposa de turno...

Una mujer española atreviéndose a escribir un artículo para defender la dignidad intelectual del género femenino, a firmarlo con su propio nombre y a enviarlo a un periódico puede parecernos ahora algo común. Pero hacerlo en 1786 era no solo un acto de valentía inaudita, sino un gesto extraordinario de insumisión. Algo que quizá podía ocurrir en otros países europeos, pero que en España, donde la situación de las mujeres era bastante peor, resultaba una verdadera hazaña.

En realidad, no solo era peor la situación de las mujeres, sino la de casi todo el mundo. Hacía ya mucho que el tiempo de esplendor del Imperio español había pasado, la vieja época en la que Castilla parecía ser el centro de Occidente e imponía modas y gustos. Gobernado por una clase dominante anclada en el pasado y poco favorable al esfuerzo —por no llamarlos vagos—, y por una Iglesia de principios inamovibles y más bien retrógrados, el reino de España se iba alejando cada vez más de la historia común con los demás países de Europa. Si el siglo XVII había sido excepcional en lo cultural —aquel Siglo de Oro de la literatura y el arte que todavía ahora nos deja pasmados—, la larga crisis económica arrastrada durante esa centuria, la dejadez de los poderosos y la incesante intromisión eclesiástica en todo habían hecho de España un país atrasado: el campo vivía en condiciones de miseria y abandono, la incipiente fabricación industrial no acababa de arrancar, la ciencia parecía una cosa propia de pecadores del norte y, en general, las condiciones de vida de la población eran mucho peores que las que se daban en otros reinos europeos.

Por no hablar del subdesarrollo cultural. Los índices de alfabetización pueden ayudarnos a entender la situación. Aunque son muy difíciles de establecer en tiempos en los que aún no había los suficientes censos de población, en las últimas décadas se han estudiado minuciosamente las firmas que aparecen en registros notariales, parroquiales, judiciales y fiscales de diversas naciones, ofreciendo una visión muy interesante de la realidad de la Europa del momento.

Estos datos reflejan únicamente la competencia para firmar documentos, lo cual no quiere decir que todas esas personas supiesen realmente leer y escribir, más allá del trazado de su autógrafo. Son por lo tanto cifras parciales, pero al menos demuestran que, a lo largo del siglo XVIII, esa capacidad fue creciendo en toda Europa. También ponen en evidencia que las mujeres siempre iban muy por detrás de los hombres a este respecto, y que eran las sociedades protestantes las que encabezaban los procesos de alfabetización en ambos sexos. Las razones no eran intelectuales o políticas, sino religiosas: en los territorios que se habían acogido mayoritariamente a la Reforma, se consideraba adecuado que todo el mundo pudiese acceder directamente a la lectura de las Escrituras, también las mujeres. Muchas luteranas comenzaban o terminaban el día leyendo la Biblia, para sí mismas o ante la familia.

El catolicismo, en cambio, procuraba mantener a sus fieles alejados de los textos sagrados, para evitar que sus interpretaciones personales condujesen a herejías: era mejor que la palabra de Dios fuese siempre escuchada a través de la voz de los sacerdotes. ¿Para qué iba a necesitar pues aprender a leer o a escribir la mayor parte de la población? En concreto, que las mujeres llegasen a poseer esos conocimientos era un grave problema para muchos miembros de la Iglesia: como ellos mismos sostuvieron durante mucho tiempo en sus textos, si una mujer sabía leer y escribir podía acceder a contenidos deshonestos e incluso mantener correspondencia en secreto con algún hombre, con fines obviamente pecaminosos.

La Europa protestante iba pues muy por delante de la católica a este respecto, aunque en ella también existía la brecha de género. Sabemos que, en 1790, en el ducado alemán protestante de Oldemburgo un 80 por ciento de los hombres podía firmar, frente a un 46 por ciento de las mujeres. Los registros matrimoniales de la Iglesia de Inglaterra arrojan una media de un 60 por ciento de los hombres y un 40 por ciento de las mujeres, aunque en la ciudad de Londres esos porcentajes subían hasta un 92 y un 74 por ciento respectivamente. En la Francia católica del estallido de la Revolución, las cifras descienden mucho y la brecha se agranda: la capacidad media de los hombres para firmar era de un 48 por ciento, y la de las mujeres, de un 27 por ciento.

Los datos de España para la misma época son aún más bajos, y la diferencia entre ambos géneros mucho mayor: un 43 por ciento de hombres y solo un tristísimo 13,46 por ciento de mujeres —exactamente la mitad que en Francia— fueron capaces de poner su propio nombre al pie de algún documento a finales del siglo XVIII, en la misma época en la que Josefa Amar se quejaba de que no había ningún «establecimiento público destinado para la instrucción de las mujeres»: que una niña aprendiese a leer al sur de los Pirineos era casi un milagro.[1]

Si en toda Europa la vida de las mujeres se supeditaba a normas rigurosas, en España la sumisión del género femenino había sido llevada al extremo. Como depositarias del concepto fundamental de la «honra» de las familias —al menos de las familias que tenían una «honra» que defender—, hasta bien avanzado el siglo XVIII las damas de cierto nivel burgués o aristocrático vivían en unas condiciones de enclaustramiento que a menudo llamaban la atención de los viajeros extranjeros que visitaban el país.

Un siglo antes del *Discurso* de Josefa Amar, en 1678, Marie-Catherine d'Aulnoy viajó a Madrid desde París y describió las costumbres de los súbditos de Carlos II en un libro titulado *Relación del viaje de España*.[2] A ella, que participaba en los salones parisinos, escribía, tenía amantes y se había metido incluso en algún que otro lío con la justicia, la recatada vida de las damas españolas le sorprendía muchísimo: sus trajes y sus joyas eran extraordinariamente lujosos y caros, pero solo los lucían en el interior de sus palacios, donde vivían «a la morisca», sentadas en el suelo entre cojines y alfombras, en la zona de la casa que se llamaba «el estrado». Aisladas de los hombres —salvo los familiares y algún amigo muy íntimo—, solo salían para visitar a otras damas en ocasiones especiales y, eso sí, para ir a la iglesia prácticamente a diario, aunque siempre acompañadas por una dueña, es decir, una mujer viuda que vigilaba sus movimientos y mantenía incólume su honra.

Madame d'Aulnoy achacaba todo aquello a la influencia musulmana, y, de hecho, algunas de las escenas que narró recuerdan las experiencias de lady Mary Montagu en los harenes de Constantinopla. Así describió su visita a la jovencísima princesa de Monteleón, recién casada ya a sus trece años:

> Las señoras estaban en una galería grande cubierta de riquísimas alfombras. Todo alrededor se veían almohadones de terciopelo carmesí, bordados de oro, más largos que anchos, y grandes mesas de taracea, enriquecidas de pedrerías. [...] Es-

tábamos más de sesenta señoras en aquella galería, y ni un solo sombrero. Todas ellas estaban sentadas en el suelo, con las piernas cruzadas. Es una vieja costumbre que han conservado de los moros. No había más que una butaca de tafilete, picado de seda y muy mal construida. Pregunté para quién estaba destinada. Me dijeron que era para el príncipe de Monteleón, que no entraba allí hasta que no se habían retirado todas las señoras. [...] Hablaban de todas las noticias de la Corte y de la ciudad. Su conversación es suelta y agradable, y preciso es convenir en que tienen una vivacidad a la que no nos podemos aproximar. [...] Su corazón es muy sensible, y hasta mucho más de lo que debería ser. Leen poco, y apenas si escriben; sin embargo, lo poco que leen les aprovecha, y lo poco que escriben es atinado y conciso.[3]

Leen poco, y apenas si escriben... Cien años después, en plena Ilustración, las cosas no habían cambiado mucho a ese respecto: como ya he dicho, solo un 13,46 por ciento de mujeres eran capaces de firmar un documento, y eso teniendo en cuenta que quienes se vieran obligadas a acudir en aquellos tiempos a alguna instancia pública serían únicamente una parte de la población.

Lo que sí había ido cambiando era el discurso sobre los motivos de la ignorancia del género femenino: ahora ya no se hacía tanto hincapié en el peligro moral que corrían las mujeres si llegaban a acceder a los conocimientos, sino que se insistía en que, simplemente, no estaban capacitadas para aprender. La mujer, según muchas voces poderosas de la sociedad española, carecía de intelecto. Algo que, como ya hemos visto, se repetía en otros lugares, pero que aquí parece haberse afirmado con especial intensidad, o, tal vez, haber hecho especialmente mella en la mente de las propias mujeres.

De hecho, el siglo XVIII español debatió intensamente sobre este asunto: ¿tenían las mujeres las mismas aptitudes intelectuales que los hombres? Curiosamente, la persona que abrió el debate a favor del género femenino fue un hombre, y además un hombre de la Iglesia, el monje benedictino fray Benito Jerónimo Feijoo (Pazo de Casdemiro, Orense, 1676-Oviedo, 1764). Desde su celda en el monasterio de San Vicente de Oviedo —en cuya universidad era catedrático de Teología—, el colosal padre Feijoo se convirtió en uno de los más sagaces ensayistas de España y en uno de los primeros ilustrados del país, soslayando siempre con astucia el peso de la ortodoxia de la fe y la vigilancia de la Inquisición.

Dedicado a someter las supersticiones, tradiciones y costumbres a la luz de «la experiencia y la razón», como él mismo decía, el padre Feijoo denunció muchas de las debilidades de la sociedad de su tiempo e hizo una firme apuesta a favor del pensamiento crítico y la ciencia. En el tomo primero de su *Teatro crítico universal*, publicado en 1726, incluyó un artículo titulado «Defensa de las mujeres», uno de los primeros textos feministas de España junto con los escritos del siglo anterior de María de Zayas. Con socarronería norteña, el clérigo repasó y desmontó las muchas voces de autoridad que a lo largo de los siglos habían insistido en la inferioridad natural de las mujeres. Arremetió especialmente contra Aristóteles, en cuyas misóginas teorías se basaron infinidad de teólogos y tratadistas a partir de la Edad Media:

Es cierto que Aristóteles fue inicuo con las mujeres, pues no solo proclamó con exceso sus defectos físicos, sino aun con mayor vehemencia los morales. ¿Quién no pensará que su genio le inclinaba al desvío de aquel sexo? Pues nada de eso. No solo amó con ternura a las mujeres que tuvo, sino que lo sacó tanto de sí el amor de la primera [...] que llegó al delirio de darle inciensos como a una deidad. [...] Se ve que la mordacidad contra las mujeres, muchísimas veces, y aun las más, anda acompañada de una desordenada inclinación hacia ellas.[4]

La parte final del ensayo estaba dedicada al «entendimiento» del género femenino, a su capacidad intelectual. Igual que habían escrito mucho tiempo atrás autoras como Cristina de Pisán, Marie de Gournay, María de Zayas y tantas otras, igual que seguían clamando muchas en aquel mismo momento, el padre Feijoo defendió que si las mujeres «no entendían» no era porque no tuviesen inteligencia, sino porque les faltaba la preparación y el contexto social adecuado:

Estase una mujer de bellísimo entendimiento dentro de su casa, ocupado el pensamiento todo el día en el manejo doméstico, sin oír, u oyendo con descuido, si tal vez se habla delante de ella de materias de superior esfera. Su marido, aunque de muy inferior talento, trata por afuera frecuentemente, ya con religiosos sabios, ya con hábiles políticos, con cuya comunicación adquiere varias noticias, entérase de los negocios públicos, recibe muchas importantes advertencias. Instruido de este modo, si alguna vez habla delante de su mujer de aquellas materias en que por esta vía cobró un poco de inteligencia, y ella dice algo que se le ocurre al propósito, como, por muy penetrante que sea, estando desnuda de toda instrucción es preciso que discurra defectuosamente, hace juicio el marido, y aun otros si lo escuchan, de que es tonta, quedándose él muy satisfecho de que es un lince.[5]

Las ideas del padre Feijoo —muy leídas en su momento— provocaron un terremoto entre los guardianes del orden patriarcal y la vieja «honra». Pero lo cierto es que, en aquel siglo XVIII, las cosas iban cambiando en España, aunque lo hicieran despacito, muy despacito. Cuando el fraile publicó su texto, hacía ya casi treinta años que Felipe V, el primer Borbón, reinaba en el país. La nueva dinastía llegada de Versalles trajo nuevos aires. Aunque decir aires quizá sea exagerado. En realidad, se trató de una brisa ligera que soplaba lentamente, pero que fue desplazándose poco a poco e infiltrándose en la densa atmósfera quieta de los Austrias, alborotando las cortinas de los palacios de la nobleza, correteando por sus escaleras y colándose en las alcobas.

Fue un paulatino afrancesamiento de las costumbres, que el cambio de las mentalidades gracias a la Ilustración intensificó: de pronto, frente a la omnipresencia de la muerte en la centuria anterior, el deseo de vida y disfrute pareció ir adueñándose de todo. O de casi todo. La existencia de las damas de la élite dejó de consistir solo en parir, bordar, rezar y visitarse de vez en cuando las unas a las otras, a la espera del momento culminante de alcanzar el Paraíso. Pausadamente, aquellas mujeres fueron abriéndose a nuevas formas de sociabilidad que cambiaron para siempre su manera de estar en el mundo.

Empezaron por salir a pasear, normalmente en carroza —el paseo fue uno de los entretenimientos de moda en el siglo XVIII—, y luego comenzaron a llenar los palcos de los teatros y los tendidos de las plazas de toros. Cambiaron sus ropas, abandonando el lujo pesado —textualmente pesado— de los tiempos anteriores por nuevas telas y trajes más ligeros y alegres. Y adaptaron sus palacios a las nuevas costumbres, olvidándose para siempre de los estrados y los almohadones en el suelo para pasar a sentarse —¡al fin!— en sillas, sillones y divanes copiados del mobiliario francés o inglés, que las elevaban a la altura de los hombres. Al menos, a la altura simbólica. Los cuadros de vírgenes y santos y las imágenes de Cristos crucificados nunca desaparecieron del todo, es verdad, pero en muchos casos fueron reemplazados por espejos luminosos y vibrantes óleos de festejos y vistas de ciudades: todo invitaba a la alegría y la celebración de la vida.

Como era de esperar, los moralistas se volvieron locos. El franciscano Antonio Arbiol clamó así en 1726 contra las nuevas modas femeninas en un texto de título insuperable, *Estragos de la lujuria y sus remedios conforme a las Divinas Escrituras y sus Santos Padres de la Iglesia*:

> Y estas malditas y diabólicas mujeres con sus colas y zapatos de tacón y de punta, que parecen a los pies con que pintan al enemigo, así como con sus escandalosos adornos, arrebatan al infierno a innumerables hombres. Con la provocativa desnudez de sus pechos, mostrando la cerviz, garganta, hombros, espaldas y brazos, se hacen maestras de torpeza y lascivia. De pies a cabeza no se ve en algunas infelices otra cosa que incentivos de la lujuria. La cola larga, la basquiña corta, la cabeza levantada, se parecen a las venenosas culebras.[6]

El franciscano acababa de superar a los mismísimos Santos Padres de su título: no es que la mujer se hubiese dejado tentar por la serpiente, es que ella misma era la serpiente... Alguna le haría caso, probablemente, pero muchas siguieron profundizando en las nuevas costumbres, suavizando el rigor de sus vidas y lanzándose a disfrutar de eso que los moralistas llamaban «el mundo», es decir, todo lo que no tuviese que ver con la Iglesia.

Fue entonces cuando empezó a correr el rumor de que todos los males de España se debían al mal comportamiento de las damas de alcurnia: eran tan frívolas y tan ignorantes, les gustaban tanto el lujo y la diversión, que estaban conduciendo al país a la catástrofe. Lo curioso es que a esa crítica se unieron tanto las personas más conservadoras como las ilustradas. Las primeras, porque todo aquello era pecado, y acabaría con filas y filas de nobles españolas condenadas al infierno. Las segundas, porque todo aquello perjudicaba el desarrollo económico y social del reino. El caso era acusarlas de todos los males.

La propia Josefa Amar y Borbón —una de las escasas mujeres ilustradas del reino— se hizo eco de las acusaciones en ese *Discurso en defensa del talento de las mujeres* que le hemos visto escribir: «El lujo es excesivo, y las mujeres lo ocasionan: esto no admite duda. Pero cuanto mayor es un desorden, más preciso se hace el remedio». Leyendo una y otra vez esta idea en numerosos textos de la época, da la sensación de que aquellas españolas del XVIII se pasaban la vida dilapidando fortunas en fruslerías de todo tipo, mientras sus maridos sudaban la gota gorda de sol a sol para ganar el dinero. Obviamente, ni lo uno ni lo otro eran verdad.

La osadía de algunas aristócratas llegó a tanto que en la segunda mitad del siglo varias de ellas abrieron incluso salones a la francesa, espacios en los que ambos géneros convivían libremente, atreviéndose a sentarse juntos en el mismo sofá. Estos salones españoles no parecen haber sido tan brillantes como los parisinos o los de otras grandes ciudades europeas, sin duda porque tampoco quienes los frecuentaban gozaban de las mismas oportunidades intelectuales y artísticas que se podían disfrutar en París, Londres o Viena, pero, aun así, algunos de ellos fueron muy interesantes. En particular, dos que se reunían en Madrid, el de la condesa de Montijo y el de la duquesa de Benavente y Osuna, protagonistas ambas de la rebelión ilustrada femenina de la que hablaré más adelante.

María Francisca de Sales Portocarrero, condesa de Montijo (Madrid, 1754-Logroño, 1808), fue una mujer culta, intensa y firme como una roca. Muy influida por la cultura francesa, era sin embargo profundamente religiosa. Pero su religiosidad huía de la hipocresía y los excesos devotos, rozando lo que muchos consideraron heterodoxia. El suyo era un salón serio, en el que se hablaba de literatura y arte, pero también de asuntos morales y estrictamente religiosos. Cómo no, la condesa despertó las sospechas de la Inquisición, cuya autoridad ella y sus contertulios se negaban a reconocer. Su carácter y sus ideas hicieron que fuera desterrada de la corte por Godoy en 1805. Tuvo que refugiarse en Logroño, donde murió poco después.

El salón de María Josefa Pimentel, duquesa de Benavente y duquesa consorte de Osuna (Madrid, 1752-1834), era más jovial que el de su amiga. Ella y su marido se hicieron construir un palacete cerca de Madrid, en Barajas, rodeado de un hermoso parque de estilo inglés.* Allí la duquesa reunía a pensadores y políticos ilustrados, dramaturgos, artistas como Goya —que pintó para ella numerosas obras— y algún que otro científico que exponía las teorías más atrevidas y realizaba experimentos. También había frecuentes veladas musicales —los duques tenían su propia orquesta, como los nobles centroeuropeos— y toda clase de celebraciones en los jardines, convertidos en el ombligo del refinamiento ilustrado madrileño.

La condesa de Montijo y la duquesa de Osuna fueron dos de los personajes femeninos más interesantes del proyecto reformador que iluminó España durante un breve momento en la segunda

---

* Los bellos jardines de la duquesa de Benavente y Osuna, conocidos como El Capricho, se han mantenido en perfecto estado y están abiertos al público.

mitad del siglo XVIII. En 1759, había llegado al trono Carlos III. El monarca, que ya había reinado más de veinte años sobre Nápoles y Sicilia, traía ideas profundamente reformistas y modernizadoras para el país. Fue lo que suele denominarse un «déspota ilustrado», es decir, un soberano que intentó cambiar el funcionamiento de diferentes aspectos del Estado, aunque sin trastocar el orden básico. Lamentablemente, muchos de los proyectos que puso en marcha duraron solo los veintinueve años que duró su reinado, hasta su muerte en 1788. Su sucesor, Carlos IV, débil y escasamente inteligente, daría al traste con aquel programa renovador.

Entretanto, el espíritu reformador brilló durante algunas décadas, aunque quizá sería más justo decir que titiló, apareciendo y desapareciendo según se empeñasen en taparlo los nubarrones reaccionarios. Animados por las nuevas ideas, numerosos nobles, hidalgos y burgueses de toda España crearon en varias ciudades las Sociedades Económicas de Amigos del País, círculos de pensamiento destinados a elaborar programas y poner en marcha acciones que facilitasen la modernización del reino. Las Sociedades de Amigos del País se centraron en tres aspectos fundamentales, el desarrollo de la industria —sobre todo en lo referente a la producción de paños y tejidos, que había que importar de otros países—, la agricultura y también, cómo no, la educación, uno de los grandes temas del siglo: la era de las Luces confiaba absolutamente en la «instrucción» para mejorar la sociedad.

Por iniciativa tanto del rey como de muchos ilustrados, la enseñanza vivió en aquellos momentos en España una reforma profunda. El objetivo no era solo extender la alfabetización y la formación, sino también alejarlas del control que la Iglesia y las órdenes religiosas habían mantenido hasta entonces sobre los escasos centros escolares del territorio: crear una red básica de colegios laicos, aunque siguiesen siendo profundamente católicos en su ideario y sus formas. Para ello, se formaron maestros y se abrieron numerosas escuelas gratuitas de primeras letras, tanto en ciudades como en pueblos, muchas de ellas sostenidas con fondos privados procedentes de diversos filántropos.*

También se crearon institutos de enseñanza media e importantes centros de formación específica, como el Seminario Patriótico de Vergara —dedicado a formar a futuros miembros de la administración del Estado— o el Instituto de Náutica y Mineralogía de Gijón, fundado por Jovellanos y destinado a preparar a especialistas en navegación y a ingenieros capaces de dedicarse a la incipiente explotación del carbón.

Un magnífico proyecto ilustrado, en su conjunto, que por supuesto se olvidó de las niñas... Ni el rey, ni sus ministros, ni casi ninguno de los intelectuales ilustrados se preocuparon demasiado por la suerte de la mitad de la población española. Se abrieron en varias ciudades algunas escuelas de caridad para crías, es cierto, pero lo que les enseñaban eran labores, rezos y algo de higiene. Ni siquiera a leer y escribir. Está claro que los reformistas no contaban con el género femenino para construir una España mejor. Sin embargo, algunas mujeres estaban dispuestas a recordarles su existencia. No eran muchas, pero componen un pequeño grupo de señoras valientes y esforzadas que encabezaron su propia rebelión: fueron las ilustradas que logra-

---

* Según las investigaciones de Francisco José Pantín Fernández en torno al pequeño pueblo de Corao, en el concejo de Cangas de Onís (Asturias), ya antes de mediados del siglo XVIII hubo en la zona una escuela que se subvencionaba con el dinero obtenido de un yacimiento de almagre. En 1760 se fundó otra, financiada por un emigrante a América. Pero eran escuelas solo para niños varones: hasta 1893, casi un siglo y medio después, no se fundó la primera escuela para niñas.

ron crear la Junta de Damas de Honor y Mérito, con sede en Madrid e integrada en la Sociedad Económica Matritense de Amigos del País.

He dicho que «lograron» crearla, y aquello fue, en efecto, todo un logro, o más bien una batalla campal que provocó intensos debates entre los hombres que se sintieron concernidos por el asunto. La discusión comenzó desde el mismísimo inicio de la Sociedad Matritense, fundada en 1775, y no terminó hasta once años después: ¿debían o no aceptar señoras en sus filas? ¿Estaban ellas capacitadas para aportar algo a la mejora del país? ¿No se convertirían, por el contrario, en un problema que acabaría poniendo en peligro el prestigio y hasta la propia existencia de la institución...?

El debate final, celebrado en la primavera de 1786, tuvo como protagonistas a Jovellanos, que defendía la incorporación de las mujeres a la organización —aunque al mismo tiempo estaba seguro de que no acudirían a las sesiones—, y al financiero ilustrado Francisco Cabarrús, fundador del Banco Nacional de San Carlos, el precedente del Banco de España. Cabarrús se negaba a que se admitiera a ninguna señora, con razones que avergüenzan al leerlas a día de hoy:

> ¿Acaso queremos invertir impunemente el orden, tan antiguo como el mundo, que siempre las ha excluido [a las mujeres] de las deliberaciones públicas? [...] ¿A qué edad habremos de admitirlas? ¿En la época de su mayor hermosura? ¿Para que introduzcan el coqueteo y conviertan a nuestra Sociedad en teatro, en el que vengan a lucir encantos? [...] ¿Acaso propondremos a las casadas abandonar esta verdadera dignidad por el gusto de venir a nuestras asambleas? Desde ahora lo afirmo: no querrán.[7]

Pero vaya si quisieron... Tanto, que las más influyentes de entre ellas lograron convencer al rey para que zanjase la discusión y aceptara la creación de aquella Junta de Damas de Honor y Mérito: estarían presentes en el proyecto reformista, aunque no mezcladas con los hombres, lo cual, en realidad, las benefició. Comenzaron siendo catorce, y en poco tiempo ya habían llegado a sesenta y seis. Casi todas ellas eran miembros de la alta aristocracia que demostraron no estar dispuestas a seguir comportándose toda la vida como niñas pequeñas cuando en realidad eran mujeres muy capaces.*

La Junta de Damas, que comenzó a funcionar en 1787, fue la primera asociación femenina de la historia de España al margen de la Iglesia. La primera ONG laica, podríamos decir. Una vez aceptadas aquellas señoras por el rey, los ilustres caballeros estuvieron de acuerdo en cederles el territorio de la beneficencia, que debió de parecerles adecuado para ellas. Con lo que no contaron, seguramente, fue con su firmeza y sus ganas de actuar: las Damas demostraron una «profesionalidad» mucho mayor que la de buena parte de sus compañeros. Trabajaron con intensidad y muy en serio, y centraron sus objetivos en otras mujeres desfavorecidas y en la infancia, adoptando lo que ahora podríamos llamar una «agenda social con perspectiva de género».

Bajo la firme presidencia de la duquesa de Benavente y el activo ejercicio como secretaria de su amiga la condesa de Montijo —las patrocinadoras de los dos salones más brillantes de Madrid—, las Damas tomaron el poder en su territorio y se negaron

---

* La más recordada de las aristócratas de aquel momento, la famosa duquesa de Alba retratada por Goya, nunca formó parte de la Junta de Damas. Parece que a María Teresa Cayetana de Silva le interesaba más la diversión que el esfuerzo.

a ceder un ápice del control ni a sus maridos ni a ninguno de los hombres que componían la Sociedad Económica Matritense paralela: paralela, sí, porque ellas nunca la reconocieron como superior y no permitieron que interviniera en sus asuntos. Sus informes y cuentas solo se los presentaban al rey, saltándose el puente hasta entonces insoslayable de los familiares varones.

Para empezar, se hicieron cargo de las cuatro escuelas para niñas que había fundado la Sociedad Matritense en diversos barrios de la capital. Sanearon sus cuentas, buscaron buenas maestras, organizaron y mejoraron las aulas y se preocuparon de que las criaturas tuvieran todo el material necesario. Eso sí: su esfuerzo fue encaminado únicamente a formarlas para que pudiesen ejercer oficios relacionados con la fabricación de paños y telas, una obsesión del gobierno de la época. En cambio, no insistieron demasiado en alfabetizarlas, salvo que ellas mismas o sus progenitores lo solicitaran: las Damas seguían pensando que las mujeres de las clases populares no necesitaban leer ni escribir, sino tan solo ganarse la vida en condiciones dignas.

En 1788, informadas de las pésimas condiciones en las que vivían las mujeres encarceladas en Madrid, fundaron el Instituto Piadoso de Ayuda a las Presas. Dirigido por la condesa de Montijo, el organismo tuvo el gran mérito de depositar por primera vez la mirada en las ladronas, prostitutas y «adúlteras» de escasos recursos que se amontonaban en las tres prisiones de la ciudad sin que nadie se ocupase de ellas. Las propias señoras de la Junta visitaban a las presas varias tardes a la semana y les ofrecían talleres y clases para que aprendiesen un oficio y pudiesen reinsertarse, como diríamos ahora, una vez que hubiesen cumplido su condena. Además, al darse cuenta de los problemas específicos que padecían en prisión las mujeres embarazadas y los bebés allí nacidos, lograron el permiso del rey para crear, dentro de una de las cárceles, un reservado donde atender las gestaciones, los partos y la crianza de los recién nacidos.

Conmovidas por la situación de las niñas y los niños más desfavorecidos, la Junta de Damas insistió durante años ante el monarca para que les permitiese hacerse cargo también de la Real Inclusa de Madrid, el tristísimo hospicio al que llegaban las muchas criaturas abandonadas en las calles o a las puertas de las iglesias. La inclusa funcionaba desde finales del siglo XVI. Estaba dirigida por hombres y dependía exclusivamente de las limosnas. Las condiciones de los bebés eran espantosas, hasta el punto de que el índice de mortalidad llegó a ser en algunos momentos de casi el ciento por ciento. En 1799, cuando, después de mucho insistir, Carlos IV las autorizó por fin a hacerse cargo del centro, ellas se entregaron con entusiasmo y rigor a una tarea de reorganización absoluta de la institución, logrando que en tan solo un año la mortalidad descendiera del 96 al 46 por ciento.

La Junta de Damas actuó dentro del orden establecido por la sociedad estamental, patriarcal y marcadamente católica en la que vivían, pero llevaron su actividad mucho más allá de lo previsto. No se limitaron a dar limosna —que era lo habitual—, sino que se implicaron activamente en mejorar la vida de las personas a las que sus tareas afectaban. La duquesa de Osuna, la condesa de Montijo y todas las señoras que las acompañaron en aquel esfuerzo dieron un manotazo sin remilgos a los hombres, curas y monjas que hasta entonces se habían ocupado —o más bien desocupado— de aquellas niñas y mujeres desheredadas y demostraron ser capaces de establecer un programa de acción, llevarlo a cabo y mantener además en orden sus finanzas. Dado su alto rango, nadie se atrevió a discutirles el mérito en público, pero podemos imaginar las infinitas críticas y burlas que caerían sobre ellas en las tinieblas de las sacristías y los palacios más rancios del país.*

Josefa Amar y Borbón (Zaragoza, 1749-¿1833?), a la que hemos acompañado mientras escribía su *Discurso en defensa del talento de las mujeres*, fue también miembro de la Junta de Damas de Madrid, a pesar de que por aquel entonces vivía en Zaragoza. Amar no era noble, sino burguesa, aunque su familia tenía una estrecha relación con la corte: su padre fue médico de Fernando VI y de Carlos III. Con toda probabilidad fue una de las pocas niñas españolas que recibió una educación esmerada. Tuvo al menos dos preceptores, uno laico y otro clérigo, adquirió conocimientos científicos y médicos y estudió las lenguas clásicas, además de inglés, francés e italiano. Sabemos que, incluso estando casada, frecuentaba las bibliotecas de Zaragoza para leer y trabajar, algo realmente inaudito en aquel tiempo. Tras traducir diversos textos del italiano, en 1782 fue elegida miembro de la Sociedad Económica Aragonesa de Amigos del País, a la que se incorporó como una igual de los hombres que la componían, lo cual demuestra el respeto que debía de inspirar la figura de doña Josefa.[8]

Cuatro años después, cuando Jovellanos y Cabarrús debatieron sobre la conveniencia o no de que las mujeres ingresasen en la Sociedad Económica Matritense, Amar tuvo el atrevimiento de intervenir inesperadamente en la discusión. Fue entonces cuando redactó y publicó su *Discurso*. Orgullosamente consciente de su propia inteligencia y sus conocimientos, la autora, en la estela del padre Feijoo y de tantas escritoras, reivindicaba la capa-

* A día de hoy, la Junta de Damas de Honor y Mérito sigue activa y afirma ser «la asociación femenina no religiosa de carácter filantrópico más antigua de España, con más de doscientos veinticinco años de historia».

cidad intelectual femenina y, una vez más, la necesidad de que las mujeres fuesen educadas para poder colaborar en la mejora de la sociedad, el objetivo máximo de todo aquel movimiento ilustrado:

> No contentos los hombres con haberse reservado los empleos, las honras, las utilidades, en una palabra, todo lo que puede animar su aplicación y desvelo, han despojado a las mujeres hasta de la complacencia que resulta de tener un entendimiento ilustrado. Nacen y se crían en la ignorancia absoluta: aquellos las desprecian por esta causa, ellas llegan a persuadirse que no son capaces de otra cosa y, como si tuvieran el talento en las manos, no cultivan otras habilidades que las que pueden desempeñarse con estas. ¡Tanto arrastra la opinión en toda materia! Si como esta da el principal valor en todas las mujeres a la hermosura y el donaire se lo diese a la discreción, pronto las veríamos tan solícitas por adquirirla como ahora lo están por parecer hermosas y amables. Rectifiquen los hombres primero su estimación, es decir, aprecien las prendas que lo merecen verdaderamente, y no duden que se reformarán los vicios de que se quejan. Entretanto, no se haga causa a las mujeres de que solo cuidan de adornar el cuerpo, porque ven que este es el idolillo al que ellos dedican sus inciensos.[9]

Es una pena que Josefa Amar no llegase más lejos en el desarrollo de la idea que apunta en las frases finales de este párrafo: el peso de la opinión sobre la preocupación de tantas mujeres por su aspecto, la presión social —como decimos ahora— para estar guapas y eternamente jóvenes, esa cosificación de sí mismas en la que tantas de nuestras congéneres han vivido, y aún viven, atrapadas. Un buen hilo del que tirar que ella no supo —o no quiso, quién sabe— aprovechar.

Amar siguió traduciendo obras del italiano y el inglés. En 1790 publicó un segundo texto propio, el *Discurso sobre la educación física y moral de las mujeres*, una especie de moderno manual de autoayuda para madres. La primera parte del libro eran recomendaciones sobre el embarazo, el parto y la crianza de los niños, un tema en el que las mujeres de la época estaban enormemente interesadas. Los conocimientos médicos que Josefa tenía por tradición familiar le permitieron ofrecer toda una serie de consejos higiénico-sanitarios, destinados a facilitar la supervivencia tanto de las madres como de sus criaturas: unas y otras fallecían a menudo en medio de las complicaciones de los partos. De hecho, y hasta comienzos del siglo XX, la esperanza de vida de las mujeres en el mundo occidental fue menor que la de los hombres, pues un gran número de ellas morían durante sus años fértiles a causa de los riesgos de la gestación y el parto. Varias de las mujeres protagonistas de este libro tuvieron ese final.

Igual que Rousseau en su *Emilio*, Josefa Amar insistió en que era perjudicial entregar a los recién nacidos al cuidado de amas de cría:

> La obligación de criar las madres a sus hijos es de derecho natural. El mismo Creador que por su sabia providencia ha dispuesto que la mujer concibiese y pariese, le ha dado los medios e instrumentos para alimentar a su prole, sin que en este punto se advierta la menor diferencia entre una mujer de baja esfera y la señora más ilustre y distinguida.[10]

Este debate «moderno» sobre la crianza de los hijos merece que nos detengamos un momento. Durante muchos siglos, las mujeres de las clases privilegiadas se habían visto obligadas a dejar a sus bebés en manos de amas, lo quisieran o no: así era como debía hacerse. Las más pudientes solían contratar a nodrizas que se ocupaban de ellos en la casa familiar. Pero la inmensa mayoría enviaban a las niñas y niños a criarse en el campo, en alguna granja donde otra mujer que hubiese dado a luz recientemente pudiese alimentarlos. A menudo las criaturas no regresaban al hogar hasta que habían cumplido los tres o cuatro años, si es que regresaban: los índices de mortalidad en la infancia fueron altísimos hasta casi el final del siglo XIX. Según las zonas y las épocas, podían oscilar entre un 50 y un 80 por ciento de los bebés.

Detrás de esa costumbre que ahora nos parece tan extraña había diversas razones: se consideraba que el campo era más sano para un recién nacido que la ciudad, donde las epidemias de cualquier clase de virus solían ser recurrentes. Apartar a los bebés también permitía sin duda a las madres mantener un cierto distanciamiento emocional respecto a criaturas que no tenían demasiadas posibilidades de sobrevivir, y no me parece descartable que ese fuese uno de los motivos. Pero probablemente la razón fundamental tenía que ver con la exigencia de seguir procreando: un tabú antiguo y muy extendido hacía pensar que no era adecuado mantener relaciones sexuales mientras las mujeres estuviesen dando de mamar a sus hijos. El alejamiento de los recién nacidos de sus madres garantizaba que en las familias pudientes los embarazos se sucediesen uno tras otro, algo fundamental en su estamento. En cambio, las mujeres de las clases populares utilizaban a menudo los meses o años de crianza como método anticonceptivo, de tal manera que entre ellas los índices de natalidad eran más bajos.[11]

Al combatir esa costumbre, el pensamiento ilustrado y el discurso moral burgués que lo continuó contribuyeron a establecer el nuevo concepto de la infancia del que habló Rousseau y a intensificar los lazos entre las madres y sus hijas e hijos, que durante muchísimo tiempo habían sido menos emocionales: ni siquiera en ese espacio que nos parece tan elemental, el de la maternidad, es todo únicamente puro instinto y sentimiento espontáneo. También ahí los constructos culturales tienen un peso enorme. Buena parte de la mística occidental en torno a la maternidad tiene su origen en esos tiempos.

El siglo XVIII en España no ofrece muchos nombres de pensadoras ilustradas que dejasen sus ideas por escrito, aparte del de Josefa Amar. Esto no quiere decir que no existieran: puede que algunas no llegaran nunca a ver publicados sus textos, o que las investigaciones aún no las hayan descubierto.

Suele citarse a María Andresa Casamayor (Zaragoza, 1720-1780), una mujer de historia triste que a menudo se menciona como la única autora de un texto científico en la España de la época: en 1738, con solo dieciocho años, publicó un manual de aritmética que firmó con seudónimo, *Tyrocinio arithmetico. Instrucción de las quatro reglas llanas.* En algún momento, preparó otro texto más complejo, que nunca vio la luz y que se ha perdido. Pero la muerte de su padre la dejó en una mala situación económica: soltera y obligada a ganarse la vida, María Andresa Casamayor se dedicó a la enseñanza, como maestra en una escuela de primeras letras para niñas. Quizá, de haber vivido en otro país donde se esperase de las mujeres un poco más de lo que se esperaba en España —tan solo un poco más—, hubiera podido llegar a ser una importante matemática.[12]

También se recuerda —cómo no— el extraordinario caso de Inés Joyes y Blake (Madrid, 1731-Vélez-Málaga, 1808), que no alzó la voz hasta que llegó a la vejez. Pero cuando lo hizo, lo hizo con una increíble autoridad. Joyes —cuyo verdadero apellido era Joyce— solo era española a medias: aunque nacida en España, su madre era francesa y su padre irlandés, igual que su marido. Perteneciente a la burguesía del comercio, llevó una vida discreta y silenciosa, criando a nueve hijos, hasta que en 1798 —a punto de cumplir los setenta años— publicó la traducción de *Rasselas. Príncipe de Abisinia*, novela de uno de los escritores más importantes de la Inglaterra del momento, Samuel Johnson. La traducción iba precedida por un texto titulado *Apología de las mujeres* y escrito como una carta para sus hijas.

Terminaba ya el siglo XVIII, pero Joyes se veía obligada a repetir de nuevo las ya viejas ideas del padre Feijoo y de Josefa Amar, un discurso que todavía habría que prolongar, con tenacidad, a lo largo del XIX: las mujeres estaban tan dotadas intelectualmente para cualquier actividad como los hombres, siempre y cuando se les permitiese educarse. Pero ella, más combativa que Amar —quizá porque a sus años ya no tenía nada que perder—, sabía perfectamente que al género masculino eso no le convenía. De nuevo la lucha de poder:

He oído a algunos reverendos de bonete y capilla, a pretendidos filósofos y a doctos decir que basta que la mujer sepa coser, gobernar la cocina de su casa y rezar, que lo demás es en ellas bachillería. Falta la paciencia para oír un desatino tan garrafal. Pues que, ¿todos los hombres a quienes diariamente oímos discurrir sobre asuntos políticos, historia, artes, etc. han estado en colegios o seguido estudios? No, por cierto: muchos ni palabra de latín saben [...]. Pues si con solas aquellas luces naturales tal cual Dios se las dio se les admite en cualquier conversación, quisiera yo saber qué ley hay, en qué tiempo se promulgó o por quién para que las mujeres estén siempre reducidas a tratar de sus modas, cintas, flores, etc. ¿Por qué ha de ser su única conversación el cortejo, la murmuración, las reyertas de su casa y el mostrar su erudición en punto de cocina, vanagloriarse de su gobierno doméstico, celebrar las gracias de sus hijos y las más finas tratar del baile, juego, paseo, comedia, etc.? [...] Los hombres, en general, las quieren ignorantes porque solo así mantienen la superioridad que se figuran tener.[13]

Enseñanza, enseñanza, enseñanza... Fue un clamor, un esfuerzo titánico, un combate lento, lentísimo, y muy costoso para muchas de las mujeres que participaron en él. Ni siquiera podemos imaginarnos cuántas serían derrotadas en esa interminable batalla, generación tras generación, cuántas la abandonarían frustradas y deprimidas, o morirían con la sensación de haber sido obligadas a malgastar sus vidas en asuntos que no les interesaban lo más mínimo, a acallar su voz y adormecer un cerebro activo que tal vez, de habérselo permitido, habría podido hacer grandes cosas.

Las escasas ilustradas españolas participaron de esa lucha, pero cometieron, creo, un error: concibieron el derecho a la instrucción como algo que les correspondía por su clase, y no solo por su género. Fueron mujeres adelantadas a su tiempo, sin duda alguna, aunque excesivamente respetuosas con el orden estamental. La propia Josefa Amar afirmó esto en el prólogo de su *Discurso sobre la educación física y moral de las mujeres*: «No se hablará de las mujeres de la clase común, que les basta saber hacer por sí mismas los oficios mecánicos de la casa».

Esa fue sin duda su principal equivocación: no llegaron a comprender que si el desprecio intelectual hacia las mujeres las afectaba a todas por igual, sin importar su rango social, la revolución que cambiase eso debía ser pensada también para todas.

4

Mujeres en armas: las revolucionarias traicionadas

> Las mujeres y los niños no deben participar en los asuntos públicos, ya que están representados por los cabezas de familia.
>
> MARAT

> Ha llegado la hora de alzar la voz.
>
> OLYMPE DE GOUGES

El 10 de diciembre de 1792, tras varios días de espera a causa del mal tiempo, Mary Wollstonecraft pudo abandonar por fin su pensión en Dover y embarcarse en el velero que la llevaría a Calais, en tierra de Francia. El resto de los viajeros —varios comerciantes, un empleado de la Embajada francesa que regresaba a casa con su esposa y sus niñas, un grupo de cuatro jóvenes nobles que iniciaban su *Grand Tour* por Europa junto con sus criados y un enorme equipaje de baúles— debieron de observarla con cierta ansiedad: ¿qué hacía una dama de aspecto frágil viajando sola hacia el continente...?

De haber sabido la respuesta, probablemente la ansiedad se habría convertido en incredulidad y escándalo: Mary Wollstone-craft iba a París para vivir en carne propia la Revolución. Aquella mujer de treinta y tres años, soltera y sin hijos, viajaba como reportera, diríamos ahora. Su carrera literaria y periodística era breve —había publicado un ensayo sobre la educación de las niñas, una novela, un libro infantil, algunas traducciones y varias críticas literarias en una revista—, pero había comenzado a despuntar en ese mismo año de 1792 gracias al lanzamiento de un texto inaudito, *Vindicación de los derechos de la mujer*, que causó sensación en Londres porque abordaba cuestiones de gran interés: la autora reflexionaba sobre la discutida racionalidad del género femenino, la necesidad de otorgarle la misma educación que al masculino y la posibilidad de las mujeres de convertirse en seres activos y autónomos, aun ejerciendo sus responsabilidades como madres.

Las velas del barco se hincharon bajo los gritos de los marineros. Las gaviotas que habían estado jugando en los mástiles alzaron rápidamente el vuelo. Mary Wollstonecraft las observó alejarse y recordó cuánto le gustaba ver volar las bandadas de pájaros cuando era niña, y cómo deseaba marcharse con ellos. A donde fuera, con tal de no estar en casa... Era muy triste que una niña no quisiera estar en su casa, allí donde debía sentirse protegida y cuidada, pero lo que Mary había vivido en aquel hogar, bajo su apariencia de respetabilidad, había sido un verdadero infierno: la violencia inagotable de su padre, las terribles palizas que le pegaba a su esposa casi a diario, sobre todo cuando regresaba borracho por la noche, indignado porque de nuevo había perdido una parte de su fortuna en algún mal negocio, y pagaba su rabia con ella.

Durante mucho tiempo, con trece, catorce, quince años, Mary había dormido a la puerta de la habitación de su madre, en el suelo, para impedirle al señor Wollstonecraft que entrase allí y volviera a pegarla. Mientras sus hermanos varones iban siendo enviados a estudiar al internado, ella había tenido que quedarse en esa casa triste, cuidando de aquella sombra que era su madre y de sus hermanas pequeñas, atormentada permanentemente por el miedo al padre maltratador y por la angustia ante su propio futuro: ¿qué iba a ser de ella? No pensaba casarse, ni hablar, no iba a convertirse en otra esposa propiedad de un marido desalmado. ¿Y entonces? ¿Qué futuro podía tener? Apenas sabía nada, más allá de leer y escribir y los buenos modales que su madre se había encargado de inculcarle. ¿Qué se hacía con eso en la vida? ¿De qué le servía haber aprendido a servir el té con cuidado para que no se derramase ni una gota o conocer la inclinación exacta que debía hacer con la cabeza según la jerarquía de la persona a la que saludaba? ¿Era eso una profesión...?

Mary sentía que necesitaba irse de allí, alejarse de aquella vida familiar claustrofóbica, ser autónoma y libre, no una cosa temblorosa y dependiente. Pero ¿cómo hacerlo? No era justo que una muchacha no pudiese estudiar, que no tuviese derecho a ser abogada. A ella le gustaría ser abogada... Era entonces cuando miraba pasar los pájaros, allá arriba, aleteando con toda aquella alegría, y envidiaba su suerte.

Ahora las gaviotas iban perdiéndose a lo lejos, sobre la costa que se alejaba y los feroces acantilados, a medida que el barco navegaba rápidamente hacia las costas de Francia, aprovechando el viento que soplaba a favor. Mary Wollstonecraft recordó su objetivo: contarla, ver la Revolución de cerca y contarla, escribir sobre lo que estaba sucediendo y explicar a todo el mundo cómo desde ahora una mujer como ella podría ser lo que quisiera en la vida. Libre como un pájaro.

¿Por qué Mary Wollstonecraft no podía ser abogada? ¿En qué libro dictado por un dios o diosa se afirmaba de manera inamovible, para toda la eternidad, que una mujer no podía ejercer la abogacía, o ser profesora de griego? El acceso de las mujeres al trabajo es uno de los temas claves en la cuestión del género femenino y su historia a lo largo de los siglos, como hemos visto al hablar de las universidades. Pero a menudo, al abordar el tema, cometemos un gran error: solemos repetir la afirmación de que en el mundo occidental no nos hemos incorporado al mercado laboral hasta la segunda mitad del siglo XX.

Esa idea es falsa, está manipulada y se basa precisamente en el constructo imaginario sobre lo que debe ser una mujer —o más bien sobre lo que debía ser— creado por la mentalidad burguesa, es decir, en el ideal de la mujer «virtuosa» y doméstica de las clases medias y altas. Basta con mirar un poco hacia atrás, hacia nuestras propias antepasadas, para desmentirla: las mujeres humildes —la inmensa mayoría de las que han vivido desde el origen de los tiempos— han sido mano de obra en igual número que los hombres, y con el mismo o mayor esfuerzo, aunque casi siempre peor retribuidas y mucho menos reconocidas.

Millones de ellas fueron campesinas, compartiendo la responsabilidad del cuidado de la tierra y el ganado con padres, hermanos, maridos e hijos. Otros muchos millones fueron esclavas o criadas, nutriendo las inagotables filas de mujeres a menudo maltratadas por otras mujeres más privilegiadas que ellas. Millones y millones y millones ejercieron tareas como lavanderas, planchadoras, hilanderas, tejedoras, bordadoras, encajeras, costureras, sombrereras, guanteras, vendedoras de toda clase de alimentos, camareras, encargadas de tabernas, posadas y tiendas de todo tipo, fabricantes artesanales de cualquier producto que nos podamos imaginar... Por no hablar del infinito número de trabajadoras y esclavas sexuales que han existido (y existen). ¿De verdad las mujeres no nos hemos incorporado al mercado de trabajo hasta tiempos recientes?

A menudo los documentos históricos —esos mismos documentos que los investigadores miraron durante mucho tiempo sin fijarse en todo lo que contaban respecto al género femenino— nos relatan cómo fue habitual que las mujeres ejerciesen incluso actividades que en la actualidad relacionamos exclusivamente con el género masculino. Volveré sobre este asunto crucial en la historia de las mujeres en el capítulo 8, pero sorprende descubrir, por ejemplo, que en Alemania, durante mucho tiempo, hubo conductoras de carretas —algo así como las camioneras de la actualidad—, señoras que trotaban por los caminos con sus mulas o sus caballos sacudiendo el látigo, soltando juramentos —se supone que un carretero suelta muchos juramentos, según el dicho tan conocido— y cargando, transportando y descargando toda clase de productos y materiales, algunos muy pesados.

Por no hablar de las albañilas medievales, cuyas obligaciones y salarios están recogidos en numerosos contratos de construcción de catedrales, sin que nadie las haya mencionado nunca hasta tiempos muy recientes. Tres de ellas incluso aparecen representadas en la techumbre mudéjar de la catedral de Teruel, decorada a finales del siglo XIII: tres mujeres que ejercen sus tareas en la construcción del templo, una mezclando materiales en un recipiente, otra transportando dos canastos y la tercera tirando de una polea. Ahora, gracias a la revisión de los documentos antiguos con una atención expresa en el género, sabemos que no eran una excepción, algo que por otra parte resulta lógico en un sistema en el que la producción se basaba en la unidad familiar y en el que todos los brazos eran imprescindibles, incluidos los de las mujeres y los de niñas y niños. Simplemente, una vez más, su

existencia y toda su actividad han sido borradas del relato histórico, como si jamás hubieran sucedido.[1]

Otra cosa muy diferente, como ya hemos visto, era el acceso a las
profesiones de prestigio, todas aquellas controladas por la universidad, de las que el género femenino en su totalidad estuvo
excluido durante muchos siglos. Esa exclusión terminó por crear
una situación socialmente insostenible: a medida que crecían las
clases medias urbanas, cientos de miles de mujeres se fueron quedando fuera de juego. Eran justamente las hijas de los profesionales universitarios —médicos, abogados, profesores, catedráti-
cos—, de los negociantes de cierto éxito o de los cada vez más
numerosos industriales: las infinitas burguesas que por sus orígenes no podían —y probablemente no querían— ejercer ninguna actividad manual y mal pagada, pero que tampoco podían
—y muchas quizá hubieran querido— alcanzar el mismo nivel
profesional que sus padres o hermanos. La única salida prevista
para ellas era el matrimonio. Como mucho, y solo en situaciones
de emergencia, podían ejercer la enseñanza, aunque únicamente en
los niveles en los que se las admitía, es decir, como maestras, profesoras de colegios e internados femeninos —donde existían—
o institutrices. Profesiones casi siempre mal pagadas. Una mujer
de clase media no tenía derecho a hacer nada más con su vida.

Mary Wollstonecraft fue una de las innumerables víctimas de ese
sistema tan cruel. Incapaz de soportar el ambiente tóxico de su
familia, a los diecisiete años se fue de casa para trabajar como
señorita de compañía de una viuda con la que viajó por Europa.
Después montó un colegio para niñas con su íntima amiga Fanny
Blood, un viejo sueño de infancia que salió mal: Fanny, más tradicional que ella, se casó pronto y se marchó con su marido a

Lisboa en busca de un clima más benigno para sus maltrechos pulmones, afectados por la tuberculosis. Falleció allí enseguida, dejando a Wollstonecraft destrozada anímicamente, además de arruinada. Tuvo que cerrar el colegio y aceptar un puesto como institutriz en Irlanda: una familia rica, unas niñas encantadoras —con las que mantuvo relación epistolar el resto de su vida— y una madre displicente y altiva, que la trataba mal... La historia común de cualquier institutriz británica de la época, como bien sabrían medio siglo después Charlotte y Anne Brontë.

El fracaso de su escuela y la frustración que sintió al ser tratada como una criada la llevaron a dar un cambio radical y audaz en su vida: en 1788, con veintinueve años, abandonó su empleo y se trasladó a Londres, decidida a convertirse en escritora. Londres la acogió con generosidad: el editor Joseph Johnson publicó su primer ensayo, *La educación de las hijas*, le dio trabajo en su editorial como traductora y lectora de manuscritos y la incorporó a su círculo de amigos, un grupo de intelectuales y artistas de ideas avanzadas del que formaban parte gentes tan extraordinarias como el poeta y pintor William Blake —una figura única en la historia del arte y de la poesía—, que ilustró algunos de los siguientes libros de Mary Wollstonecraft.

Y entonces, a principios del verano de 1789, comenzó la Revolución francesa...

Los acontecimientos que se sucedían en París provocaron el entusiasmo de todos los europeos que soñaban con transformar el sistema político y social: que el pueblo se alzase contra un rey absolutista y desdeñoso, llegando a tomar las armas en defensa de sus derechos, era la señal de que el viejo orden estaba llegando a su fin. Las cosas podían cambiar en aquella Europa rancia, anclada en unas tradiciones de gobierno de raíces medievales, y cuyas viejas instituciones aristocráticas se habían visto superadas por una nueva realidad, la de una clase burguesa pudiente e ilustrada que reclamaba su acceso al poder, sintiéndose más capacitada para ejercerlo que los desfasados nobles y reyes.

Para muchas mujeres, la Revolución francesa fue no solo una lucha de clases, sino también una lucha de género, la primera de la historia, la ocasión perfecta para acabar con la tiranía patriarcal y hacerse un hueco en el nuevo orden social que había que construir, un hueco amplio, bien visible, con voz propia y toda una serie de derechos que hasta entonces les habían sido negados. Aunque la historiografía ha debatido mucho a este respecto, podemos decir que aquel fue realmente el primer gran movimiento feminista: es cierto que la palabra aún no existía —volveré sobre este tema en el capítulo 8—, pero también es cierto que muchas de las reivindicaciones y exigencias de aquellas mujeres fueron retomadas décadas más tarde, en la segunda mitad del siglo XIX, por el ya autodenominado movimiento feminista.

En el verano de 1788, ante la avalancha de peticiones, revueltas y protestas que se sucedían por toda Francia, el rey Luis XVI se vio obligado a convocar los Estados Generales del Reino, una especie de parlamento en el que estaban representados los tres estamentos que componían la sociedad francesa desde la Edad Media: el primero era el clero; el segundo, la nobleza; el Tercer Estado, llamado habitualmente así, era el pueblo, es decir, la inmensa mayoría de los habitantes de Francia.

Cuando los representantes —todos hombres, por supuesto— se reunieron en Versalles el 5 de mayo de 1789, los poderosos no fueron capaces de prever el estallido que pronto iba a tener lugar: desde el principio, los delegados del Tercer Estado —en su mayor parte burgueses que gozaban de una buena preparación intelectual— dejaron claro que no iban a someterse a la voluntad de los otros dos, que ya había pesado durante demasiado tiempo sobre el destino del país. Unas semanas después, el 17 de junio, ante el rechazo de los privilegiados y del propio rey a escucharlos, los miembros del Tercer Estado se organizaron por su cuenta como Asamblea Nacional, pronto reconvertida en Asamblea Constituyente: ninguno de ellos se movería de allí —juraron todos solemnemente— hasta haber redactado y aprobado una Constitución que limitase el poder absoluto del rey e igualase sus derechos con los de los miembros de los dos estados superiores. La utopía de la igualdad, preconizada durante décadas por los filósofos ilustrados, amenazaba con convertirse en realidad.

París, entretanto, bullía de reuniones en las plazas, tertulias en los cafés, encuentros incesantes de multitudes de personas que veían cómo la posibilidad de un futuro infinitamente mejor se abría ante ellos. La actividad política lo llenaba todo, y las mujeres estaban tan presentes como los hombres. Se sentían igual de «patriotas» que ellos, y además, la lucha por la igualdad —la idea central de todo el proceso— las afectaba de una manera particular como género, o, como se decía entonces, como «sexo». Junto a los hombres, se lanzaron a las calles para debatir y reorganizar la sociedad, acudiendo a toda clase de actos y protestas. Y, a medida que la atmósfera en Versalles se enrarecía y los poderosos de viejo cuño se esforzaban por poner freno a los nuevos aspirantes al poder, las mujeres, igual que los hombres, se fueron enfadando.

El 14 de julio de 1789, ante la presencia de amenazadoras tropas mercenarias en los alrededores de París, una multitud enardecida decidió armarse para defender lo que ya consideraban una lucha que no estaban dispuestos a perder. Primero atacaron los depósitos de armas de los Inválidos y después se lanzaron al asalto de la Bastilla en busca de pólvora. Hacia las cuatro de la tarde, tras un combate de cinco horas que dejó un centenar de muertos, los asaltantes tomaron al fin la famosa prisión donde los reyes solían encarcelar sin juicio previo a los llamados prisioneros de Estado, que a menudo eran simplemente prisioneros del capricho del monarca.

La toma de la Bastilla se convirtió en el símbolo de que algo muy trascendental estaba ocurriendo en Francia. Todo el mundo se dio cuenta de que aquello era una verdadera revolución, y se empezó a utilizar ese término —a favor o en contra— para referirse a los acontecimientos que estaban sucediendo. En las capitales de los diversos estados europeos, los tronos de todos los soberanos se pusieron a temblar...

En la toma de la Bastilla participaron diversas mujeres, demostrando que no estaban dispuestas a que la historia, como de costumbre, les pasase al lado sin que ellas pudiesen intervenir. Pero cuando quedó del todo claro que pretendían ser protagonistas de los cambios fue tres meses después, durante las llamadas Jornadas del 5 y 6 de octubre (de 1789). En ese momento, el precio del pan se había disparado en París. Al amanecer del día 5, varios grupos de mujeres comenzaron a reunirse en la plaza del Ayuntamiento para protestar por la escasez y la carestía de ese alimento básico. No por casualidad, esas mujeres eran vendedoras de la Halle, el mercado central de la ciudad: verduleras, comerciantes de grano, fruteras y pescaderas —las famosas *poissardes*—, conocidas por su descarada autoestima. Pertenecían por derecho propio a un gremio, estaban acostumbradas a organizarse y se consideraban responsables del avituallamiento de París. Además, gozaban de una relación privilegiada desde siempre con la Casa real, y eran recibidas a menudo por los sucesivos monarcas, tanto en momentos de duelo como de celebración por los nacimientos de las princesas y los príncipes.

Los historiadores han mantenido durante mucho tiempo la idea sentimental de que aquellas mujeres eran madres que únicamente querían dar de comer a sus criaturas. Dadas sus características, lo más probable sin embargo es que se considerasen a sí mismas emisarias del pueblo parisino, y que se sintieran capacitadas para ejercer la acción política. En cualquier caso, el grupo fue creciendo a lo largo de las horas, y hacia las diez de la mañana miles de mujeres —entre cinco mil y diez mil, según las fuentes— se pusieron en marcha hacia Versalles, en busca del rey, que se mantenía encerrado en su magnífica corte haciéndose el tonto.

Armadas con picas y azadas que encontraron en el Ayuntamiento y arrastrando tres cañones arrancados de la plaza, caminaron durante seis horas bajo la lluvia, hasta llegar ante el palacio cuando la noche caía. El presidente de la Asamblea Constituyente —que seguía reunida en Versalles desde el principio de los acontecimientos— se dirigió de inmediato a ver al rey junto con una diputación de doce vendedoras del mercado. Luis, asustado, firmó la Constitución —que hasta entonces se había negado a sancionar—, y además ordenó enviar varias carretas de pan y grano de sus propios almacenes a París para poner fin a la escasez.

Entretanto, otros grupos de manifestantes de ambos sexos habían llegado a Versalles. Tras un intento frustrado de asaltar el palacio durante la noche, en la mañana del día 6 la multitud obligó al monarca a salir al balcón y le exigió que regresase a París: Versalles era el símbolo político de un largo periodo de la historia de Francia que empezaba a resultar inadmisible para quienes participaban en la Revolución.

Ese mismo día, la familia real atravesó por última vez la plaza de armas del palacio y entró en París escoltada por su guardia

—desarmada— y por las valientes mujeres que habían ido a exigirle atención: una imagen realmente inaudita en la historia.

Que el rey se instalase en París era una buena noticia para quienes aún seguían creyendo en la posibilidad de establecer en Francia una monarquía constitucional, modernizada y limitada en sus poderes. Pero que hubiese sido obligado a ello y acompañado hasta su palacio de las Tullerías por una muchedumbre de mujeres no les hizo ninguna gracia a muchos revolucionarios. Pronto empezó a describirse a aquella multitud femenina como una especie de caterva de furias, viejas horrendas y harapientas, dotadas de una fiereza instintiva, fuera de toda razón, y que parecían amenazar más el naciente poder de los burgueses que el propio sistema absolutista.

Hubo incluso una investigación, y una de las fruteras de la Halle, Reine Audu, fue condenada a prisión por haber sido la cabecilla del motín popular. Fue liberada dos años más tarde y, según parece, murió poco después en un hospital, «loca»: a partir de ahora, la «locura» iba a ser una bonita manera de librarse de ciertas mujeres que molestaban más de la cuenta.

La Constitución recién firmada por Luis XVI incluía un pronunciamiento que había sido aprobado por los parlamentarios el 26 de agosto de ese mismo año de 1789 y que sería fundamental tanto para la propia Revolución francesa como para el desarrollo posterior de las democracias europeas: la *Declaración de los derechos del hombre y el ciudadano*. «Los hombres nacen y permanecen libres e iguales en derechos», afirmaba el primer artículo de este escrito que terminaba así, de un plumazo, con el orden señorial del Antiguo Régimen.

Los hombres... En francés, igual que en español, el término *homme* puede referirse tan solo al macho de la especie humana o bien ser empleado en modo genérico, es decir, abarcando ambos géneros gramaticales y ambos sexos biológicos, hombre y mujer. A la vista de todo lo que sucedió después, resulta evidente que los diputados que redactaron y aprobaron la *Declaración de los derechos del hombre y el ciudadano* lo utilizaron en su sentido más estricto.

Al principio, sin embargo, las revolucionarias no se dieron cuenta. Se creyeron incluidas en aquel masculino que era, en realidad, un escupitajo contra ellas. Cada vez más activas, más reivindicativas, hacia el final de ese verano de 1789 en el que la Revolución ya se había desatado abiertamente, comenzaron a organizarse. El combate feminista se libró en aquellos momentos en dos frentes fundamentales: el de la acción —como la ejercida por las asaltantes de la Bastilla o las vendedoras de la Halle— y el de la voz, tomar al fin la palabra. Hablar y ser escuchadas. Escribir y ser leídas.

Es cierto que la cultura francesa de las clases privilegiadas había permitido que las mujeres participasen del debate público a través de sus salones, pero solo tras aquel subterfugio de privacidad, solo entre las paredes protectoras de sus palacetes. Si sus palabras llegaban lejos, siempre era mediante el eco de las voces de los hombres. Ahora, en cambio, burguesas, damas de la pequeña nobleza, artesanas y trabajadoras empezaban a exigir ser escuchadas en la arena pública, con su propia voz, sin intermediarios masculinos.

Ansiaban exponer los problemas que atenazaban al género femenino, buscar soluciones, participar como creadoras de las ideas y de las leyes que habrían de conformar el nuevo orden social y político. Y que ese nuevo orden no pudiera hacerse sin tenerlas en cuenta a ellas, sus necesidades y sus exigencias. Desde toda Francia, muchas escribieron a los Estados Generales primero y a la Asamblea después para describir realidades injustas y aportar propuestas. Pero no lo hicieron escondidas detrás de la firma de un varón —marido, padre, hermano—, sino en su propio nombre, a título individual o como representantes de gremios feminizados: de pronto, miles de francesas demostraron que tenían conciencia de sí mismas.

Pronto empezaron además a redactar pasquines, artículos, folletos, libros, aprovechando todos los medios de impresión y distribución disponibles, las redes sociales de la época, digamos: aquellas primeras pensadoras feministas estaban dispuestas a expresarse a toda costa, sumándose al combate por un mundo mejor y denunciando una y otra vez la opresión de la que se sentían víctimas.

Las feministas de la Revolución francesa terminaron siendo un grupo cohesionado, activo y, para muchos, terriblemente peligroso. Una de las más subversivas fue Olympe de Gouges (1748-1793). De Gouges se había dado a conocer en los años previos a la Revolución como dramaturga. Sus ideas —y su valentía— ya habían quedado claras en 1782, cuando se atrevió a escribir una obra antiesclavista, *Zamore et Mirza*. Lo malo era que la economía de muchos franceses ricos, incluidos grandes aristócratas, se basaba en la explotación en sus colonias americanas de una ingente mano de obra esclava, e incluso en el tráfico de personas «cazadas» en África, el infame tráfico negrero del que los propios reyes de Francia se beneficiaron durante mucho tiempo, participando en compañías esclavistas.*

* Los reyes de España también se enriquecieron gracias a la trata. Desde Fernando el Católico, es decir, desde el comienzo de la conquista de América, los soberanos cobraban un tributo por cada esclava o esclavo vendido de manera «legal» en Indias.

Al atreverse a hacer frente así a un grupo tan poderoso, Olympe de Gouges sufrió toda clase de calumnias, persecuciones, amenazas y denuncias. La respuesta de uno de sus enemigos a sus ideas abolicionistas resume muy bien lo que pensaban aquellos desalmados. Y, por cierto, sus palabras suenan curiosamente actuales:

> Todos esos amigos de los negros son en realidad enemigos de los blancos. [...] ¿Acaso en la política hay que hablar de *sensibilidad*? Si llevamos el principio de humanidad hasta el final, no deberíamos comer nada que esté vivo, tendríamos que dejar en libertad a los caballos y, como los brahmanes, barrer los caminos antes de pisarlos, no vayamos a aplastar algún insecto. Guardémonos las lágrimas para los momentos privados.[2]

Olympe de Gouges no agachó la cabeza, sino que siguió adelante, defendiendo su obra y el ideal que la nutría. La pieza *Zamore et Mirza* se estrenó por fin en 1789, ya en pleno periodo revolucionario, pero fue boicoteada en su primera representación con tanta violencia que hubo que suspenderla. Para siempre.

La escritora tenía en ese momento cuarenta y un años. Como a otras protagonistas de la época, la acompañaba la fama de ser una «libertina» e incluso una «cortesana». Pero lo cierto es que los historiadores suelen decir eso sobre cualquier mujer que aparezca en las crónicas sola, sin un marido a su lado. De hecho, se ha escrito lo mismo de muchas de las protagonistas destacadas de la Revolución, lo cual lleva a pensar que probablemente no sea verdad en ninguno de los casos. Simplemente, Olympe de Gouges era una mujer que no estaba casada —se había quedado viuda muy joven de un marido al que detestaba—, vivía por sus propios medios y hacía más o menos lo que le daba la gana, acostándose —o no— con quien quería.

En cuanto empezó la convulsión revolucionaria, la dramaturga —que era partidaria al principio de una monarquía constitucionalista— se sintió capacitada intelectualmente para publicar una notable serie de escritos en los que reflexionaba sobre dos asuntos cruciales para ella, la esclavitud y la cuestión femenina. Dos formas de opresión que le resultaban inaceptables. Como veremos en el capítulo 8, a mediados del siglo XIX las feministas estadounidenses establecerían la misma conexión entre ambos temas.

Anne Théroigne de Méricourt (1762-1817) era más joven que Olympe de Gouges. Tenía veintisiete años cuando llegó a París tras la toma de la Bastilla, dispuesta a jugarse incluso la vida por la emancipación de las mujeres. Nacida en una familia de campesinos belgas, había trabajado desde muy pequeña, como costurera primero y más tarde como señorita de compañía de una dama francesa en cuya casa aprendió a comportarse «en sociedad», como se decía entonces. Intentó convertirse en cantante de ópera, viajó por media Europa, y también de ella se afirma todavía hoy, sin pruebas, que ejerció como «cortesana», estableciendo relaciones con hombres adinerados.

Nadie sabe de dónde nacieron su compromiso y su activismo feminista, pero lo cierto es que Théroigne de Méricourt, que vivía por entonces en Roma, se marchó al París revolucionario con ciertas ideas muy claras sobre su condición de mujer. Pronto se convirtió en un personaje famoso: asistía a todas las reuniones de la Asamblea Constituyente llevando un llamativo traje de montar y portando siempre una espada al costado, algo realmente inaudito. Una de sus obsesiones era que las mujeres pudiesen

armarse para defender la Revolución amenazada, componiendo
«batallones de amazonas».

Igual que Olympe de Gouges y las otras feministas del momento, Théroigne escribía y lanzaba arengas públicas en reuniones y mítines:

> Francesas, rompamos nuestras cadenas, ya es hora de que las
> mujeres salgamos de la vergonzosa inexistencia a la que nos
> someten desde hace tanto la ignorancia, el orgullo y la injusti-
> cia de los hombres.[3]

¿De dónde sacaron aquellas mujeres toda esa energía, la fuerza y la autoconciencia que son necesarias para dirigirse al público, para tratar de convencer a los demás de tus propias ideas? No
se comportaron como las hijas sumisas de largas generaciones de
mujeres calladas, sino que estallaron en gritos en cuanto las circunstancias se lo permitieron, como si hubieran estado guardan-
do dentro de ellas todo eso durante siglos, el hartazgo de la opresión, el agotamiento del silencio impuesto, la intensa necesidad
de reconvertir el sujeto «mujer» en algo muy diferente de lo que
se le exigía que fuese.

De alguna manera, encontraron la capacidad para salir a
clamar a las calles, y fueron tomando la palabra en las reuniones callejeras, los tumultuosos encuentros en los cafés y las se-
sudas y no menos tumultuosas sesiones de las sociedades patrióticas, precursoras de los partidos políticos contemporáneos.
Pero las sociedades les cerraron enseguida la puerta en las narices, anunciando así lo que estaba a punto de ocurrir: las iban a
dejar fuera del artefacto que se estaba construyendo, la democracia burguesa.

Las sociedades patrióticas —llamadas también clubs— comenzaron a nacer por toda Francia desde el principio de la Revolución. Las más recordadas son la de los Jacobinos —que se reunía en unas salas alquiladas del convento de los dominicos jacobinos— y la de los *Cordeliers*, cuyos encuentros tenían lugar en el antiguo refectorio del convento de franciscanos o cordeleros. En ellas se debatían todos los asuntos importantes —no siempre en calma— y se aportaban soluciones y propuestas transformadoras. Aunque, en realidad, no es justo decir que «se» debatía, sino que, mayoritariamente, debatía solo la mitad masculina de la población: al principio, a las mujeres se les permitía asistir a las reuniones y, a veces, incluso tomar la palabra, pero poco a poco fueron dejándolas fuera. Las cifras hablan de 5.500 clubs de este tipo en el conjunto de Francia en 1794, de los que solo unos treinta eran mixtos.[4]

Tras llamar inútilmente a sus puertas, algunas revolucionarias se atrevieron a fundar sus propios grupos, exclusivamente femeninos. Los más destacados fueron la Sociedad de Republicanas Revolucionarias, dirigida por Claire Lacombe (1765-1823) y Pauline Léon (1768-1838), y la Sociedad Patriótica y de Beneficencia de las Amigas de la Verdad, liderada por la neerlandesa Etta Palm d'Aelders (1743-1799).

Pauline Léon y Claire Lacombe —muy conocida como actriz— defendían igual que Théroigne de Méricourt el derecho de las mujeres a portar armas y combatir por la Francia revolucionaria. En varias ocasiones dirigieron escritos en este sentido a la Asamblea y lideraron marchas y manifestaciones, a las que los sucesivos gobiernos respondieron siempre con desdén.

Dispuestas a demostrar que eran capaces de combatir, se sumaron a las insurrecciones armadas cuando pudieron: Pauline Léon formó parte del grupo que tomó la Bastilla el 14 de julio de 1789. Claire Lacombe, a su vez, participó el 10 de agosto de 1792 con los *sans-culottes* en el asalto al palacio de las Tullerías que terminó con la familia real encarcelada y supuso el final de la monarquía.

Un testigo de aquellos años, el diputado René Chaudieu, recordó tiempo después a Claire Lacombe restándole toda importancia política o insurreccional: «Mademoiselle Lacombe no tenía más mérito que el de poseer un físico bastante bonito. En nuestras fiestas solía representar a la diosa de la Libertad». No hay nada como cosificar a una mujer para quitar importancia a sus acciones y sus ideas...

Etta Palm d'Aelders, aunque participaba en las manifestaciones y desfiles organizados por sus compañeras a favor de las milicias femeninas, no estaba interesada tanto en las armas como en otro aspecto que lastraba la existencia de las mujeres, el de los límites impuestos a su educación. Quizá pasar a la acción armada no fuera para ella tan importante como para sus compañeras precisamente porque había llevado una vida intensa y peligrosa, sirviendo como espía al servicio de los Países Bajos y también en algún momento de Francia. Igual que Mary Wollstonecraft o Théroigne de Méricourt, llegó a París después de que comenzase la Revolución, ansiosa por formar parte de ella.

En uno de sus numerosos discursos públicos, Palm d'Aelders resumió así sus ideas:

> Señores, si quieren ustedes que nos sintamos concernidas por esa feliz Constitución que devuelve a los hombres sus derechos, empiecen por ser justos con nosotras. [...] ¿Creen que no sentimos como ustedes el deseo de triunfar, de alcanzar la fama? Y si la entrega al estudio, si el celo del patriotismo, si incluso la virtud —que a menudo se apoya en el poder

de la gloria— son tan naturales en nosotras como en ustedes, ¿por qué no se nos otorga la misma educación y los mismos medios?[5]

Sobre la educación había mucho que decir en las nuevas instituciones y círculos revolucionarios. Las sucesivas asambleas revolucionarias se implicaron intensamente en las medidas a adoptar para garantizar una enseñanza mínima a la mayoría de los ciudadanos de Francia. De nuevo, ciudadanos, no ciudadanas: el tema de si las niñas debían acudir o no a la escuela fue una y otra vez debatido. Tan solo a la escuela elemental: por supuesto, jamás se puso en duda que bajo ningún concepto podrían acceder a la enseñanza superior.

Entre los diputados hubo voces que podríamos considerar feministas y que defendieron el derecho de las mujeres a la educación en condiciones de igualdad, como la del marqués de Condorcet —gran amigo de Olympe de Gouges—, que era un hombre lúcido y sincero. «Si echamos un vistazo a la lista de los que los han gobernado —llegó a afirmar el marqués con toda la razón del mundo—, los hombres no deberían sentirse tan orgullosos».

Pero las decisiones definitivas volvieron a dejar a la mitad de la población en los márgenes del sistema. Las excusas fueron a veces tan cínicamente sentimentales que producen escalofríos. Este es un fragmento del *Informe sobre la Instrucción Pública* que el famoso obispo revolucionario Talleyrand presentó ante la Asamblea en 1791, y que ejerció una gran influencia sobre los diputados:

La casa paterna es mejor para la educación de las mujeres; lo que necesitan no es tanto aprender a tratar los intereses del prójimo, sino acostumbrarse a la vida tranquila y retirada. Destinadas al cuidado interior, es en el seno de su familia donde deben recibir las primeras lecciones y los primeros ejemplos. Los padres y madres, al tanto de este deber sagrado, comprenderán la extensión de los deberes que se les imponen: la presencia de una muchacha purifica el lugar en el que habita, y su inocencia le impone al entorno o el arrepentimiento o la virtud.[6]

No se puede decir de una manera más repugnantemente patriarcal.

Olympe de Gouges parece haber sido la primera de aquel grupo de mujeres en darse cuenta de que, una vez más, las estaban engañando. Al menos fue la primera en reaccionar públicamente, con inteligencia y con ironía, algo en lo que, según parece, era experta. En septiembre de 1791, dos años después de la *Declaración de los derechos del hombre y el ciudadano* aprobada por la Asamblea Constituyente, la autora publicó su *Declaración de los derechos de la mujer y la ciudadana*, un texto revolucionario de la Revolución.

De Gouges comenzaba su introducción con un grito penetrante: «Hombre, ¿eres capaz de ser justo? Es una mujer quien te pregunta; no irás a arrebatarle también ese derecho. Dime, ¿quién te ha dado el poder soberano para oprimir a mi sexo? ¿Tu fuerza? ¿Tus talentos?».

Después de esta obertura que señala sin duda la profunda frustración que ya sentía la pensadora, Olympe de Gouges proponía a los diputados que considerasen su texto como un decreto legislativo a aprobar, y enumeraba sus diecisiete artículos, copiados de la declaración original. En algunos simplemente cambiaba la palabra «hombre» por «mujer», aunque en ciertos casos los dotó de un contenido específico. Estos son los primeros artículos del escrito (las negritas son mías, para señalar las variantes de De Gouges respecto al original):

ARTÍCULO PRIMERO

La mujer nace libre y permanece igual al hombre en derechos. Las distinciones sociales solo pueden basarse en la utilidad pública.

II

El objetivo de toda asociación política es la conservación de los derechos naturales e imprescriptibles de la **mujer y del hombre.** Esos derechos son la libertad, la propiedad, la seguridad y, **sobre todo**, la resistencia a la opresión.

III

El principio de toda soberanía reside esencialmente en la Nación, **que no es más que la suma de la mujer y el hombre.** Ningún cuerpo ni individuo puede ejercer ninguna autoridad que no emane expresamente de ella.

IV

La libertad y la justicia **consisten en devolver todo lo que le pertenece a otro. El ejercicio de los derechos naturales de la mujer no tiene pues más límites que la tiranía perpetua que el hombre le opone. Esos límites deben ser reformados según las leyes de la naturaleza y de la razón.**

Y así hasta el número XVII. El artículo más conocido es el X, no solo por la sencillez y la rotundidad del argumento, sino porque además, en su caso personal, resultó ser profético. El texto correspondiente de la *Declaración de los derechos del hombre y el ciudadano* consagra de este modo la libertad de pensamiento y de conciencia:

X

Nadie debe ser molestado por sus opiniones, tampoco las religiosas, siempre que su manifestación no perturbe el orden público establecido por la Ley.

Y esta es la magnífica versión de Olympe de Gouges:

X

Nadie debe ser molestado por sus opiniones, tampoco las fundamentales. **La mujer tiene derecho a subir al cadalso. Debe tenerlo igualmente a subir a la Tribuna política**, siempre que sus manifestaciones no perturben el orden público establecido por la Ley.[7]

Cuando Olympe de Gouges publicó su *brochure*, en septiembre de 1792, la Revolución iba adquiriendo tintes cada vez más trágicos y definitivos. Solo un mes antes, el 13 de agosto, Luis XVI y María Antonieta habían sido depuestos y encarcelados junto con sus hijos. El día 21 de septiembre se proclamaba la República Francesa. Cuatro meses después, el 21 de enero de 1793, el rey sería guillotinado. La historia ya no tenía vuelta atrás. Pero en aquella aceleración extraordinaria del tiempo las mujeres quedarían arrasadas.

La Constitución de 1791 —la que Luis XVI sancionó bajo la presión de las vendedoras de la Halle— concedía a las mujeres la condición de «ciudadanos pasivos», mientras que los hombres eran «ciudadanos activos» y, por lo tanto, podían participar en la vida política.

Después de proclamarse la República, en junio de 1793 se aprobó una nueva Constitución, la del año I según el calendario republicano. Las esperanzas y la lucha de todas aquellas feministas a lo largo de casi cuatro años intensísimos no habían servido para nada: no es que el nuevo texto constitucional les negase como el anterior los derechos políticos, es que ni siquiera las mencionaba. El influyente Marat lo había dejado claro durante los debates:

> Todo ciudadano que forme parte de la soberanía debe tener derecho al sufragio, y el simple nacimiento ya le concede ese derecho. Pero las mujeres y los niños no deben participar en los asuntos públicos, ya que están representados por los cabezas de familia.[8]

El género femenino, simplemente, había dejado de existir.

Un mes después, en julio de 1793, nació un nuevo periódico, la *Feuille du Salut Public*, uno más de los muchos que aparecían y desaparecían de continuo en aquellos años de descubrimiento del fervor periodístico. Su tono era oficialista, ligado al de las ideas dominantes en el gobierno de la nueva república, la Convención Nacional, que desde unas semanas antes dominaban los jacobinos de Robespierre. Un artículo anónimo publicado en uno de los primeros números se dirigía así a las mujeres:

> ¡Mujeres! ¿Queréis ser republicanas? Entonces, amad, seguid y enseñad las leyes que llaman a vuestros esposos y a vuestros hijos al ejercicio de sus derechos; sentíos glorificadas en las acciones brillantes que ellos puedan emprender a favor de la pa-

tria; sed sencillas en vuestro atuendo, laboriosas en vuestros quehaceres; no vayáis nunca a las asambleas populares con el deseo de intervenir en ellas, sino únicamente por animar de vez en cuando a vuestros hijos; y así la patria os bendecirá, porque habréis hecho por ella realmente lo que ella tiene derecho a esperar de vosotras.[9]

Las luces se iban apagando... Dos meses más tarde, el 30 de octubre de 1793, todos los clubs femeninos de Francia eran clausurados por orden gubernamental.

Imagino la frustración, la tristeza y también el miedo de todas aquellas mujeres. El final estaba cerca, y sería trágico. En esas mismas fechas, Théroigne de Méricourt fue azotada en público por un grupo de jacobinas exaltadas, mientras lanzaba una proclama a favor de la moderación. Sola en París, soltera, sin apoyos familiares, con un pasado poco claro y por lo tanto sospechoso, se había convertido casi desde el principio en un objetivo fácil para los misóginos. Primero fueron los monárquicos: la prensa antirrevolucionaria le dedicó toda clase de calumnias e insultos, centrados —cómo no— en su vida sexual. Uno de sus difamadores llegó a afirmar que «todos y cada uno de los diputados [de la Asamblea Constituyente] podrían presumir de ser el padre de un hijo suyo».

El curso de la Revolución y los inagotables ataques personales debieron de ir minando su fortaleza y su exaltación. Aunque siempre se había mostrado cercana a los jacobinos, cuando estos iniciaron en la primavera de 1793 la época conocida como el Terror, Théroigne de Méricourt se alejó de sus postulados y comenzó a hablar a favor de la paz y la mesura. De nuevo puso a la mujer en el centro de su discurso, preconizando ahora que grupos femeninos realizasen en las calles labores de mediación en los conflictos cada vez más frecuentes, como una especie de «policía de la concordia».

Este cambio de postura despertó el odio de sus antiguos aliados. Fue entonces cuando la agredieron en plena calle. Según parece, aquella paliza sufrida a manos de sus compañeras la hundió anímicamente. Poco después, su propio hermano la declaró «loca» y la internó en el hospital parisino de la Salpêtrière, donde murió veintitrés años más tarde. Sin voz, sin espada, sin capacidad ninguna de participar en la sociedad.

En ese mismo hospital, e igualmente como «alienada», terminó su vida años después Claire Lacombe, que había sido previamente encarcelada durante un año y medio en abril de 1794. También pasó por la cárcel en las mismas fechas Pauline Léon, que abandonó para siempre París tras su liberación. En cuanto a Etta Palm d'Aelders, desapareció de la ciudad una mañana del brutal verano de 1793, envuelta en la neblina, como las buenas espías. Se sabe que falleció en La Haya en 1799.

Olympe de Gouges, la mujer que había afirmado que si el género femenino tenía derecho a subir al cadalso debía tenerlo igualmente a subir a la tribuna política, persistió en su convicción hasta el final. A medida que fue viendo el despeñadero sangriento por el que se precipitaba la Revolución en la que tanto había creído, De Gouges apretó los dientes y siguió escribiendo y hablando en público, negándose a acallar la voz que tanto le había costado adquirir, la voz que clamaba en nombre de las mujeres silenciadas durante siglos.

Ni siquiera el Terror impuesto por los jacobinos —que no gozaban de su simpatía— logró enmudecerla. Por el contrario, se atrevió a desafiar directamente a Robespierre, el jefe de filas del partido en el poder, del que siempre había desconfiado. De mujer a hombre:

> Si para animarte [a suicidarse] solo te hace falta mi vida, estoy dispuesta a dártela por mi patria. ¿Recuerdas a aquel joven romano que se precipitó en medio del foro para calmar las pasiones y restablecer la paz en la República? [...] Tú seguro que posees esa valentía estoica de las grandes almas. Yo, te lo confieso, deseo economizar la sangre de mis conciudadanos; pero si solo debo verter la mía para salvarlos, sabré hacerlo. [...] ¡Robespierre! ¿Tendrás tú el valor de imitarme? Te propongo que vayas a bañarte conmigo al Sena, pero tú para lavar por completo las manchas de sangre de las que estás cubierto. Nos ataremos a los pies balas de cañón de dieciséis o veinticuatro libras, y nos precipitaremos juntos a las aguas.[10]

Los últimos escritos de Olympe de Gouges, desgarrados, provocadores, casi desesperados, justificaron finalmente su destino: «La sangre vertida con crueldad y profusión, aunque sea sangre de culpables, mancha definitivamente las revoluciones», había dicho. La suya, cuando se derramó bajo la guillotina el 3 de noviembre de 1793, tras un juicio sumarísimo en el que no tuvo abogado defensor, seguía siendo la sangre inocente de una mujer que creyó sinceramente que se podía y se debía cambiar el mundo a mejor.

Cuando el propio Robespierre murió a su vez guillotinado ocho meses después, el 28 de julio de 1794, ya todo daba igual: aquello no era más que otro episodio de la eterna lucha de poder protagonizada por los hombres. Las mujeres habían sido de nuevo silenciadas y encerradas en sus casas —o en los manicomios— con mucho mayor ensañamiento que nunca. Literalmente: poco después de la ejecución de Robespierre, la nueva Convención les prohibió no solo intervenir, sino incluso asistir a las asambleas políticas. Ya no las querían ni siquiera como público. Fue en las mismas fechas en las que se suprimieron las academias reales y se creó el Instituto de Francia, que dejó fuera a todas las pintoras, incluso a las mejores. Ni voz, ni cuerpo, ni expresión de talento alguno.

No sabemos si Mary Wollstonecraft llegó a conocer a Olympe de Gouges y a las demás feministas de la Revolución. Me gusta pensar que sí, que intercambiaron ideas y esperanzas en algún café, en un salón, en un banco del Jardin des Plantes, y aprendieron a admirarse mutuamente. Es probable que así fuera: *La vindicación de los derechos de la mujer* de Wollstonecraft, publicada unos meses después de la *Declaración de los derechos de la mujer y la ciudadana* de De Gouges, había sido rápidamente traducida al francés, y es fácil suponer que la pensadora francesa había leído a la pensadora inglesa, y viceversa. Aunque con muchos matices que las diferencian, ambas compartían, ya desde el título, la idea revolucionaria de que las mujeres —como género y al margen de sus diferencias sociales— poseían derechos inalienables. Algo que ahora nos parece tan elemental fue entonces, ya de por sí, radicalmente revolucionario.

A día de hoy, ambos textos se consideran escritos inaugurales del feminismo. Muchos de los logros posteriores de los que disfrutamos se los debemos a ellas, que los sistematizaron y nombraron por primera vez. Porque lo que no se nombra no existe.

En su ensayo, Mary Wollstonecraft deploraba la situación de debilidad intelectual y permanente dependencia en la que se veían obligadas a vivir las mujeres:

Si las mujeres no son una manada de seres frívolos y efímeros, ¿por qué se las debe mantener en la ignorancia bajo el nombre engañoso de inocencia? Los hombres se quejan, y con razón, de la insensatez y los caprichos de nuestro sexo, cuando no se burlan con agudeza de nuestras impulsivas pasiones y nuestros vicios serviles. He aquí lo que debería responder: ¡el efecto natural de la ignorancia! [...] A las mujeres desde la infancia se les dice, y se les enseña con el ejemplo de sus madres, que para obtener la protección del hombre basta un pequeño conocimiento de la debilidad humana, denominado de forma más precisa astucia, suavidad de temperamento, *aparente* obediencia y una atención escrupulosa a una especie de decoro pueril; y, si son hermosas, todo lo demás es innecesario, al menos durante veinte años de sus vidas.[11]

Con una valentía y una autoestima extraordinarias, Wollstonecraft se sentía capacitada para criticar las voces con mayor autoridad moral del momento, las de los pensadores ilustrados que habían reflexionado sobre el espinoso asunto de la educación femenina, empezando por el mismísimo Rousseau. Incluso se atrevió a colocarse en el mismo nivel intelectual que ellos, considerándose a sí misma una «filósofa»:

Como filósofa, leo con indignación los epítetos que los hombres emplean para atenuar sus insultos, y, como moralista, pregunto qué quieren decir con semejantes asociaciones heterogéneas, tales como bellos defectos, debilidad amable, etc. Mientras que solo existe un criterio moral y un arquetipo para el hombre, las mujeres, en cambio, parecen estar sostenidas en el destino. [...] Ni poseen el instinto infalible de las bestias ni se les permite fijar la mirada de la razón sobre un modelo perfecto. Han sido hechas para ser amadas y no deben aspirar al respeto si no quieren ser perseguidas por la sociedad como masculinas.[12]

Cuando Olympe de Gouges fue guillotinada, Mary Wollstonecraft llevaba ya dos años en París, y estaba embarazada. Mary había cometido el error de enamorarse del hombre equivocado. Se llamaba Gilbert Imlay y era un empresario estadounidense, instalado en París para hacer negocios de importación y exportación de madera. Igual que otras muchas mujeres de su tiempo, ella creía que el amor —que concebía como una relación entre iguales— era uno de los derechos que liberaban a las mujeres de la esclavitud en la que habían vivido durante siglos.

Ahora damos por hecho que las parejas se basan en el sentimiento amoroso, pero en aquel momento defender la necesidad del afecto para crear una pareja era algo revolucionario. Durante milenios, los cuerpos de las mujeres, como portadoras imprescindibles de las hijas e hijos, no les habían pertenecido a ellas: eran una simple pieza de intercambio entre familias. En general, las gentes no se casaban movidas por sus afectos, sino por intereses y necesidades que muchas veces eran ajenos a ambas partes de la pareja: también los hombres resultaban a menudo perdedores —desde el punto de vista emocional— en esa partida tan cruda. La diferencia es que su actividad sentimental y sexual al margen del matrimonio estaba respaldada por la moral y las leyes, y la de las mujeres no: sus cuerpos eran propiedad exclusiva de sus propietarios, los padres primero y los maridos después, para preservar así la legitimidad de la descendencia.

En 1806 —unos pocos años después del momento que estamos contemplando—, el dramaturgo español Leandro Fernández de Moratín estrenó en el Teatro de la Cruz de Madrid su obra *El sí de las niñas*: una muchacha de dieciséis años, Francisca, es prometida por su madre a un anciano rico, don Diego. Pero Francisca ama a un joven soldado. La intensa presión de la madre —que representa aquí a la vieja sociedad— no impide que finalmente don Diego, el «hombre nuevo ilustrado», renuncie a su prometida para que esta pueda casarse por amor. La comedia fue un éxito de público —demostrando que el asunto estaba en la calle— y provocó un escándalo entre las mentes más conservadoras, tanto que en 1815, cuando Fernando VII reinstauró el absolutismo, la Inquisición la prohibió: andar esparciendo semejantes ideas por los escenarios era un peligro. Si a todas las muchachas casaderas les daba por reivindicar el amor, ¿qué iba a ser del orden del mundo?

Pese a la resistencia reaccionaria, la defensa del matrimonio por amor —o al menos por voluntad propia—, y no por conveniencia y sumisión a los progenitores, fue una de las exigencias de numerosas europeas durante mucho tiempo. Existía un número infinito de mujeres que consideraba el matrimonio, tal cual estaba conceptuado, como un sistema de opresión que las condenaba a la esclavitud. Tal vez ingenuamente, no alcanzaron a comprender que el amor romántico también puede convertirse a veces en una atroz trampa sentimental.

Eso fue exactamente lo que le ocurrió a Mary Wollstonecraft, aunque ella, al menos, no se casó con Gilbert Imlay: en su ferviente apología de la independencia femenina, era contraria al matrimonio y preconizaba las relaciones libres. Pero sí creyó haber encontrado a «un igual» en aquel amante, y soñó que era tratada por él como «una igual».

Se marchó a vivir con él y pronto se quedó embarazada, feliz, convencida de que Imlay sería un gran padre y un gran compañero. En realidad, era un hombre vulgar al que le gustaban las mujeres de «moral relajada» porque le permitían no adquirir compromisos. Enseguida comenzó a viajar, dejando sola a Mary en París con su bebé —Fanny—, y se enredó en otras relaciones que lo alejaron de ella. Al confundir lo que en la pensadora era una convicción ideológica con la laxitud de costumbres —o la necesidad económica— de otras mujeres, Imlay le causó un enorme daño a Mary Wollstonecraft, que llegó a cometer un intento de suicidio al darse cuenta del lodazal en el que estaba hundida.[13]

Pero al menos, durante ese proceso de casi cuatro años que tardó en regresar a Londres, dejó escritas dos obras sumamente interesantes. La primera cumplía el objetivo inicial de su viaje: en *An Historical and Moral View of the French Revolution* («Una mirada histórica y moral a la Revolución francesa»), relató lo que había visto en París, defendiendo muchos de los logros del proceso revolucionario, a pesar de haber vivido en primera persona el Terror. La segunda, *Cartas escritas durante una corta estancia en Suecia, Noruega y Dinamarca*, fue consecuencia de un arriesgado viaje que hizo por los países nórdicos, en compañía de su bebé y la niñera de esta, para llevar a cabo algunos negocios en nombre de Gilbert Imlay, quien, de paso, se la quitó de encima una temporada.

Esas *Cartas* se consideran uno de los primeros libros de viajes que depositaron la mirada no solo en los seres humanos, sino también en la naturaleza: el amor a los paisajes «sublimes», las montañas, los mares, los bosques profundos, fue, aunque nos parezca mentira, un descubrimiento de aquellas postrimerías del siglo XVIII. Hasta entonces, la naturaleza era tan solo el medio en el que se desenvolvía la vida humana, a menudo hostil y peligroso, o destinado a ser dominado y utilizado en beneficio de la especie, sin más consideraciones. Mary Wollstonecraft, con su sensibilidad plenamente prerromántica, descubrió a muchos lectores británicos la belleza estremecedora de los helados paisajes del norte.

Lamentablemente, aquella fue su última obra literaria. Tras su ruptura con Imlay, Mary inició una nueva relación amorosa con un pensador de ideas tan radicales como las suyas, William Godwin. Cuando de nuevo se quedó embarazada, ambos decidieron casarse para proteger a la futura criatura, a pesar de no creer en el matrimonio. Mary dio a luz una niña el 30 de agosto de 1797. La placenta se rompió en su interior, y falleció de septicemia diez días después, a los treinta y ocho años.

Faltaba muy poco para que terminase aquel Siglo de las Luces que quisieron iluminar el mundo dejando en la oscuridad a la mitad de los seres humanos. Mary Wollstonecraft y su obra, Olympe de Gouges y la suya —igual que la lucha de todas las «amazonas» revolucionarias— fueron condenadas al olvido y permanecieron en la sombra hasta tiempos muy recientes, cuando han comenzado a ser leídas de nuevo gracias a la revisión cultural feminista.

La sociedad se empeñó también firmemente en oscurecer la obra de la hija cuyo parto le costó la vida, Mary Godwin, más conocida como Mary Shelley. Y a punto estuvo de conseguirlo.

5

Escribiendo a escondidas:
las grandes autoras del XIX

> La literatura no puede ser la ocupación principal en la vida de una mujer, y no debe serlo.
>
> ROBERT SOUTHEY

> Quiero que los críticos me juzguen como autora, no como mujer.
>
> CHARLOTTE BRONTË

Mary Shelley dejó el paquete sobre la mesa con tanto cuidado como si contuviese un valioso objeto de cristal de Bohemia. Allí estaba... Después de tanto trabajo, tanto esfuerzo, tantas noches durmiendo menos de la cuenta y tantos días renunciando a lo que otras chicas de su edad podrían estar haciendo —bien, de acuerdo, no sería gran cosa, porque a fin de cuentas era madre y no tenía tiempo para bailes ni diversiones—, pero al menos dar un largo paseo una mañana de sol, montar un poco a caballo o simplemente sentarse junto a Shelley y oírle leer a la luz de una vela y sentir cómo las mentes de los dos iban elevándose por encima de sus cabezas y de la habitación, la casa, la ciudad, flotando juntas hasta alcanzar ese lugar al que los llevaba la poesía, el Paraíso, sí, sin duda ese lugar era el Paraíso.

Durante un año y medio había sacrificado todo eso —desde aquella noche del verano de 1816 a orillas del lago de Ginebra en casa de Byron— para llevar a cabo su obra, que ahora, bajo el feo papel en el que la habían envuelto en la imprenta, esperaba a ser descubierta por ella misma, la autora. ¡La autora! Solo tenía veinte años y ya había parido dos hijas y un hijo y había escrito una novela. Su madre estaría orgullosa de ella, seguro. La vida pasaba rápida, muy rápida, nunca había imaginado que todo iría a tanta velocidad, pero así eran las cosas en esos tiempos de esplendor...

Mary Shelley movió su sillón de trabajo y se sentó. Qué pocas veces se sentaba allí, pensó. Shelley sí, Shelley escribía en la mesa de su estudio, iluminado por la inspiración —y en esos momentos parecía más que nunca un dios—, componiendo lentamente sus poemas durante horas y horas. Pero ella había aprendido que no podía aislarse. Siempre que lo intentaba ocurría algo que la obligaba a interrumpir el trabajo: lloraba la niña, la criada venía a recordarle que se iba al mercado, llegaba la lavandera con la ropa limpia y tenía que recogerla y pagarle y colocarlo todo en los armarios, y la niña volvía a llorar y William se despertaba de su siesta y lloraba también y Shelley gritaba desde su estudio que necesitaba silencio... Había aprendido que, si quería escribir, tendría que hacerlo en medio del bullicio de la casa, a saltos, aprovechando cualquier momento de calma, interrumpiéndose en medio de la frase más brillante: nadie en el mundo había escrito jamás una frase tan brillante como aquella, pero después de oír a Clara llorar y sacarla de la cuna y limpiarle la caca y lavarla bien y ponerle pañales limpios y vestirla otra vez y darle de mamar y dormirla y ponerla de nuevo en la cuna, después de todo eso, cuando volvía a sentarse ante el papel, la mejor frase del mundo se le había olvidado, desvanecida en el éter...

No importaba: esa era la vida que había elegido, y no se cambiaría por nadie. Había decidido escaparse de casa con Shelley a los diecisiete años aunque él estuviera casado, y vivir libre junto a él, y viajar, y adorar las montañas más altas y los helados glaciares en los que el viento soplaba como si el mundo fuera a empezar de nuevo, y ponerse de rodillas ante la Poesía, y tener hijos porque amaba a Shelley, y también escribir porque vivía de rodillas ante todo eso, la belleza y el amor y el misterio de la vida y las palabras que dan orden al caos del mundo y crean más belleza y más amor y más misterio.

Mary Shelley abrió lentamente el paquete, tirando con cuidado de la cuerda para deshacer el nudo. Ahí estaban, los tres tomos de su obra, su novela, con el título rutilante en la cubierta, *Frankenstein, o el moderno Prometeo*. Los acarició, los sujetó con el mismo cuidado con el que sostenía a sus niños, olfateó el intenso olor del papel, les dio la vuelta, volvió a contemplar la cubierta, Frankenstein, mi Criatura, tantos temores y tanto dolor y tanta ansia ahí... y de pronto le pareció que algo doloroso y agudo, como una flecha bien afilada, se le clavaba muy dentro del cerebro: no estaba su nombre. En ningún sitio estaba su nombre. Ni Mary Shelley, ni Mary Godwin, ni tan solo Mary, nada... Era una novela sin autor.

Ya lo sabía, claro, cómo no iba a saberlo si eran Shelley y ella los que habían decidido que fuese así, que la obra se publicase de manera anónima porque no podía permitir que su decisión de ser novelista afectase al buen nombre de los suyos, pero ahora, al tener el libro en las manos y ver el vacío de ella misma, la ausencia de las letras que formaban su nombre —que era también la ausencia de su talento y su esfuerzo y sus noches sin dormir—, sintió que ese vacío era como un precipicio inmenso. Había caído hasta el fondo, y no sabía cómo iba a levantarse de allí.

Sí, *Frankenstein*, esa novela que ha hipnotizado una y otra vez a millones de personas de muchas generaciones desde hace más de doscientos años, la obra que ha sido inagotablemente adaptada en escenarios de teatro, pantallas de cine y cómics, la misma en la que se han inspirado decenas y decenas de creadoras y creadores de todos los campos del arte, con su Criatura convertida en un icono de la cultura popular, se publicó de manera anónima. La propia Mary Shelley (1797-1851) explicó brevemente la razón en una carta que le escribió al novelista sir Walter Scott después de que él hiciera una elogiosa crítica en la que daba por supuesto que la novela era obra de Shelley: no, la autora era ella, pero había ocultado su nombre «por respeto a las personas gracias a las cuales lo llevo».[1]

Solo habían pasado veintiséis años desde que su madre, Mary Wollstonecraft —muerta de fiebre puerperal, recuerdo, después de darla a luz a ella—, firmara orgullosamente su *Vindicación de los derechos de la mujer*, un libro que era un poderoso bofetón al sexismo de la sociedad de su época. Mary Shelley ni siquiera había llegado tan lejos en sus pretensiones intelectuales: tan solo había escrito una novela. Es cierto que en ella reflexionaba sobre asuntos profundos y de actualidad: el inabarcable poder de la ciencia, la importancia fundamental de la educación, los prejuicios contra el diferente... Pero «solo» era una novela, y una novela, en aquellos primeros años del siglo XIX, no tenía la misma trascendencia que un ensayo. ¿Por qué no se había atrevido a firmarla?

Además, Mary era hija de Mary Wollstonecraft y de William Godwin, uno de los filósofos políticos más radicales de la Inglaterra de su tiempo, un precursor del movimiento anarquista: se había criado en una casa en la que lo habitual era el desafío a las normas imperantes, el constante cuestionamiento del sistema. Mary llevaba la rebeldía y la exaltación en la sangre, y también podía respirarla a cada paso: era una auténtica criatura de su tiempo, una verdadera «romántica» —como ya empezaba a llamarse a los autores de su generación—, defensora por encima de todo de la libertad y el instinto. Y aun así, no había puesto su nombre en su obra.

El ansia de libertad había llevado a Mary Godwin a hacer cosas que ninguna muchacha de su edad se hubiera atrevido a hacer: a los dieciséis años se enamoró de uno de los discípulos de su padre, el poeta Percy Bysshe Shelley, otro radical que había sido expulsado de Oxford por su ateísmo. Shelley, que tenía veintitrés años, estaba casado y era padre de una hija y de otro hijo que aún no había nacido. Pero nada pudo interponerse en el amor y el deseo de aventuras: Mary huyó de casa en compañía de su hermanastra Claire Clairmont —hija de la segunda esposa de su padre—, y las dos se marcharon con Shelley al continente, como decían los británicos, viajando por Francia y Suiza hasta que se les acabó el dinero. Un viaje inolvidable, en el que durmieron en pajares, se amontonaron con los campesinos en sus carretas y comieron frutas robadas, y en el que Mary Godwin se quedó embarazada.

Al regresar a Londres descubrió con asombro que había sido expulsada del clan familiar: por mucho que su padre siempre hubiese defendido la idea del «amor libre», aquel gesto extremadamente rebelde de su hija adolescente no le gustó nada. Pero ni siquiera entonces Mary agachó la cabeza ante las normas: se fue a vivir con Shelley y se incorporó con pasión al excitante ambiente de los poetas románticos, presididos por el cada vez más aplaudido lord Byron.

Junto a Shelley y los demás vivió seis años de fervor, creatividad, viajes y cambios incesantes. Seis años de pasiones, amor y
poesía, esa ansia de nombrar lo innombrable que brillaba como
una poderosa deidad en las mentes de aquella extraordinaria generación de jóvenes de la que surgieron en toda Europa muchos
de los gigantes de la creación literaria. Mary Shelley se sumó a
todo eso con entusiasmo y con talento, ganándose incluso el respeto de Byron, que tendía a ver a las mujeres como objetos de
usar y tirar. E incluso de maltratar, según afirmaba su esposa
abandonada, la madre de la matemática Ada Lovelace.

También se enfrentó con una enorme valentía a todo el dolor
que la acompañó durante aquellos años: la muerte muy temprana de tres de sus cuatro hijos, el suicidio de su hermana Fanny
Imlay —la hija que Mary Wollstonecraft había tenido con su
amante estadounidense— y, finalmente, el fallecimiento del propio Shelley, que murió ahogado en el Mediterráneo el 8 de julio
de 1822, mientras navegaba en medio de una tempestad, como
mueren los poetas.*

Mary Shelley fue capaz de vivir todo eso y no volverse loca.
Y aquella noche legendaria del 16 de junio de 1816, con tan solo
dieciocho años, tuvo el valor de aceptar el reto de no sentirse
inferior a Shelley y Byron, dos hombres que habían pasado por
los mejores colegios y las mejores universidades y que eran ado-
rados como autores. Los tres, con el joven médico John William
Polidori y Claire Clairmont —que vivía una aventura con Byron

---

* Pierce Bysshe Shelley murió con veintinueve años. El año anterior,
1821, había fallecido a los veinticinco John Keats, de tuberculosis. Lord
Byron moriría en 1824, con treinta y seis años, derrotado por una fiebre
mientras luchaba contra el Imperio otomano a favor de la independencia de
Grecia. En solo tres años, tres de las grandes estrellas de la poesía inglesa desaparecieron a edades tempranas: parecía el trágico destino de los románticos.

y se había quedado embarazada—, pasaron juntos el verano a orillas del lago de Ginebra. Fue el verano del «año sin verano»: las temperaturas eran bajísimas, y la lluvia y las tormentas se sucedían incesantes. Un año antes había explotado un volcán en la actual Indonesia. Aquella erupción del monte Tambora fue la más intensa que se recuerda en la historia, y produjo un efecto de invierno volcánico que llegó hasta Europa: la naturaleza se unió así a la pasión arrebatada de los jóvenes románticos.

Obligados a permanecer en casa —no en una casa cualquiera, sino en el lujoso palacete que el acaudalado Byron había alquilado, Villa Diodati—, al grupo le dio por hablar de misterios paranormales, de espectros, de los límites entre la vida y la muerte... La noche del 16 de junio, mientras el viento ululaba en el exterior, Byron propuso que cada uno de ellos escribiera una historia de fantasmas. Todos prometieron hacerlo, pero los únicos que llevaron a cabo el reto fueron John William Polidori y Mary Shelley, entonces todavía Mary Godwin, ya que aún no se había casado.*

¿Cómo es posible que una mujer tan valiente y segura de sí misma no se atreviese a firmar su obra cuando se publicó en enero de 1818?

(Miremos un momento lo que hacían los hombres del grupo en esas fechas: ese mismo año, John Keats publicaba su poema *Endymion*. Byron, que había editado *Manfred* pocos meses antes, terminaba *Las peregrinaciones de Childe Harold* y, mientras disfrutaba de Italia saltando de ciudad en ciudad y de amante en

---

* Polidori publicó en 1819 una novela breve, *El vampiro*, que probablemente responda al reto lanzado aquella noche en Villa Diodati. No le dio tiempo a hacer mucho más: se suicidó en 1821, a los veinticinco años.

amante, comenzaba a trabajar en su *Don Juan*. El propio Shelley, a pesar de que no le gustaba mucho dar a conocer sus poemas, mandaba imprimir *The Revolt of Islam*. Todos ellos firmarían sus libros, con sus nombres bien fulgurantes sobre los títulos: que nadie en el mundo pudiese dudar jamás de su autoría).

Siete años antes de la publicación de *Frankenstein*, en 1811, otra novela anónima había visto la luz en Gran Bretaña. Se titulaba *Sentido y sensibilidad*, y su autora firmaba simplemente como *A Lady*, una dama. La obra obtuvo un éxito considerable. En 1813, la misma señora anónima publicaba *Orgullo y prejuicio*. En 1814, *Mansfield Park*. Y en 1815, *Emma*. Todas anónimas. Después, inesperadamente, hubo tres años de silencio. En 1818 —el mismo año de *Frankenstein*— salían al mercado dos nuevas obras suyas, *La abadía de Northanger* y *Persuasión*. Su nombre seguía sin aparecer en la portada, pero una «Nota biográfica sobre la autora», escrita por su hermano, el reverendo Henry Austen, desvelaba su nombre: la escritora se llamaba Jane Austen y había fallecido poco antes, a mediados de 1817, a los cuarenta y un años.

La historia de Jane Austen (1775-1817) se parece a las de las protagonistas de sus novelas. O, más bien, las de las protagonistas de sus novelas se parecen a la suya: Austen escribió sobre lo que conocía. Y como no hizo la guerra, no fue banquera, ni jueza, ni abogada, no tuvo amantes ni hijos ilegítimos, no frecuentó tabernas ni prostíbulos, no viajó en ningún barco ni se sometió a la experiencia de dar un discurso en el Parlamento —porque, como mujer, apenas pudo permitirse tener «experiencias»—, lo que conocía era sobre todo su propia vida y la de sus amigas y vecinas.

Era hija de un pastor protestante y llevó siempre la existencia propia de la *gentry* rural, la pequeña nobleza del campo inglés, aunque en su caso con recursos económicos limitados. Tenía una hermana a la que adoraba, Cassandra, y varios hermanos varones, juiciosos y, por lo que parece, buenas personas. Era inteligente, activa, brillante, mordaz. Pero, por supuesto, salvo un paso brevísimo por un internado femenino, no pudo estudiar, mientras sus hermanos acudían uno tras otro a la universidad.

Como tantas mujeres de su círculo social —incluidas las de sus novelas—, debió de plantearse a menudo la necesidad de casarse: si no lo hacía, ¿cómo saldría adelante cuando su padre falleciese sin dejar ninguna herencia? Igual que hemos visto en el caso de Mary Wollstonecraft, las posibilidades de ganarse la vida para una mujer como ella eran casi nulas. Y sin embargo, Jane nunca se decidió a contraer matrimonio. Hubo un chico que le gustó cuando ambos eran muy jóvenes, pero la familia de él los obligó a separarse, dado que también carecía de recursos y debía estudiar.[2]

Años más tarde aceptó la propuesta de un conocido: su padre ya había muerto, y ella, su madre y su hermana —también soltera— dependían de la ayuda de sus hermanos varones para sobrevivir. El pretendiente era un hombre acaudalado, y la boda le hubiese permitido garantizar su futuro y el de su grupo familiar femenino. Sin embargo, era poco atractivo y rudo: al día siguiente, Jane Austen se echó atrás y rompió el compromiso. Entre las dificultades económicas y la vida junto a un marido antipático, eligió las dificultades económicas.

La familia Austen, según parece, gozaba de buen humor. Eran cultos y disponían de una buena biblioteca, pero también les gustaba divertirse; acudían a los numerosos bailes del entorno —Jane tenía fama de ser muy buena bailarina—, hacían pícnics y pequeñas excursiones con las familias vecinas y se entretenían representando obras de teatro. Ella, que leía muchísimo, empezó a escribir desde los once años sátiras, cuentos y breves piezas dramáticas que hacían reír a su círculo. Su padre y su madre siempre la animaron, y le compraban toda la tinta y el papel que quisiera, un artículo caro en aquellos tiempos. La necesidad de convertirse en escritora llegó poco a poco, de manera natural, a medida que maduraba, observaba la vida cotidiana de las gentes cercanas y le iba poniendo a todo el filtro de su implacable sentido del humor. Las novelas que ahora conocemos y admiramos fueron surgiendo año tras año, en lentos procesos de escritura y reescritura que las transformaban una y otra vez.

Pero muy poca gente, más allá de los miembros de su familia estricta, sabía que escribía. Medio siglo después de su muerte, en 1869, su sobrino James Edward Austen-Leigh publicó el libro *Recuerdos de Jane Austen*. En él contaba la discretísima vida de su tía, que se había convertido ya en una autora de culto. Probablemente embelleció y dulcificó la memoria familiar, pero algunas de las que cosas que narró resultan fundamentales para entender el ambiente en el que se desarrolló el proceso creativo de la escritora:

> Es sorprendente que fuera capaz de hacerlo [escribir sus novelas], pues no tenía ningún estudio donde retirarse, y debió de escribir casi todo en el salón familiar, sometida a toda clase de interrupciones casuales.[3]

La vida de las mujeres, también la de las mujeres escritoras...

El sobrino James contó otra anécdota que ejemplifica muy bien el secretismo del que se vieron obligadas a rodearse muchas de las intelectuales del pasado:

> Tenía mucho cuidado de que ni criados, ni visitantes, ni personas fuera del círculo familiar sospecharan cuál era su ocupación. Escribía en hojas muy pequeñas que podía guardar fácilmente,

o esconder bajo un papel secante. Había, entre la entrada principal y la zona de servicio, una puerta de vaivén que chirriaba al abrirse; pero ella no quería que arreglaran esa pequeña incomodidad, porque la avisaba cuando alguien venía.[4]

Ay, esa puerta que chirriaba... Una visitante llega. La puerta anuncia su llegada. Jane Austen esconde sus cuartillas bajo el papel secante y retoma su labor de bordado. Quien sonríe a la vecina no es la escritora de mirada aguda que se atreve a creer en su propio talento, como si fuera un hombre de mundo, sino la inocente «solterona» de vida monótona que borda en silencio, asumiendo el aburrimiento que Dios les ha impuesto a las mujeres de buenas familias...

¿Tenía Jane Austen ansia por publicar? Seguramente sí, pero los primeros movimientos para lograrlo no los hizo ella misma, sino su padre y uno de sus hermanos. Siempre contó con el apoyo de su familia, y sin embargo no firmó sus libros. Cuando murió, sus hermanos costearon una cara sepultura en la catedral de Winchester. James, el mayor, le escribió un largo epitafio, alabando sus cualidades y el «extraordinario talento de su mente», pero no dijo ni una sola palabra sobre su inolvidable tarea como novelista. No es seguro que al año siguiente, cuando se publicaron de manera póstuma *La abadía de Northanger* y *Persuasión* y su otro hermano Henry reveló su nombre, todos los Austen estuvieran de acuerdo en honrar así públicamente su memoria.

(Observemos un momento a uno de los novelistas contemporáneos de Jane Austen, sir Walter Scott, por ejemplo, que había nacido en 1771, cuatro años antes que ella, y era autor de famosísimas novelas históricas como *Ivanhoe* o *Rob Roy*. Mientras ella crecía tranquilamente en casa, estudiando con la ayuda únicamente de su padre y su madre y buscando conocimientos en la biblioteca familiar, mientras aprendía a bordar, remendar, planchar, cocinar y a ocuparse de las mil menudencias de la vida doméstica —la situación económica de los Austen no les permitía tener demasiadas criadas a su servicio—, mientras iba asumiendo lentamente que nunca se alejaría de su pequeño círculo familiar, que no conocería a ningún gran poeta o intelectual y, sobre todo, que jamás haría nada que pusiera en riesgo su nombre —ni siquiera publicar bajo él sus magníficas novelas—, Walter Scott disfrutaba de profesores privados, iba a un internado prestigioso, estudiaba Clásicas y Derecho en la Universidad de Edimburgo, abría su propio despacho como abogado, ganaba mucho dinero, se incorporaba como voluntario a un batallón de Dragones para combatir a la Francia revolucionaria, se casaba, era nombrado juez, se codeaba con escritores, pensadores, políticos y artistas y comenzaba a publicar sus largos poemas y sus famosas novelas, aplaudidas de norte a sur del Reino Unido. Aplaudidas sus obras y aplaudido por supuesto él mismo, con su nombre y su cara y su cuerpo y toda su personalidad al completo).

¿Qué les había ocurrido a esas mujeres de principios del siglo XIX para que no se atreviesen a firmar sus libros? Mary Wollstonecraft, la madre de Mary Shelley, lo había hecho, sin problema. También Ann Radcliffe (1764-1823), famosísima autora de novelas góticas en la década de 1790. Incluso madame de Staël (1766-1817) seguía publicando en esos primeros años del siglo algunas de sus obras más importantes, como su novela *Corinne o Italia* —que tuvo una enorme influencia en varias generaciones— y *De Alemania*, un ensayo literario y filosófico que difundió el romanticismo alemán en Europa. Seguramente, a la valerosa madame de Staël ni se le pasó jamás por la cabeza la posibilidad de no firmar sus libros. Pero ella pertenecía todavía al Antiguo Régimen, aunque hubiese estado siempre en la vanguardia de ese viejo orden y hubiera luchado por el nuevo.

Puede que ahora no mucha gente la recuerde, y sin embargo su peso intelectual y creativo en su tiempo fue enorme. Germaine Necker —ese era su apellido de soltera— nació en una familia muy rica: su padre, un financiero suizo, fue el ministro de Economía de Luis XVI. Su madre, Suzanne Necker, le dio una educación extraordinaria, realmente enciclopédica, y le permitió además frecuentar desde muy joven el salón literario que mantenía en París, donde Germaine se acostumbró a escuchar conversaciones y debates intelectuales y a participar en ellos.

Ya casada con un barón sueco, madame de Staël apoyó la Revolución en sus comienzos: su mentalidad ilustrada la llevaba a pensar que lo mejor que le podía suceder a Francia era la instauración de una monarquía constitucional, así que respaldó firmemente los primeros movimientos políticos que parecían ir en esa dirección. El regicidio posterior y la proclamación de la República la llevaron a exiliarse en Londres, evitando con toda probabilidad ser guillotinada por los jacobinos, que la detestaban.

Regresó a París en 1795, cuando terminó el Terror y comenzó la época del Directorio, y mostró públicamente sus simpatías hacia el hombre que comenzaba a brillar en aquel momento por encima de todos los demás, Napoleón Bonaparte. Pero, cuando este llegó finalmente al poder tras el golpe de Estado de 1799, Germaine de Staël vislumbró rápidamente sus tendencias dictatoriales y se convirtió en una de sus grandes enemigas.

En 1802, cuando ya había editado diversos ensayos sobre filosofía y política, publicó por primera vez una novela, *Delphine*. Era un buen ardid: la novela, que estaba empezando a ponerse de moda en Francia, parecía algo mucho más inofensivo que un ensayo. Había quien afirmaba, incluso, que era un género pensado en especial para las mujeres, cuya exigencia intelectual —por supuesto— no era tan elevada como la de los hombres. Amparándose en esa supuesta banalidad, eran cada vez más los autores y autoras que se animaban a expresarse en ese género, tal vez porque a ojos del poder y de la censura pasaba más desapercibido que el ensayo. Pero la novela de la baronesa de Staël tenía un fuerte contenido feminista: la protagonista, atrapada en el contexto patriarcal que le impedía desarrollar su vida, terminaba suicidándose. Napoleón entendió muy bien el mensaje subversivo que se escondía detrás de aquella obra aparentemente sentimental. De hecho, le pareció tan peligroso que condenó a la autora al exilio.

Desde ese momento, la baronesa se convirtió en una auténtica militante antibonapartista. La persecución de Napoleón, a su vez, se volvió implacable: prohibió sus obras y llegó a encarcelar a personas que la habían visitado en el extranjero. Durante diez años, hasta que pudo volver a Francia al caer el emperador, madame de Staël viajó por Europa, siendo recibida en todas partes como una «heroína del intelecto» —y de la lucha contra el emperador—, y convirtió su *château* de Coppet, en Suiza, en el hogar de un círculo cosmopolita de brillantes artistas e intelectuales de diversos países unidos por el amor común a la cultura, sin fronteras ni intereses de patria: tal vez, como a veces se ha dicho, los primeros «europeos» de la historia. Dejó tras de sí la memoria de una pionera, una mujer adelantada a su tiempo y siempre desafiante contra el orden establecido. Incluso, después de muchos años de relación amorosa con el pensador Benjamin Constant y ya viuda de su primer marido, se casó con otro hombre veinte años más joven que ella: todo un reto a quienes se empeñaban en afirmar que el género femenino debía carecer de deseo.

Una anécdota afirma que la escritora le preguntó un día a Napoleón, antes de convertirse en enemigos, cuál era para él la más importante de las mujeres. El general habría respondido secamente: «La que tiene más hijos». Puede que esta historia sea falsa, pero responde bien a lo que pensaba Bonaparte sobre las mujeres. En el *Memorial de Santa Elena*, los recuerdos de su vida que dictó durante su último exilio, el exemperador iba aún más allá: «La mujer le ha sido dada al hombre para hacerle hijos; es propiedad suya, igual que el árbol frutal lo es del jardinero».

El concepto de Napoleón sobre el género femenino quedó especialmente claro en su famoso Código Civil. Lo malo es que no era tan solo el concepto de Napoleón, sino el de todos aquellos revolucionarios que habían hecho callar años atrás a las mujeres y, en realidad, el de la mayor parte de los hombres —y muchas mujeres— del momento. Redactado en 1804, ese «monumento a la misoginia», como se le ha llamado a veces, marcó la historia de la mitad de la población del mundo occidental durante los siguientes ciento cincuenta años, al menos hasta mediados del siglo XX: copiado o imitado en casi todos los países «civilizados» a medida que se iban modernizando y democratizando, el Código de Napoleón expresó mejor que ningún otro texto lo que la nueva sociedad liberal y burguesa surgida de la Ilustración y de la Revolución francesa exigía de la mujer.

El capítulo VI del Código está dedicado a los «Derechos y deberes respectivos de los esposos». El artículo 213 resume en una sola línea el espíritu del patriarcado burgués: «El marido le debe protección a su esposa, la esposa obediencia a su marido».[5] No hacía falta decir mucho más, pero, por si acaso, el magno texto legal iba desgranando en sucesivos apartados el papel secundario reservado a las mujeres y consagrando así para mucho tiempo la perpetua «minoría civil» en la que debía vivir el género femenino. En muchos de los artículos, las mujeres quedaban explícitamente equiparadas a los menores de edad y a los discapacitados: al fin, todas las Olympe de Gouges habían sido guillotinadas.

Eso es realmente lo que había ocurrido, la profunda y dolorosa razón por la que muchas de las grandes escritoras del siglo XIX no firmaron sus escritos: porque la sociedad se negaba a admitir que existían. Se habían desvanecido bajo el peso del imperativo burgués. Si el Antiguo Régimen reservaba aún a las mujeres de las clases privilegiadas cierta autoridad, si todavía les permitía gozar de ciertos derechos en el seno de su estricta organización jerárquica, si reconocía —aunque fuese a regañadientes— la singularidad intelectual, artística o carismática de algunas de ellas, el nuevo orden las quería a todas, más que nunca, calladas, obedientes y virtuosas para salvaguardar la estructura de la moderna familia nuclear, de sus herencias y privilegios.

En este nuevo concepto elaborado a partir de la Ilustración, la mujer era perpetuamente débil y debía ser «protegida» por el hombre, como afirmaba el Código de Napoleón. Era el «ángel del hogar» lánguido y delicado que no conocía el deseo, incapaz de enfrentarse a las perturbaciones y los tumultos del mundo. Una eterna menor de edad, resguardada por el hombre no solo del mal, sino también de la angustia de la libertad, porque ejercer la libertad exige una fortaleza de ánimo de la que ella carecía.

La moderna ciencia vino en apoyo de todas estas teorías que justificaban la inferioridad intelectual y física del género femenino. Las investigaciones cada vez más intensas de anatomía, medicina y biología no hacían más que dar la razón a los prejuicios sexistas. El anatomista alemán Franz Joseph Gall, fundador de la frenología —que aseguraba que las disposiciones intelectuales y morales de cada individuo estaban marcadas en la forma de su cráneo—, sostenía que los cráneos de las mujeres demostraban su incapacidad para las matemáticas y otras áreas del conocimiento. Darwin —a quien tanto debemos— aseguraba, totalmente convencido, que el hombre había evolucionado más que la mujer, llegando así a ser superior a ella. Jules Michelet se arrogaba la condición de científico —aunque fuese historiador— para afirmar que, a causa de la menstruación, «durante 15 o 20 días de 28, una mujer es no solo una inválida, sino una inválida herida». Por no hablar de las infinitas investigaciones en torno a la histeria, la enfermedad femenina por excelencia según la época.

Se había producido un largo recorrido intelectual desde aquella mujer retratada por los moralistas medievales como «la hija de Eva», pecadora y lasciva, incapaz de controlar sus desmesurados instintos y por ello merecedora del máximo control, hasta esta nueva dama burguesa que debía disimular su materialidad física, negar como «ángel» su propia existencia carnal e ignorar que existía el pecado, incluso la posibilidad del pecado.

Sin embargo, por mucho que cambiase el discurso, las consecuencias sobre la vida del género femenino seguían siendo las mismas: el control absoluto por parte de la sociedad patriarcal. Con los cuerpos estrictamente constreñidos bajo corsés, camisas de hilo, crinolinas, enaguas, calzones, mangas, cuellos y toda clase de telas y aditamentos que las separaban de la vida —los tratadistas del siglo anterior habrían saltado de alegría—, ciegas y mudas ante el mundo, ¿cómo iban a ser capaces de pintar, pensar o escribir? A la mayor parte de los hombres, esa idea no les entraba en la cabeza. La transgresión, a partir de ahora, se pagaría muy cara.

El antiguo orgullo que antes exhibían con descaro las autoras o las pintoras desapareció. Es un milagro que no perdieran del todo su autoestima, porque hace falta mucha autoestima para sentirse capaz de escribir o realizar cualquier actividad creativa que deba ser compartida con otros, y aún mucho más si los otros se empeñan en decirte que no vales para ello. Debemos admirar la increíble seguridad en sí mismas que, a pesar de todo, demostraron aquellas creadoras.

Pero era casi imposible enfrentarse a la muralla de feroces prejuicios que se había cerrado en torno a ellas: una mujer «decente» no escribía, incluso aunque tuviera talento para ello. Quienes se atrevían a algo semejante —más allá de unos dulces versos hogareños— eran locas, descarriadas, excéntricas que ponían en cuestión no solo su propia honorabilidad, sino la de sus familias. No era algo nuevo, pero en este siglo XIX esos prejuicios se extendieron de manera prácticamente universal, al mismo tiempo que se extendía el ansia de muchas mujeres ya alfabetizadas por escribir. Es esto lo que explica esa frase de Mary Shelley a Walter Scott: si no había firmado con su nombre su *Frankenstein* era «por respeto a las personas gracias a las cuales lo llevo». Incluso la probada rebeldía de Mary Shelley tenía un límite.

En medio del terrible retroceso que supuso para la condición femenina el orden burgués, las escritoras que aún se atrevían a publicar utilizaron mayoritariamente dos tácticas: el anonimato que usaron Mary Shelley, Jane Austen y tantas otras —«Durante la mayor parte de la historia, Anónimo fue una mujer», afirmó Virginia Woolf— y el seudónimo masculino, un escudo protector que les permitía colarse en ese territorio de hombres bajo una falsa apariencia, y mantener incólume su imagen y la de los suyos.*

Conocemos diversas historias relevantes de estrategias en torno al seudónimo. Una de las más destacadas —por cómo transcurrió, pero también por la importancia literaria de sus protagonistas— es la de Currer, Ellis y Acton Bell, es decir, Charlotte (1816-1855), Emily (1818-1848) y Anne Brontë (1820-1849): el triste relato de cómo tres escritoras geniales, grandes entre los grandes, se vieron obligadas a fingir que no existían.

Hay dos elementos biográficos que las hermanas Brontë compartían con Jane Austen: también ellas eran hijas de un pastor protestante y también vivieron siempre en el campo, totalmente aisladas del mundo literario, aunque en su caso las condiciones de vida eran mucho más extremas. Las Brontë no crecieron en la dulce campiña, rodeadas de vecinos de la *gentry* alegres y bailarines, sino en las tierras duras y empobrecidas del norte de Inglaterra, en medio de los ásperamente hermosos páramos de Yorkshire, poblados por campesinos desvalidos y trabajadoras, aún más desvalidas, de la industria textil.

Vivían en el pueblo de Haworth, en la parte alta de la colina, en la casa rectoral que su padre ocupaba como párroco, abierta por un lado hacia el cementerio y por el otro hacia aquel paisaje de rocas, brezos y arroyos por el que solían correr y pasear, sin-

---

* Aunque nos parezca mentira, el uso del seudónimo masculino para las escritoras no es solo algo del pasado: en 1997, cuando la editorial londinense Bloomsbury aceptó publicar el primer libro de una desconocida Jane Rowling, le sugirió que hiciese desaparecer su nombre femenino, ya que muchos niños no querrían leer una obra escrita por una mujer. Jane Rowling se convirtió así en J. K. Rowling, un autor sin género. Ese libro fue el primero de su saga de Harry Potter.

tiéndose más ellas mismas que en ningún otro lugar del mundo.* Tras la muerte cuando eran muy niñas de su madre y de sus dos hermanas mayores, se criaron en aquella casa junto a su hermano Branwell. Fueron educadas por su tía materna Elizabeth y por su padre, Patrick Brontë, un irlandés de orígenes muy humildes, pero tan extraordinariamente inteligente que había logrado estudiar Teología e Historia en Cambridge gracias a una beca.

El reverendo Brontë, que solo disponía de un salario escaso, les ofreció a sus criaturas la mejor instrucción posible. Les enseñó personalmente las materias más importantes —lengua, historia, matemáticas, latín, francés—, contrató durante algún tiempo a un profesor de dibujo y otro de música y les permitió leer todos los libros de su biblioteca, de las colecciones de algunos vecinos y también de una biblioteca móvil que llevaba ejemplares en préstamo de un pueblo a otro, todo un milagro que por entonces ya existía en el Reino Unido: un carromato lleno de rutilantes volúmenes de novelas, poesía y ensayos que se iban repartiendo en préstamo por los pueblos en un país —protestante— cuyo nivel de alfabetización era muy elevado.

Desde muy pequeños, aquellos niños sin apenas contacto con otros vecinos solían entretenerse escribiendo. Inventaron lo que ahora llamaríamos «juegos de rol» a partir de unos soldaditos propiedad de Branwell, y crearon durante años largas sagas en verso de lo que ahora llamaríamos «literatura fantástica», pobla-

---

* La casa rectoral de Haworth se ha convertido en un museo, el Brontë Parsonage Museum, que recoge los recuerdos y el espíritu de las tres hermanas. También se pueden hacer recorridos señalizados por los páramos que a ellas tanto les gustaban.

das de damas poderosas y guerreros infatigables, con sus reinos, sus castillos y sus eternas luchas de poder. Es probable que el pastor se diese cuenta pronto del talento tan poco común de sus hijas —y de su extrema sensibilidad—, pero no podía hacer demasiado por ellas: evidentemente, no existía ni la menor opción de que pudiesen estudiar una carrera o aspirar a una profesión prestigiosa. Lo más deseable, sin duda —y también lo más lógico—, era que se casasen con algún otro párroco y se hiciesen cargo de sus propios hogares.

Branwell, en cambio, parecía tener todas las posibilidades del mundo ante sí. De hecho, se esperaban de él grandes cosas: era el tesoro de la familia, el varón destinado a triunfar. Mientras las niñas tenían que conformarse con estudiar en casa y pasar un breve tiempo en un internado a la espera del pretendiente adecuado, a él se le apoyó para que fuese lo que quisiera: escritor, pintor, profesor, político... Pero Branwell era demasiado débil, y quizá se sintió demasiado presionado por tantas expectativas: la construcción del perfecto caballero burgués también podía ser enormemente dañina para algunos hombres ajenos a la masculinidad estereotipada. Fuera como fuese, no solo no logró completar su formación en ningún campo, publicar un solo artículo —por mucho que lo intentó— o mantenerse en un puesto de trabajo, sino que se hundió en el mundo del alcohol y de la droga de moda, el láudano, un compuesto de opio que los médicos recetaban para todo —dolores, insomnio, ansiedad— y que se podía conseguir fácilmente.

Charlotte, Emily y Anne, entretanto, tuvieron que lidiar como pudieron con las inmensas limitaciones que la vida victoriana oponía a sus inmensas capacidades. Ninguna de ellas estaba dispuesta a casarse por pura necesidad, así que, en torno a los dieciocho años, y dada la mala situación económica de la familia, se vieron obligadas a buscar trabajo. Una vez más, la única posibilidad era la enseñanza: Charlotte dio clases en un internado y después aceptó un puesto como institutriz, igual que Anne. Emily se quedó en casa, ayudando en las tareas domésticas a la tía Elizabeth y a Taby, la vieja criada de la familia: era demasiado retraída, demasiado «rara», y cada vez que se alejaba de su hogar padecía terribles crisis de ansiedad. También Charlotte y Anne eran muy tímidas y sufrían cuando se alejaban las unas de las otras, pero lo llevaban con más entereza.

Todas seguían escribiendo poemas en secreto: era su única manera de hacer frente a la frustración y la falta de expectativas. Charlotte, a pesar de sus numerosos episodios de tristeza y desaliento, era sin duda la más ambiciosa y la más decidida de las tres. Desde muy joven tenía claro que la literatura no era para ella un simple entretenimiento: ansiaba publicar, ser leída y aplaudida. Estaba convencida de que se lo merecía. En 1836, cuando tenía veinte años, le envió algunos de sus poemas a uno de los autores más influyentes de la época, Robert Southey: buscaba su apoyo, tal vez la posibilidad de que él la recomendase a una de aquellas revistas literarias, comunes en el Reino Unido, que solían publicar las primeras obras de los escritores jóvenes.

La respuesta del ilustre poeta fue muy decepcionante, «napoleónicamente» cruel. Le reconocía su talento para versificar —aunque eso era algo muy común en su tiempo, afirmaba—, pero la echaba rápidamente de la tribu. Por su género, no por ninguna otra consideración:

La literatura no puede ser el objetivo de la vida de una mujer, y no debe serlo. Cuanto más se comprometa usted con sus deberes, menos tiempo libre tendrá para ella, ni siquiera como destreza y entretenimiento. Todavía no conoce usted esos deberes, pero cuando lo haga, sentirá menos ansias de celebridad.[6]

Los deberes a los que se refería estaban claros: el marido, los hijos, el cuidado del hogar... Southey se reservaba la literatura en exclusiva para él y los suyos, para el género masculino, el único con derecho a tener talento, a exhibirlo y a ganar los laureles de la gloria.

(Apartemos un momento la mirada de Charlotte Brontë y observemos justamente a Robert Southey para saber cómo era su vida en aquel 1836. Tenía sesenta y un años. Desde niño, había estudiado en diversos colegios de Londres y luego en la Universidad de Oxford, formando parte de un brillante círculo de jóvenes poetas e intelectuales. Había viajado con sus amigos por diversos países de Europa, incluida la exótica España. Había publicado numerosas novelas, poemas y ensayos desde antes de cumplir los veinte años —la edad de Charlotte Brontë cuando le mandó su carta—, escribía en diversas revistas y periódicos y, desde 1813, era el Poeta Laureado del Reino Unido, un cargo creado siglos atrás y que implicaba recibir una magnífica pensión anual a cambio de componer algún poema de vez en cuando sobre algún magno acontecimiento.* Por supuesto, estaba casado y tenía seis hijas y dos hijos, aunque no consta que se hubiese ocupado mucho de ellos: si lo hubiese hecho, quizá habría estado demasiado atareado para poder escribir tanto).

---

* El título de Poeta Laureado del Reino Unido todavía existe. Hasta 2022, desde sus orígenes en 1668, solo lo ha disfrutado una mujer, Carol Ann Dufy (1955), que fue la Poeta Laureada de Isabel II entre 2009 y 2019.

La carta de Southey desanimó enormemente a Charlotte Brontë, pero solo durante un tiempo: su vocación era demasiado poderosa. Y también la necesidad de ser leída, esa «ansia de celebridad» que el Poeta Laureado le recriminaba y que suele ser compartida por todos los que escriben. Por no hablar de la trascendente cuestión económica: Charlotte necesitaba ganar dinero, pero no quería seguir malgastando su tiempo como institutriz mal tratada o profesora de niñas que tenían pocas ganas de aprender. Y encontró la manera de hacerlo. En 1845, Anne y ella se quedaron al mismo tiempo sin trabajo y volvieron a la casa de Haworth. Por casualidad —al menos así lo contó siempre ella misma—, Charlotte descubrió algunos poemas magníficos de Emily. Las tres terminaron por confesarse las unas a las otras que habían seguido escribiendo desde la infancia, y entonces Charlotte convenció a sus hermanas para publicar: reunirían una selección de poemas de cada una y los imprimirían conjuntamente, pagando ellas mismas la edición con algo de dinero que habían heredado de su tía Elizabeth.

Fue entonces cuando se planteó la espinosa cuestión de la autoría. No podían firmar con su propio nombre. Eso pondría en cuestión su decencia, la honorabilidad de la familia al completo: la gente se preguntaría qué hacían escribiendo, en lugar de casarse y tener hijos o, si no, ocuparse de su padre y de los pobres de la parroquia. Pero hubo otra razón de peso en esa decisión que todavía muchas escritoras actuales, casi ciento ochenta años después, podemos entender: no deseaban ser leídas y juzgadas con los infinitos prejuicios con los que eran recibidas las escritoras. Eligieron pues un apellido común, Bell, y tres nombres ambiguos —podían ser de hombre o de mujer— que empezaban por las mismas iniciales que el nombre auténtico de cada una de ellas, Currer, Ellis y Acton.

La propia Charlotte explicó años después cómo fue aquel proceso:

> Reacias a cualquier publicidad personal, ocultamos nuestros nombres bajo los de Currer, Ellis y Acton Bell; esa elección ambigua fue dictada por una especie de escrúpulo a la hora de asumir nombres claramente masculinos, al mismo tiempo que no queríamos declararnos mujeres. En aquel momento, no sospechábamos que nuestra manera de escribir y de pensar no coincidía con lo que suele llamarse «femenino», pero teníamos la vaga impresión de que las autoras se exponen a ser leídas con prejuicios; nos habíamos dado cuenta de que los críticos utilizan a menudo su personalidad como un arma para castigarlas o las recompensan con una adulación que no es un elogio verdadero.[7]

Charlotte fue capaz de mantener esa estrategia con un rigor sorprendente: toda su correspondencia con el editor de Londres que publicaría los poemas la sostuvo bajo el nombre de Currer Bell y adoptando una personalidad masculina, a pesar de lo que ella misma aseguró con cierta hipocresía en ese texto tardío. La invención se mantuvo en pie durante algunos años, hasta la muerte de Emily y Anne. Solo en ese momento, la verdad sobre las hermanas Brontë salió a la luz.

Entretanto, se había producido un milagro de la historia de la literatura. Tras publicar sin pena ni gloria los poemas, las tres hermanas decidieron dedicarse a la novela, un género que hasta entonces no habían practicado pero que creían que les generaría más ingresos que la poesía: el dinero seguía siendo uno de sus problemas fundamentales.

Aisladas por completo del mundo en su casa de Haworth, donde no disponían de «habitación propia», sentadas en la pequeña sala común con sus escritorios portátiles, interrumpidas cada dos por tres por las obligaciones domésticas —tras la muerte de la tía Elizabeth, el peso de las infinitas y pesadas actividades del día a día recaía en ellas, con la ayuda de Taby—, teniendo que cuidar del cada vez más deteriorado Branwell y del cada vez más envejecido reverendo Brontë, y en secreto incluso para ellos, los hombres de su familia, Charlotte, Emily y Anne se pusieron a escribir cada una de ellas una novela que, con suerte, les permitiese ganar algunas libras.

De ese momento único surgieron dos obras que hicieron saltar por los aires los límites impuestos entonces al género novelístico, y que todavía a día de hoy siguen emocionando a lectoras y lectores del mundo entero: *Jane Eyre*, escrita por Charlotte, y *Cumbres Borrascosas*, de Emily. (La primera novela de Anne, *Agnes Grey*, resulta menor en comparación con las de sus hermanas). Dos obras maestras de la literatura universal —ni siquiera los cánones más androcéntricos se atreven a negarles esa categoría, en particular a *Cumbres Borrascosas*— que fueron creadas entre patatas-que-hay-que-pelar-ahora-mismo en la cocina, planchas calentándose al rojo vivo, montones de medias para remendar, mantas sacudidas en el patio, recados urgentes y el olor incesante de la cera extendida y frotada por las mismas manos que después, cuando la tarea de turno terminase, escribirían dos de las historias más extraordinarias que jamás se han escrito.

Jane Eyre, *Cumbres Borrascosas* y *Agnes Grey* se publicaron en 1847, de nuevo bajo los nombres de Currer, Ellis y Acton Bell. Hubo un gran revuelo: los lectores se lanzaron a devorarlas, los críticos a criticarlas —algunos para bien—, y el mundillo literario, en general, a debatir si era posible que existiesen tres hermanos con tanto talento y si realmente eran hermanos o hermanas...

Reinas y princesas, reyes y generales, aristócratas y celebridades de todo tipo hacían lo que fuese para que la retratista de moda fijase sus ojos en ellos. Carriera viajó por diversas ciudades europeas, cosechando éxito, dinero y honores.
Rosalba Carriera. *Autorretrato con corona de laureles*, 1746. Galleria dell'Accademia, Venecia (Album/Mondadori Portfolio/Osvaldo Böhm).

Angelica Kauffmann no quería conformarse con ser una «simple» retratista. Sus capacidades y su ambición iban más allá, y se dirigían
hacia la gran pintura de historia.
Angelica Kauffmann. *Autorretrato*, h. 1770-1775. National Portrait
Gallery, Londres (Album/akg-images).

«Siempre quise que mi reputación y mi fortuna dependiesen tan solo de mi paleta».
Élisabeth Vigée Le Brun. *Autorretrato con su hija Julie*, 1789. Museo del Louvre (Album/Heritage Images/The Print Collector).

Adélaïde Labille-Guiard luchó con uñas y dientes por los derechos del género femenino y por los suyos propios, haciendo frente a esta decisión. Pero perdió por completo la batalla. Los revolucionarios y los aristócratas misóginos del pasado se dieron la mano por encima de la guillotina para defender algo, al menos algo: la exclusión de las mujeres de cualquier actividad que significase prestigio, dinero y una vida pública activa e interesante.
Adélaïde Labille-Guiard. *Autorretrato con dos discípulas*, 1785. Metropolitan Museum of Art, Nueva York (Album/Metropolitan Museum of Art, Nueva York, Estados Unidos).

Eran un rescoldo del pasado: el muro se iba cerrando sobre ellas, tanto en Francia como en el resto de Europa. Cuando estas artistas se retiraron o murieron alrededor de 1820, el discurso burgués ya no quería más mujeres formando parte de ese mundo. Marie-Gabrielle Capet. *Adélaïde Labille-Guiard retratando a Joseph-Marie Vien*, 1808. Museo Nacional de Arte Occidental, Tokio (Album/akg-images).

La historia de la medicina ha borrado el nombre de lady Mary Montagu de
su relato y asegura que el descubridor de la vacuna de la viruela —la primera vacuna del mundo— fue el médico británico Edward Jenner.
Jean-Baptiste Vanmour. *Lady Mary Montagu y su hijo Edward en Constantinopla*, 1717. National Portrait Gallery, Londres (Album/Granger, Nueva
York).

Madame de Lambert tuvo diversas continuadoras en el agitado París de la Ilustración. Las más conocidas son madame de Tencin, madame Geoffrin, madame du Deffand y Julie de Lespinasse. Todas ellas —y otras muchas— protegieron a los ilustrados, facilitaron su trabajo y ayudaron económicamente a la edición de la magna *Encyclopédie*.

Anicet-Charles-Gabriel Lemonnier. *Lectura de Voltaire de una de sus tragedias en el salón de Madame Geoffrin*, 1812. Château de Malmaison (Album/akg-images).

Fueron las mentes más adelantadas de este siglo XVIII las que empezaron a reivindicar públicamente —como idea filosófica y política— la búsqueda de la felicidad, tanto la individual como la común. Que una mujer se atreviese a reflexionar
sobre el tema es prueba de la audacia moral de la marquesa de Châtelet.
Marianne Loir. *La marquesa de Châtelet*, h. 1740. Musée des Beaux-Arts, Burdeos
(Album/akg-images/Archives CDA/St-Genès).

Su enorme talento para las matemáticas —reconocido por muchos contemporáneos— nunca le impidió a Ada Lovelace recordar la importancia de la imaginación, la presencia de lo poético detrás de la aparente frialdad de los números.
Margaret Sarah Carpenter. *Ada Lovelace*, 1836. Government Art Collection, Londres (Album/Ann Ronan Picture Library/Heritage-Images).

El siglo XVIII español debatió intensamente sobre este asunto: ¿tenían las mujeres las mismas aptitudes intelectuales que los hombres? Curiosamente, la persona que abrió el debate a favor del género femenino fue un hombre, y además un hombre de la Iglesia, el monje benedictino fray Benito Jerónimo Feijoo.
Mariano Salvador Maella. *El padre Feijoo*, h. 1780. Museo de Bellas Artes de Asturias (Album).

La condesa de Montijo y la duquesa de Osuna fueron dos de los personajes femeninos más interesantes del proyecto reformador que iluminó España durante un breve momento en la segunda mitad del siglo XVIII.

Francisco de Goya y Lucientes. *Los duques de Osuna y sus hijos*, 1787-1788. Museo del Prado, Madrid (Album).

Las obligaciones y los salarios de las albañilas medievales están recogidos en numerosos contratos de construcción de catedrales, sin que nadie las haya mencionado nunca hasta tiempos muy recientes. Tres de ellas incluso fueron representadas en la catedral de Teruel.

Albañilas de la techumbre morisca de la catedral de Santa María Mediavilla de Teruel, siglo XIII.

No sabemos si Mary Wollstonecraft llegó a conocer a Olympe de Gouges y a las demás feministas de la Revolución. Me gusta pensar que sí, que intercambiaron ideas y esperanzas en algún café, en un salón, en un banco del Jardin des Plantes, y aprendieron a admirarse mutuamente.

John Opie. *Mary Wollstonecraft*, h. 1797 (Album/De Agostini Picture Library).

Aunque con muchos matices que las diferencian, Mary Wollstonecraft y Olympe de Gouges compartieron la idea revolucionaria de que
las mujeres —como género y al margen de sus diferencias sociales—
poseían derechos inalienables. Algo que ahora nos parece tan elemental fue entonces, ya de por sí, radicalmente revolucionario.
Alexandre Kucharski. *Olympe de Gouges*, h. 1789 (Album/Fine Art
Images).

Jeune garçon portant
pne corbeille de fruits
à la fête de l'agriculture
ou ?.

Femme en habit militaire
Melle Méricourt.

Anne Théroigne de Méricourt llegó al París revolucionario con ciertas ideas muy claras sobre su condición de mujer. Asistía a todas las reuniones de la Asamblea Constituyente llevando un llamativo traje de montar y portando
siempre una espada al costado, algo realmente inaudito.
Hermanos Lesueur. *Anne Théroigne de Méricourt*, 1795
(Album/Bridgeman Images).

Las mujeres que marcharon hacia Versalles eran vendedoras de la Halle, el mercado central de París: verduleras, comerciantes de grano, fruteras y pescaderas, conocidas por su descarada autoestima. Pertenecían por derecho propio a un gremio, estaban acostumbradas a organizarse y se consideraban responsables del avituallamiento de París.

Jacques-Philippe Caresme. *El valor de las mujeres parisinas en la jornada del 5 de octubre de 1789*, h. 1789. Biblioteca Nacional de Francia.

Aunque ahora, para muchas personas con prejuicios —esos mismos prejuicios de los que ellas tenían miedo hace ciento ochenta años—, *Jane Eyre* y *Cumbres Borrascosas* sean el epítome de la «literatura femenina», es decir, sentimental, lo cierto es que en su momento la mayor parte de la gente creía que sus autores eran hombres: las novelas eran demasiado atrevidas, demasiado rudas, demasiado indecentes como para haber sido escritas por alguna dama. Hablaban de mujeres que sentían deseo y que, además, defendían su derecho a sentirlo, de mujeres que se enfadaban y tomaban decisiones por sí mismas, gobernando sus vidas, y —en el caso de Emily— también hablaban de hombres depravados, que se emborrachaban y eran violentos. Pero las damas, protegidas de la dureza de la vida real por los caballeros, ni siquiera debían saber que existían hombres así. No era posible que lo supiesen. Por lo tanto, los autores tenían que ser hombres. Y si eran mujeres, desde luego no se trataba de mujeres «como es debido».

Emily Brontë se enfadó mucho con aquellas críticas descarnadas, que consideraron al «autor» de *Cumbres Borrascosas* poco menos que un pervertido, sin valorar su genio literario único y gigantesco. Decidió que no volvería a publicar, ni siquiera bajo seudónimo, y siguió adelante con sus actividades habituales, de espaldas por completo a cualquier anhelo de publicidad: las tareas domésticas, cuidar de Branwell, estudiar alemán por su cuenta, tocar magníficamente —según parece— el piano y componer nuevos poemas o corregir y poner en limpio algunos de los anteriores.

Charlotte y Anne, en cambio, más resistentes y también menos vapuleadas por la crítica, se centraron en crear nuevas novelas. Charlotte empezó *Shirley*, mientras que Anne escribió *La inquilina de Wildfell Hall*, una interesantísima narración en la que de nuevo quedaba clara la exigencia de las hermanas Brontë de libertad y capacidad de acción para el género femenino: la protagonista, Helen Huntingdon, huía con su hijo de un marido alcohólico y violento y se ganaba la vida como pintora. En este momento todo eso puede parecernos algo normal —¿qué menos debería hacer una mujer maltratada?—, pero entonces era todo un desafío a las costumbres y las leyes de la sociedad victoriana: llevarse a un hijo del hogar paterno era jurídicamente un secuestro, aunque el padre de la criatura fuese un canalla. Y ganar dinero y no entregárselo era un robo, ya que ese dinero era propiedad del marido.*

Dado el éxito de la novela, el editor enseguida preparó una segunda edición, que apareció con un prólogo del misterioso «escritor» en el que rechazaba las limitaciones morales impuestas a su papel como creadora:

> Si un libro es bueno, lo es al margen del sexo del autor. Las novelas se escriben para que las lean tanto hombres como mujeres, y me cuesta mucho aceptar que un hombre pueda escribir cosas que son una vergüenza si las escribe una mujer, o que una mujer deba ser censurada por escribir algo que es en cambio apropiado y correcto para un hombre.[8]

Esta segunda edición de *La inquilina de Wildfell Hall* se publicó en agosto de 1848. En septiembre, la muerte se agarró con fuerza a la puerta de la casa rectoral de Haworth, y no volvió a marcharse hasta ocho meses después, tras haber terminado con buena parte de sus habitantes: Branwell, el hermano varón al que

---

* Hasta 1870, cuando el Parlamento aprobó el Acta sobre la Propiedad de las Mujeres Casadas, las esposas británicas no eran propietarias ni del dinero que ganaban por sí mismas ni de las herencias que pudiesen recibir.

habían rodeado tantas expectativas, convertido en poco menos que un despojo humano, falleció el 24 de septiembre, probablemente de tuberculosis. El mismo día del entierro, Emily empezó a sentirse mal. Nunca se recuperó, y murió el 19 de diciembre, a los treinta años, seguramente también de tuberculosis. En enero, un médico le diagnosticó la misma enfermedad incurable a Anne, cada vez más debilitada. Murió el 28 de mayo de ese 1849, con veintinueve años.

No sé cómo Charlotte Brontë logró sobreponerse a toda aquella tragedia, pero lo cierto es que, en medio de un dolor inimaginable, la escritura la ayudó: consiguió terminar su segunda novela, *Shirley*, que de nuevo giraba en torno a la condición femenina, y la publicó en octubre de 1849, solo cinco meses después de la muerte de Anne. Volvió a utilizar su seudónimo de Currer Bell —y lo seguiría haciendo en *Villette*, la última novela que publicó en vida—, pero a esas alturas su estrategia de ocultamiento estaba naufragando: ella misma se presentó un día en la oficina de su editor, desvelando su identidad, y el mundillo literario de Londres pronto supo, con inmensa sorpresa, quiénes eran los misteriosos hermanos Bell.

En 1850, el editor preparó una nueva edición del *Cumbres Borrascosas* de Emily y logró convencer a Charlotte para que desvelase al fin la verdad. Ella escribió a modo de introducción de la novela de su hermana una «Noticia biográfica» en la que hacía pública la verdadera historia, aunque mantuvo la discreción sobre sus vidas: se limitó a revelar sus nombres y a describir brevemente a Emily y Anne, defendiendo su «honorabilidad», pero no contó nada más.

Consuela pensar que, en medio de su tristeza, Charlotte Brontë disfrutó al menos del reconocimiento público los últimos años de su vida. Conoció a muchos de los escritores y escritoras que más admiraba —y que la admiraban a ella—, recibió centenares de cartas de lectores de sus novelas y de las de sus hermanas y pudo comprobar cómo todo el talento que Emily, Anne y ella poseían desde pequeñas, el enorme esfuerzo que habían hecho para escribir sus obras a pesar de tenerlo todo en contra, habían valido la pena.

Eso sí: siempre se empeñó en crear la imagen de tres hermanas totalmente «virtuosas», dignas hijas de la era victoriana. No tuvo el valor de reconocer su transgresión y reivindicarla, pero quizás era demasiado pedir: su padre seguía vivo, y también ella tenía que seguir adelante como pudiese. Imagino que se sentiría aterrada —y con razón— ante la idea de que las viesen como mujeres «raras» o de moralidad sospechosa. Sin embargo, el contenido de las obras de las tres desmiente ese cliché decimonónico que ella tanto contribuyó a crear, y las eleva muy por encima de su tiempo.

En junio de 1854, cuando tenía treinta y ocho años, Charlotte Brontë, para sorpresa de todo el mundo, se casó con el coadjutor de su padre, el reverendo Arthur Bell Nicholls, el mismo hombre al que, por cierto, le habían tomado prestado el apellido tiempo atrás ella y sus hermanas para sus seudónimos: parecía un guiño del destino. Pronto se supo que estaba embarazada. Un embarazo complicado que terminó con la muerte de la madre y de su criatura el 31 de marzo de 1855. La leyenda de las hermanas Brontë no haría más que crecer desde ese día: la historia realmente conmovedora de tres mujeres colosales que tuvieron que hacerse pasar por tres hombres para que el mundo las tomase en serio.

(Me paro un instante a echar un vistazo a la vida de otro de los grandes de la literatura inglesa de la época, Charles Dickens [1812-1870], con el que Charlotte Brontë pudo haber coincidido en cualquier velada literaria en Londres. En el momento de la muerte de la novelista, Dickens tenía cuarenta y tres años. También él había vivido una historia sombría, de la que se nutrió buena parte de su literatura: nacido en una familia de clase media, su padre terminó encarcelado por deudas. El pequeño Charles —igual que los niños de sus novelas— tuvo que empezar a trabajar a los once años, como empleado de un taller de cera para zapatos, donde ponía las etiquetas a los recipientes. Afortunadamente, su inmenso talento lo llevó a sobreponerse a todo aquello. Con poco más de veinte años estaba trabajando como periodista, y poco después empezó a publicar sus famosísimas novelas por entregas. La celebridad de Dickens en su momento fue sideral, como también lo fue su fortuna. Viajó una y otra vez por Europa, Estados Unidos y Canadá, siendo aclamado en todas partes. Realizó numerosas lecturas públicas de sus obras, siempre entre multitudes que le mostraban su adoración. Se casó a los veinticuatro años y tuvo diez hijos con su esposa, Catherine Thomson Hogarth, a la que terminó abandonando en 1858. Por supuesto, ninguno de los embarazos, partos o crianzas dificultó que siguiera escribiendo. Aparte de diversos enamoramientos y de sus relaciones ambiguas —cuando menos— con dos de sus cuñadas, los últimos trece años de su vida los pasó junto a la actriz Ellen Ternan, que tenía la edad de una de sus hijas. Nunca se casó con ella —aunque su mujer había muerto poco después de la separación— y mantuvo siempre en secreto la existencia de aquella compañera. Me pregunto si no se inventaría un seudónimo masculino para referirse a ella en sus conversaciones...).

Si una escritora con apodo de hombre dio que hablar, para bien y para mal, esa fue George Sand, es decir, Aurore Dupin (1804-1877). Para muchas personas de toda Europa, George Sand fue una diosa. Y para otras muchas, el mismísimo demonio: en *La Regenta* de Clarín, publicada en 1884, las gentes de Vetusta empezaban a llamar a Ana Ozores «Jorge Sandio» cuando descubrían que escribía versos. Que el nombre se hubiera españolizado —una costumbre que la época reservaba para los extranjeros más famosos— demuestra la fulgurante celebridad de Sand. Pero, a diferencia de sus numerosas compañeras, Aurore Dupin no se escondió bajo su apodo, todo lo contrario: al adoptar a los veintisiete años el nombre —y también la vestimenta— de un hombre, George Sand se estaba adueñando de su propia vida. El suyo fue un extraordinario gesto de insumisión y valentía que muy pocas mujeres de su tiempo se sintieron capaces de repetir.

Sand tuvo desde su nacimiento un pie puesto en la aristocracia y otro en el pueblo: su padre era bisnieto del rey Augusto II de Polonia. Su madre, una mujer pobre que había sobrevivido como había podido. Huérfana del padre desde muy pequeña, Aurore fue criada por su abuela en su *château* de Nohant, en el centro de Francia. Madame de Saxe era una gran dama del XVIII, librepensadora y volteriana, fuerte y segura de sí misma a la manera de las mujeres privilegiadas de su época. Y fue así como educó a su nieta. Aurore creció rodeada de preceptores, libros, música e interesantes debates sobre ideas, al mismo tiempo que pasaba buena parte de su tiempo en el exterior, montando a caballo y jugando con las niñas campesinas de las tierras propiedad de su abuela. Así se forjó su extraordinaria personalidad, aquella mezcla de enorme sensibilidad artística y conciencia de la realidad más terrenal: la anti-indiferencia frente a la vida de los seres desprotegidos, que tanto la caracterizó.

Sin embargo, su solidez, su arrojo, la manera como desafió las normas —plantándose en medio de la sociedad biempensante, con las piernas separadas y las manos en las caderas, como una de aquellas vendedoras del mercado de la Halle que habían desafiado décadas atrás a Luis XVI— fueron no solo el resultado de su educación, sino también el fruto de su dolorosa experiencia como mujer: a los dieciocho años se casó con el abogado Casimir Dudevant. Era lo que se esperaba de ella, una «buena» boda, un matrimonio al que, al menos, se pudiese acomodar. Pero Casimir era uno de esos hombres que ejercen el terrorismo machista: instalados ambos en Nohant —que Aurore había heredado—, el abogado se dedicó a beber, acostarse con las jóvenes campesinas y criadas del lugar y maltratar a su mujer, como el personaje retratado por Anne Brontë en *La inquilina de Wildfell Hall,* como tantos y tantos y tantos hombres de entonces y de ahora. Incluso llegó a abofetearla en público, ante sus invitados.

Negándose a ser una víctima perpetua, aquella mujer que había intentado amoldarse a las conveniencias optó por cortar todos los lazos con ellas: en 1831, y a pesar de ser madre de dos hijos y de arriesgarse a perderlo todo, pidió la separación de su marido, alegando haber sido maltratada por él, y se plantó sola en París, una ciudad que bullía de intensidad artística y creativa. Era el momento del estallido en Francia de la joven generación romántica, y ella sería el gran personaje femenino de ese brillante grupo de poetas, novelistas, pintores y músicos.

Hasta que la justicia decidiese sobre su separación —y pasaron algunos años—, la propiedad de Nohant quedó en manos de Casimir. Aurore se vio de pronto carente de recursos económicos, pero no le importaba demasiado: se sentía pletórica de talento, osadía y libertad, y decidió vivir de escribir, aunque de momento tuviese que conformarse con instalarse en alguna de aquellas buhardillas mugrientas de «la bohemia». Fue entonces cuando cambió su nombre, adoptando el de George Sand. A partir de ahí sería George para todo el mundo, incluida ella misma: la «dama» que se le exigía ser había desaparecido por completo. La nueva George Sand se pasearía por París vestida de hombre. Tenía un permiso de la policía para ello, concedido en principio para montar a caballo en los alrededores de Nohant, como «señora» de la propiedad: sí, hacía falta un permiso de la policía para que una mujer pudiese ponerse ropa masculina. Ahora eligió llevar pantalones, levita, corbata y sombrero de copa, en parte por dar visibilidad a su nueva condición, pero también porque era mucho más cómodo y mucho más barato que las complicadas vestimentas femeninas.

Al autoconferirse esa personalidad masculina, la escritora estaba lanzando un grito frente a la sociedad, un aullido de hartazgo: no voy a ser sumisa, ni muda, ni virtuosa. No voy a languidecer bajo vuestras presiones, al margen del deseo y la pasión, como tantas mujeres valiosas. Viviré como viven los hombres: amando, luchando, viajando, ganando dinero, divirtiéndome, participando en la política, sufriendo si hace falta en medio de las tormentas de la época, pero nunca aislada en un rincón, invisible y en silencio.

George Sand comenzó a publicar en diversos periódicos y revistas, y en 1832 editó su primera novela, *Indiana*, que, cómo no, reflejaba las duras condiciones de vida de una mujer rodeada de hombres abusadores y que se convirtió de inmediato en un enorme éxito, haciendo de su autora una celebridad europea. Hasta su muerte a los setenta y un años, escribió casi ochenta novelas —muchas de ellas auténticos bestsellers rápidamente traducidos a diversos idiomas, como *Lélia*, *Pauline*, *La charca del diablo* o *La pequeña Fadette*—, además de un número incalculable de relatos, ensayos, memorias, artículos, textos políticos y obras de teatro, envuelta siempre en un halo legendario, adorada por lectores y escritores de toda Europa, y detestada y condenada al infierno por quienes la consideraban una encarnación del demonio.

Su intensísima actividad literaria no le impidió vivir, divertirse y amar como le dio la gana. Una vez separada legalmente y recuperado su *château* de Nohant, lo convirtió en un lugar de encuentro de sus muchos amigos, un espacio por el que pasaron a menudo las mentes más brillantes de su siglo, en una lista que provoca ganas de haber sido una copa en su mesa, por ejemplo, para poder oír las conversaciones y disfrutar de las veladas musicales y literarias: Chopin, Balzac, Victor Hugo, Dumas hijo, Turguenev, Pauline Viardot, Lamartine, Flaubert, Pauline Roland, Delacroix, Liszt y su compañera, la escritora política Marie d'Agoult —que firmaba sus libros con el seudónimo masculino de Daniel Stern—, y tantos otros.*

Por no hablar de sus muchos amantes y parejas, a los que jamás ocultó: Sand se sentía totalmente dueña de su cuerpo y de su sexualidad. Puede que tuviera una breve relación homosexual con la famosa actriz Marie Dorval: hubo muchos rumores al respecto, pero ellas nunca lo confirmaron. Sí se conocen en cambio los nombres de sus compañeros hombres, de algunos de los cuales se enamoró profundamente. Entre esas parejas estuvieron Alfred de Musset —el brillante poeta alcohólico con el que vivió una relación infernal— y Chopin, el músico genial, que compuso la mayor parte de su obra durante los diez años que pasaron juntos, entre 1837 y 1847, mientras ella se desvivía para que nada perturbase su extrema sensibilidad y para cuidar de su tuberculosis.[9] A Sand se le daba bien cuidar de los otros. Era una

---

* La casa de George Sand, situada en uno de los paisajes más bellos de Francia, se ha convertido en un emocionante museo en su memoria que se puede visitar.

mujer dotada de eso que suele llamarse «instinto maternal», algo que a ella nunca le resultó contradictorio con su seudónimo: aunque reivindicase la vida activa de un hombre, siempre se sintió profundamente «femenina», y fue una madre devota para su hijo Maurice y su hija Solange.

Quiero creer que, además de las pasiones que terminaron más pronto o más tarde, encontró la relación entre iguales que siempre había buscado en la segunda parte de su vida: a los cuarenta y cinco años —cuando según los estereotipos de la época tendría que haber abandonado toda posibilidad de amar y resignarse a envejecer cuidando de sus nietas—, Sand se enamoró de un hombre trece años más joven que ella, el grabador Alexandre Manceau, amigo de su hijo. Aquello ya era el colmo de los escándalos de la endiablada George Sand, pero ni a ella ni a Alexandre les importó lo más mínimo: vivieron juntos hasta la muerte de él quince años más tarde.

Otro de los grandes atrevimientos «masculinos» de George Sand fue su intensa actividad política: republicana y militante de los primeros movimientos socialistas, anteriores a Marx, formó parte de aquella generación de mujeres —de las que hablaré en el capítulo 8— que tomaron el relevo de las revolucionarias traicionadas y exigieron participar en el poder. En sus obras, Sand dio voz una y otra vez a obreras y campesinos, además de a las mujeres sometidas por el mero hecho de ser mujeres. Escribió siempre con el deseo de que sus textos llegasen a un público muy amplio, al que podría hacer reflexionar sobre su propia condición y la de sus semejantes.

Pero su compromiso fue más allá de la literatura, implicándose en proyectos políticos concretos. En febrero de 1848 estalló en Francia una revolución que pronto se extendió por otros lugares de Europa. El 24 de febrero, el rey Luis Felipe se vio obligado a abdicar y se proclamó la Segunda República. George Sand, que en ese momento estaba en Nohant, corrió a París para tomar parte en los acontecimientos, escribir artículos, manifestarse, reunirse en los cafés con los camaradas... Incluso fundó un periódico, *La Causa del Pueblo*, en el que trataba de animar a sus lectoras y lectores menos movilizados a participar en los cambios que debían producirse.

Como socialista, estaba convencida de que aquel sería el gran momento de la clase obrera: desde la Revolución de 1789 el capitalismo industrial se había implantado rápidamente en todo el continente, y las trabajadoras y trabajadores de las fábricas, los talleres y las minas —antiguos campesinos o artesanas— veían cómo sus condiciones de vida eran en general aún peores que bajo el Antiguo Régimen, mientras la burguesía florecía y se enriquecía a su costa. La lucha a favor de lo que ya empezaba a llamarse el proletariado comenzó a organizarse precisamente durante esas revoluciones europeas de 1848. De hecho, Karl Marx y Friedrich Engels considerarían que esa era la fecha en la que había nacido el movimiento obrero.

Pero la incipiente Segunda República, acaparada por la burguesía, dejó fuera de la agenda política a la clase proletaria desde el principio. Decepcionados y hartos de la miseria, decenas de miles de obreros se levantaron en París a finales de junio. La revuelta desembocó en terribles combates entre los insurgentes y las fuerzas del orden, que ocasionaron miles de muertos —se calculan cuatro mil, aunque la cifra varía de unos investigadores a otros—, y la represión posterior fue desoladora: miles de personas fueron encarceladas y muchos de los intelectuales que habían apoyado a los obreros tuvieron que exiliarse, entre otros el famoso Victor Hugo, uno de los amigos de George Sand.

Ella regresó a Nohant destrozada anímicamente, e inició desde allí una campaña a favor de la amnistía de los presos y exiliados, escribiendo una y otra vez, en vano, al nuevo presidente de la República, Luis Napoleón Bonaparte, que cuatro años más tarde daría un golpe de Estado contra su propio régimen, proclamándose emperador de los franceses como Napoleón III.

La decepción tras aquellas «jornadas de junio» fue tan terrible que Sand, igual que otras muchas personas que las vivieron, no volvió a intervenir activamente en política, salvo a través de sus escritos. Tampoco le hubieran permitido hacer mucho más: los vencedores de la revolución de 1848, como habían hecho los de la de 1789, volvieron a arrinconar a las mujeres, prohibiendo de nuevo su presencia en clubs y asambleas políticas. En aquella Europa que ya vivía en la edad contemporánea, siempre que las aguas se volvían revueltas el género femenino intentaba aprovechar la corriente, pero siempre, siempre, vencían los hombres y volvían a expulsarlas a los márgenes, al limbo de la inexistencia. La historia se repetiría una y otra vez, en cada revolución y cada guerra.

George Sand murió en su *château* de Nohant en 1876, a los setenta y un años. Fue una de las escritoras más admiradas de su tiempo, pero también una de las más odiadas por los guardianes del orden patriarcal. De hecho, durante más de un siglo y hasta la revisión crítica feminista actual, su nombre no ha dejado de resonar como una leyenda, pero una leyenda negra, muy negra: la escritora no ha sido recordada por su calidad literaria o por su compromiso feminista y político, sino por ser el ejemplo perfecto de una detestable e impía «marimacho».

(Uno de los enemigos más significativos de George Sand mientras vivió fue Charles Baudelaire [1821-1867]. El poeta genial —que lo fue, realmente— la odiaba, y le dedicó gruesos insultos:

Nunca ha sido artista. Es tonta, es pesada, es charlatana. Sus ideas morales tienen la misma profundidad en el juicio y la misma delicadeza en el sentimiento que las de las porteras y las mujeres mantenidas. [...] Que algunos hombres hayan podido enamoriscarse de esa letrina es buena prueba de la degradación de los hombres de este siglo. [...] Es una necia, pero está poseída. Es el Diablo quien la ha convencido de que debe fiarse de *su buen corazón* y *su sentido común* para que convenza a otros necios.[10]

En realidad, Baudelaire no odiaba solo a George Sand, sino a todo el género femenino. Tanto que fue el precursor de una nueva forma de misoginia profunda, basada en el terror a la mujer, que tenía profundos ecos medievales. El poeta puso en primer plano la imagen de la mujer venenosa, la poderosa «serpiente» que el fin de siglo explotaría hasta el extremo. En sus diarios íntimos, publicados de manera póstuma, él, que se reivindicaba a sí mismo como un dandy —es decir, un hombre sofisticado—, llegó a escribir cosas como estas:

La mujer es lo contrario del dandy. Así que debe provocar horror. Si tiene hambre, quiere comer; si sed, quiere beber. Está en celo, y quiere ser follada. ¡Qué gran mérito! La mujer es *natural*, es decir, abominable. Por eso siempre es vulgar, es decir, lo contrario del dandy.[11]

Por cierto, el gran Baudelaire, que se sentía tan por encima de la degradación de otros hombres, solo se relacionó a lo largo de su no muy extensa vida —murió de sífilis a los cuarenta y seis años— con mujeres prostituidas).

Un año después de la muerte de Percy Bysshe Shelley, en 1823, Mary Shelley regresó a Londres desde Italia con el único hijo superviviente de los cuatro que había tenido, Percy Florence. Durante mucho tiempo se enfrentó con una enorme firmeza a su poderoso suegro —parlamentario y rico—, que estaba empeñado en quitarle al niño. Pero Mary, apoyada ahora de nuevo por su padre, resistió frente a la autoridad masculina, como siempre había hecho. Hasta que su hijo heredó mucho tiempo después la fortuna familiar, vivió de su escritura, además de la pequeña ayuda financiera del abuelo para pagar los estudios del niño. Publicó diversas novelas —entre las que destaca la distopía *El último hombre* (1826)—, relatos, biografías y artículos para enciclopedias, y se ocupó de editar y promover la poesía de su marido. Pero siempre lo hizo de manera anónima, firmando como «el autor de *Frankenstein*».

Solo la última de sus obras, un libro de viajes titulado *Rambles in Germany and Italy*, publicado en 1844, apareció bajo su nombre, o al menos bajo una parte de su nombre, «Mrs. Shelley». Probablemente el hecho de que su suegro acabase de morir y su hijo —con el que siempre tuvo una relación muy estrecha— fuese ahora el heredero de la dinastía la animara a dar ese paso final. Luego desapareció en silencio, y la niebla patriarcal que suele caer sobre las mujeres relevantes borró rápidamente su rastro: hasta que la reciente historiografía feminista ha vuelto a mirarla, Mary Shelley fue la autora olvidada de una novela inolvidable.

La crítica literaria siempre ha establecido una distinción entre «literatura» y «literatura femenina». Solo en tiempos muy recientes —y no siempre— ha empezado a difuminarse esta segregación disparatada: todavía las escritoras de mi generación hemos sido víctimas de semejante categorización jerárquica, que ya denunciaba Charlotte Brontë a mediados del siglo XIX. En ese sistema que tanto ha perdurado, «la literatura», creada por hombres, ha gozado de la categoría de universal, como todo lo masculino. La «literatura femenina» ha sido solo un subgénero menor, creado por mujeres y para mujeres. En exclusiva para mujeres, textualmente: hasta hace muy poco, muchos lectores varones se resistían a leer libros firmados por una autora, como bien le explicó a J. K. Rowling su primer editor.*

Quiero creer —eso espero— que las cosas han cambiado, y que las jóvenes escritoras ya no tienen que soportar la lluvia de piedras que soportamos nosotras por atrevernos a reclamar un hueco en un espacio reservado para el hombre. Pero cuando miro a las autoras que me precedieron, cuando repaso sus vidas y analizo en qué condiciones tuvieron que escribir, qué estrategias se vieron obligadas a emplear para hacerse oír, cuál fue la lluvia de piedras que cayó sobre ellas —mucho más intensa que la nuestra, seguro—, cuando pienso en todo eso y repaso lo que también hemos vivido nosotras, llego a esta conclusión: sí, existe una «literatura femenina». Es la que hicieron en el pasado tantas y tantas mujeres a escondidas, la que hemos hecho en el presente tantas y tantas de nosotras mientras cambiábamos los pañales de nuestras niñas, interrumpíamos «la mejor frase del mundo» para tender la ropa, terminábamos de corregir un texto sentadas en la cocina, vigilando que no se quemasen las lentejas, renunciábamos a muchas jornadas de trabajo por cuidar a nuestros padres

---

* En 2006, Antonio Muñoz Molina publicó un artículo en *El País* reconociendo que había tenido que cumplir los cincuenta años para decidirse a leer a Virginia Woolf y darse cuenta de que era una gran escritora. En un ejercicio de sinceridad que hay que agradecerle, confesaba que no la había leído antes por ser mujer.

enfermos, dejábamos sin acabar el capítulo que teníamos que acabar hoy para correr a abrazar a la amiga deprimida, rebajábamos nuestros éxitos ante nuestro compañero para que él no se sintiera «amenazado» y nos resistíamos como podíamos a la inseguridad que «los dueños del cotarro» iban arrojando a calderadas sobre nosotras, porque sin seguridad no se puede crear. Algunas, de hecho, no lo han logrado, y han abandonado por el camino.

Sí, existe una «literatura femenina», la que hemos creado todas nosotras en condiciones muy diferentes de las de ellos, los autores varones de «literatura masculina», aquellos que, en el pasado, estudiaban en la universidad mientras ellas leían los libros de la biblioteca casera, los que se emborrachaban en las tabernas y los prostíbulos y recorrían los salones literarios de cualquier país que se les antojase, los que recibían fama y honores y entraban en todas partes acompañados por clarines y redobles de tambor mientras ellas, las escritoras, fingían que bordaban en un rincón de sus casas. Ellos, los que en el presente han escrito siempre encerrados en sus despachos, con una mujer al lado diciéndoles a las niñas que «a papá no se le molesta» y ocupándose después de la casa, las compras, las llamadas de periodistas, la agenda de conferencias y compromisos varios y hasta las cuentas del banco, para que ellos pudiesen escribir sus magnas obras y recibir sus magnos premios.

Sí, mientras nuestras condiciones de vida y de trabajo sean tan diferentes, existe una «literatura femenina» y una «literatura masculina», que no es, ni de lejos, «la literatura». Digámoslo de una vez, y con mucho orgullo.

6

Ángeles sin alas:
las escritoras españolas del XIX

Sepan [las mujeres] que han nacido para amar
y ser amadas, no para leer y ser leídas.

LEANDRO ÁNGEL HERRERO

¡Qué distinta habría sido mi vida si en mi tarjeta pusiera Emilio en lugar de Emilia!

EMILIA PARDO BAZÁN

Emilia Pardo Bazán afrontó con valor el viento que soplaba en-
demoniado justo en la esquina de la calle de la Puebla con la de
Valverde y chocaba, al fondo, contra la puerta cerrada a cal y
canto de la Real Academia Española. Ladeó la cabeza hacia el
otro lado, se recogió un poco la falda para no manchársela de
boñiga —Madrid seguía siendo una ciudad sucia, desde luego—, cruzó la calzada, subió a la acera y siguió su camino calle
Valverde abajo, por enésima vez, hasta que dio la vuelta e inició
de nuevo el recorrido, sin perder de vista el portón de la institución. Nada, no salía nadie...

Eran las cuatro de la tarde de aquel 28 de febrero de 1889. Detrás de los cristales de la Academia ya se empezaban a encender algunos quinqués de gas. Emilia se imaginó la reunión, las cabezas inclinadas sobre la revista *La España Moderna* mientras alguien —seguramente el novelista Juan Valera, con esa voz altisonante con la que había recorrido las embajadas de medio mundo— leía en voz alta su artículo, la carta que le había escrito a Gertrudis Gómez de Avellaneda y que acababa de salir publicada esa misma mañana. Sí, podía imaginárselos muy bien, indignados, con las caras enrojecidas, algunos echando espumarajos por la boca...

Emilia Pardo Bazán volvió a levantar el borde de su falda para cruzar la calzada de la calle de la Puebla sin que las boñigas afectasen a su pulcritud, porque luego las criadas en casa se quejaban de lo mucho que callejeaba y lo mucho que ensuciaba los bajos de los vestidos. El viento le pegó un bofetón en la cara. Algo así —eso pensó— era lo que estarían sintiendo los académicos al leer sus reflexiones sobre lo que ellos habrían sido capaces de hacerle a santa Teresa, de haber podido. Emilia recordó sus frases, que casi se había aprendido de memoria a fuerza de corregirlas:

De modo, Gertrudis, que si hoy por permisión divina resucitase nuestra santa patrona Teresa de Jesús, y con la contera del báculo abacial que he venerado en Ávila llamase a las puertas de la Academia Española, supongo que algún vozarrón estentóreo le contestaría desde dentro: «Señora Cepeda, su pretensión de usted es inaudita. Usted podrá llegar a ser el dechado del habla castellana, porque eso no lo repartimos nosotros: bueno; usted subirá a los altares, porque allí no se distingue de sexos: corriente; usted tendrá una butaca de oro en el cielo, merced a cierto lamentable espíritu demagógico y emancipador que aflige a la Iglesia: concedido. ¿Pero sillón aquí? *Vade retro*, señora Cepeda. Mal podríamos, estando usted delante, recrearnos con ciertos chascarrillos un poco picantes y muy salados que a última hora nos cuenta un académico (el cual lo parla casi tan bien como usted, y es gran adversario del naturalismo). En las tertulias de hombres solos no hay nada más fastidiosito que una señora, y usted, doña Teresa, nos importunaría asaz».[1]

Eso sí que era un bofetón, sí... Le había salido así, de repente, en medio del enfado que sentía por las alusiones hechas en el diario *El Correo* a «ciertos enredos» que «cierta señora» andaba haciendo para ser elegida miembro de la Academia, igual que los había hecho treinta y seis años atrás Gertrudis Gómez de Avellaneda, la gran poeta y dramaturga. Ella —porque a ella se referían, sin duda alguna— no había hecho ningún enredo, pero, y si los hiciera, ¿qué? ¿Acaso no los hacían ellos, todos los varones de noble porte y feroz bigote y sabias calvas y medallas-relucientes-colgando-del-pecho que se sentaban allí, en los sillones de la calle Valverde, decidiendo quién *era* y quién *no era* en el mundo de las letras españolas?

Emilia volvió a dar media vuelta, calle Valverde abajo. Ya lo sabía, lo tenía clarísimo: jamás la elegirían para formar parte del sanctasanctórum académico, ni aunque llegase a escribir un segundo *Quijote* le permitirían poner un pie allí dentro a ella, una mujer, y una mujer, además, que molestaba tanto con su atrevimiento y su seguridad en sí misma. Pero, al menos, con aquellos dos artículos les había dejado bien claro lo que pensaba de ellos. Con humor, siempre con humor, por supuesto: esas cosas era mejor fingir que se las tomaba a broma, porque no quería que todos aquellos señores disfrutaran de un buen rato a su costa, alegrándose de haberle dado un disgusto.

De todas formas, en un rapto de desafío, había decidido pasarse la tarde dando vueltas calle arriba y calle abajo por delante de la Real Academia: no quería perderse la cara que pondrían los insignes varones al verla justo allí después de haber leído su texto. Emilia Pardo Bazán, regocijándose, recordó de memoria el final del artículo:

> Hasta creo que estoy en el deber de declararme candidato perpetuo a la Academia —a imitación de aquel personaje de la última novela de Daudet—. Seré siempre candidato archiplatónico, lo cual equivale a candidato eterno; y mi candidatura representará para los derechos femeninos lo que el pleito que los duques de Medinaceli ponían a la Corona cuando vacaba el trono. Me objetarás que esto es hacer lo que el beodo del cuento: sentarse aguardando a que pase su casa para meterse en ella. Aguardaré; pero no aguardaré sentada, Gertrudis: ocuparé las manos y el tiempo en escribir quince o veinte tomos de historia de las letras castellanas... y lo que salte.[2]

Un carro de mulas pasó en ese instante más cerca de la acera de lo debido y salpicó de cagarrutas la falda hasta entonces impecable de doña Emilia. El mulero, al ver el gesto contrariado de la mujer elegante, gritó: «¡Señora, a ver si nos apartamos cuando pasa un hombre!». A la señora casi le da la risa: otro varón más que me echa mierda encima, pensó, pero entonces se acordó de la esposa del mulero —que la tendría— y de sus hijas —que quizá las tuviese—, y la risa se le atragantó en la garganta.

Y en ese momento, justo en ese momento, mientras ella observaba la maloliente mancha de la falda y luchaba contra el viento, parada precisamente enfrente de la Real Academia Española, se abrió la puerta y salió uno de sus ilustrísimos miembros, Marcelino Menéndez Pelayo, sí, don Marcelino, el viejo y querido amigo. Don Marcelino miró a doña Emilia, frunció el ceño como si hubiera visto al demonio, cerró la puerta con una fuerza suprema —la fuerza de un héroe bíblico alzándose contra el enemigo—, la volvió a mirar, y se marchó sin decir nada.

Emilia Pardo Bazán suspiró: otra batalla perdida. En fin... Alguien las ganaría por ella —y por todas— en el futuro.

Canto como canta el ave,
como las ramas se agitan,
como las fuentes murmuran,
como las auras suspiran.
Canto porque hay en mi pecho
secretas cuerdas que vibran
a cada efecto del alma,
a cada azar de la vida.
Canto porque hay luz y sombras,
porque hay pesar y alegría,
porque hay temor y esperanza,
porque hay amor y hay perfidia.[3]

Esa era la voz de Gertrudis Gómez de Avellaneda (Camagüey, Cuba, 1814-Madrid, 1873), la autora desaparecida tiempo atrás a la que Emilia Pardo Bazán había escrito su carta, una mujer que se concedió a sí misma el don de cantar simplemente porque lo sentía dentro de sí. Quizá casi nadie la lea ya —claro que tampo-

co leemos a sus contemporáneos varones, Hartzenbusch, Espronceda o el duque de Rivas—, pero en las décadas de 1840 y 1850,
en pleno auge del romanticismo español, triunfó como poeta,
como novelista y como dramaturga.

Una especie de George Sand a la española —Sand era justamente su modelo a seguir—, que alcanzó cotas de éxito que ninguna otra mujer de la época logró, quizá por su propia singularidad: Gertrudis Gómez de Avellaneda era criolla, una española de
ultramar, nacida en la lejana provincia de Cuba, alguien «diferente» a quien se le permitieron, al menos hasta cierto punto,
comportamientos diferentes. Exuberante y probablemente malcriada —creció en la propiedad de su rica familia, rodeada de
esclavas africanas que se ocupaban de todos sus deseos—, llegó a
España con los suyos a los veintidós años, en 1836, un momento
adecuado para que una mujer tan apasionada como ella aparecira en el panorama literario: el momento de la explosión del romanticismo.

Hacía tres años que había muerto Fernando VII, el rey primero deseado y luego detestado, que devolvió el país al oscurantismo más profundo y el absolutismo más radical. Ahora reinaba
su hija, la todavía niña Isabel II, bajo la regencia de su madre,
María Cristina de Borbón-Dos Sicilias. Por supuesto, la resistencia a que reinase una mujer —obligada por la ausencia de herederos varones— fue terrible, como solía ocurrir: el hermano de
Fernando VII, el infante Carlos María Isidro, se negó a reconocer a la reina y, desde Lisboa, se autoproclamó rey bajo el nombre de Carlos V. A su alrededor se unieron los sectores más extremadamente conservadores del país, que movilizaron dinero y
tropas y provocaron una guerra civil, la primera guerra carlista,
que duraría hasta 1840, teniendo como escenarios principales el
País Vasco y Navarra. Habría otras dos, además de diversos alza

mientos, prolongando el conflicto hasta 1876: miles de vidas destrozadas durante años y años con la excusa de que una mujer se había sentado en un trono.*

Entretanto, en torno a la niña Isabel II se organizaron los llamados «liberales», es decir, los partidarios de un ordenamiento democrático y burgués de la sociedad, que pronto se dividirían en moderados —o conservadores— y progresistas. Comenzaba un periodo durante el cual las fuerzas políticas tratarían —más o menos— de modernizar un país que llevaba décadas de atraso respecto a los del entorno. No fue una tarea fácil: el propio retardo cultural y económico, las sucesivas guerras carlistas, el peso enorme de la Iglesia católica, los pronunciamientos militares y las divisiones internas en el seno de los grupos que rivalizaron por el poder durante las siguientes décadas no pusieron las cosas fáciles. Las consecuencias de todo aquello se prolongarían trágicamente hasta la muerte de Franco en 1975.

Aun así, la desaparición de Fernando VII supuso el regreso a España de un gran número de liberales que se habían exiliado durante su reinado, salvándose al menos de ser ejecutados. Muchos de ellos se habían instalado en Inglaterra, como Espronceda, o en Francia, como Larra o el duque de Rivas, y volvieron ahora con nuevas maneras y nuevos gustos. Fue entonces cuando se produjo el estallido del romanticismo español, un fenómeno

---

* Solo tres mujeres habían reinado por derecho propio en los diversos reinos que luego compusieron España, y las tres porque no había sucesores varones: Urraca I de León (1081-1126), ferozmente combatida en incesantes guerras civiles por su marido, su hijo y su cuñado. Isabel I de Castilla, la Católica (1451-1504), que tuvo la astucia política de casarse con Fernando de Aragón para ser respaldada por él, y la hija de esta, Juana I (1479-1555), a la que no dejaron gobernar ni su padre Fernando ni su hijo Carlos I.

cultural complejo y contradictorio —como casi todos, por otra parte— que estaba indisolublemente unido a aquel predominio de lo liberal, es decir, de lo burgués.

Como ya hemos visto, el discurso burgués había ido dibujando a lo largo de las décadas un estereotipo muy claro de la mujer, el del «ángel del hogar». Curiosamente, mientras otros principios del nuevo orden tardaban mucho en calar en España —como los avances científicos, la inversión industrial y, en general, los mecanismos propios del capitalismo decimonónico—, aquella idea del ángel prendió fácilmente en la sociedad española. Quizá porque remitía a ciertos conceptos religiosos muy arraigados en la sentimentalidad del país: no es casualidad que el dogma de la Purísima Concepción —que en España se sigue celebrando cada 8 de diciembre— fuese promulgado por el papa Pío IX en 1854, justo a mediados de siglo. Desde ese momento, la madre de Jesús no solo era virgen, sino que además había nacido libre del pecado original. Esa mujer sin mancha ninguna, textualmente inmaculada, se convirtió en el ideal a seguir en los países católicos, y en España, en particular, lo hizo con una profunda y dilatada intensidad.*

La renovación del culto a María en torno a esas fechas revela un trasfondo sociológico y cultural de una gran carga simbólica: las «hijas de Eva» se habían convertido en las «hijas de María». De repente, la mujer era por naturaleza buena, dulce y sumisa, no la tarasca venenosa que habían descrito los moralistas de los siglos anteriores o la frívola amante del lujo de los ilustrados. La

---

* La Inmaculada Concepción solo se celebra como fiesta nacional en España y en Filipinas, que en el momento de la proclamación del dogma era provincia española.

misoginia feroz se había transmutado en un feroz paternalismo, otra terrible trampa del patriarcado, aún más difícil de detectar y de salvar —creo— que las anteriores: el género femenino seguiría enjaulado, pero ahora serían las mismas mujeres las que entrarían voluntariamente en la jaula y tirarían lejos la llave. Para colmo, deberían mantener la jaula limpia y exhibir mientras lo hacían una dulce sonrisa.

El periodista Leandro Ángel Herrero resumió de manera exaltada lo que se esperaba de ellas en un artículo publicado en 1862 en la revista femenina *La Violeta*:

A la mujer únicamente está reservada en este mundo esa delicada misión de transformarlo todo a nuestros ojos; bajo su planta se encorvan las espinas y reverdecen las flores; su aliento soberano ahuyenta las nubes de nuestro corazón, y el albor de su mirada siempre límpida y serena es el rayo de luz que enciende en nuestra frente ideas benditas que nos inundan de alborozo.[4]

Durante mucho, mucho tiempo —el franquismo no inventó nada a este respecto—, buena parte de las mujeres españolas se pasarían la vida intentando que las flores reverdeciesen bajo sus pies cubiertos de callos, disimulando el mal aliento para ahuyentar las tormentas del corazón de los hombres y tratando de mantener la mirada límpida por mucha monstruosidad que las rodease, con tal de inundar de ideas benditas al otro género... Una auténtica maldición, vaya.

Y luego estaba lo del amor: de pronto, el amor, ese sentimiento que el Antiguo Régimen procuraba mantener en los márgenes de las vidas «decentes», se puso de moda. Ahora las mujeres tenían que amar, es más, debían amar muchísimo, pero a un único hombre, claro. Era un buen ardid para que no quisieran escaparse de las jaulas.

Otro escritor de la época, Pedro Sabater —que más tarde se casaría precisamente con Gertrudis Gómez de Avellaneda—, lo expresó así en un artículo de 1842:

> El bello sexo, señores, ha sido arrojado a la tierra para personificar el amor; el orgullo, la vanidad y las demás pasiones que dominan en su corazón están subordinadas a esta, que es su todo. Cumpliendo con su apacible destino, la mujer ama cuando niña a sus juguetes con mucho más cariño que nosotros; ama cuando joven a sus amantes con mucha más violencia que nosotros; ama cuando madre a sus hijuelos con fuego más ardiente que nosotros.[5]

Con toda probabilidad no se dieron cuenta, pero en este discurso romántico y liberal a la española se abría una pequeña brecha: si las mujeres eran especialmente sensibles y «sintientes», y si la exaltación del sentimiento individual era lo que movía el ansia creativa del romanticismo, ¿acaso no podían colarse algunas por ese resquicio?

Eso fue lo que ocurrió, en efecto: por sorpresa, alrededor de 1840, apareció un pequeño grupo de voces femeninas que, como Gertrudis Gómez de Avellaneda, querían cantar. Igual que le ocurría a la joven Ana Ozores de *La Regenta*, escribir poemas se convirtió en una forma de desahogo en aquellas vidas siempre tan frustrantes. Fueron muchas las que se lo permitieron en la privacidad de sus diarios y sus papeles íntimos, y algunas tuvieron incluso el atrevimiento de hacerlo público, sobre todo a través de periódicos y revistas, que se habían vuelto fundamentales en aquel momento como medio de expresión de las gentes cultivadas. Eran «las poetisas»: así las llamaban, colocándolas de paso unos cuantos escalones por debajo del lugar que ocupaban «los poetas», es decir, los varones. La prueba de ese menosprecio puede verse en un óleo que realizó en 1846 el pintor romántico Antonio María Esquivel y que se titula *Los poetas contemporáneos*. En él aparecen retratados cuarenta y cinco hombres —todos hombres—, entre los que están las viriles estrellas del romanticismo español: Hartzenbusch, el duque de Rivas, Espronceda, Campoamor o Zorrilla, que recita en medio de todos ellos. Ninguna «poetisa», por supuesto, y eso que algunas de ellas eran por entonces muy famosas.*

En su libro *Las Románticas. Escritoras y subjetividad en España, 1835-1850*, la profesora estadounidense Susan Kirkpatrick estableció un término para referirse a un grupo de mujeres poetas que se relacionaron entre ellas mediante cartas y dedicatorias mutuas, la «hermandad lírica»: Carolina Coronado, Amalia Fenollosa, Ángela Grassi o Josefa Robirosa de Torrens son los nombres de algunas de esas escritoras que se dieron a conocer en la década de 1840.[6]

De aquellas voces de la «hermandad lírica», la más importante de todas, y la más recordada a día de hoy, fue sin duda Carolina Coronado (Almendralejo, Badajoz, 1820-Lisboa, 1911). Desde 1840 —cuando, a los veinte años, comenzó a publicar sus poemas en diversas revistas—, Coronado mantuvo correspondencia con Juan Eugenio Hartzenbusch, uno de los dramaturgos más famosos del país, autor de *Los amantes de Teruel*. Hartzenbusch

---

* El cuadro de Antonio María Esquivel puede verse en la web del Museo del Prado: https://www.museodelprado.es/coleccion/obra-de-arte/los-poetas-contemporaneos-una-lectura-de-zorrilla/3a2f6b1a-9d87-4f5b-855b-3c84981a98e6?searchid=c43d7f22-3583-4ca9-1381-8ac62a091d34

ejerció como una especie de «padrino» de la autora, y ella le confesó en sus cartas las dificultades que tuvo para adquirir una cierta cultura literaria, algo que solo logró leyendo por las noches, a escondidas de sus conservadoras vecinas y también de su propia familia, y eso que su padre pertenecía al sector más progresista de los liberales:

> Mi pueblo [Almendralejo] opone una vigorosa resistencia a toda innovación a las ocupaciones de las jóvenes, que después de terminar sus labores domésticas deben retirarse a murmurar con las amigas [...]. La capital [Badajoz] ha dado un paso más, pero tan tímido y vacilante que solo concede a las mujeres la lectura de alguna novela por distracción. [...] Los hombres mismos a quienes la voz Progreso entusiasma en política, arrugan el entrecejo si ven a sus hijas dejar un instante la monótona calceta para leer el folletín de un periódico. Calcule usted los enemigos que tendrá la mujer atrevida que se oponga a estas costumbres y si esa lucha desigual y sostenida no debe al cabo fatigarla.[7]

Todavía en la década de 1840, según este testimonio, a ojos de buena parte de la sociedad española, leer seguía siendo una actividad indeseable para una mujer. Pero en realidad, además de indeseable, era casi imposible: seguramente muchas de esas amigas con las que Carolina Coronado debía retirarse a «murmurar» eran analfabetas, porque la inmensa mayoría de las españolas aún lo eran.

Los censos de población realizados en el siglo XIX permiten seguir el rastro de los procesos de alfabetización. El que se hizo en España en 1860 ofrece datos escandalosos: solo el 12 por ciento de las mujeres mayores de once años sabían leer y escribir, frente al 41 por ciento de los varones. El 88 por ciento de las españolas de 1860 eran por lo tanto analfabetas.[8]

La cifra es estremecedora, y nos alejaba a una distancia sideral de los países vecinos: el censo de población de Francia de 1866 —solo seis años después del de España— señala un 45 por ciento de mujeres sabiendo leer y escribir, junto a un 54,40 por ciento de hombres.[9] La incultura y la brecha de género al sur de los Pirineos seguían siendo desoladoras.

Durante la mayor parte del siglo siguió sin haber escuelas gratuitas para niñas. En las pocas que había —casi todas «de caridad»—, enseñarles a leer y escribir resultaba algo secundario frente a las labores y la higiene. Pero durante muchas décadas tampoco hubo colegios privados para las hijas de las clases privilegiadas, como sí sucedía en otros países. Este anuncio de una escuela femenina publicado en una revista madrileña en 1822 explica muy bien la situación:

> Con respecto a las señoritas, es ciertamente vergonzoso el tener que ir a mendigar su educación a Londres o a París. Por esto anunciamos con mucho gusto al público la casa de educación para señoritas bajo la dirección de doña Rafaela Felequia de Miranda.[10]

A lo largo del siglo, los centros de enseñanza para niñas de la aristocracia o la burguesía fueron aumentando, y empezaron a ligarse a determinadas órdenes religiosas de monjas. Aunque, en general, la instrucción que impartían nunca fue demasiado profunda: la idea predominante era que se debía formar a esas niñas para que fuesen ante todo buenas católicas y también buenas madres y esposas, capaces de dirigir su hogar con cabeza, de educar a los hijos y de mantener entre sus iguales un comportamiento social digno.

Al menos, el viejo mandato que exigía que las mujeres no aprendiesen ni siquiera a leer o escribir, ya que resultaba peligroso para su moralidad, había caducado. Ahora se les permitía —e incluso se les exigía— una cierta formación. Pero solo la adecuada para cumplir con su papel, es decir, pequeña, muy pequeña. Un padre de ideología progresista lo explicó muy bien en una carta publicada en la prensa en 1836. Primero exigía educación para sus hijas, pero inmediatamente después añadía:

> No se crea por eso que pretendamos formar mujeres sabias, ni que estas en lo general, olvidando su misión en la tierra, misión en la que vemos algo de celeste, se engolfen en las ciencias físicas o abstractas o bien en las lenguas muertas.[11]

Las «bachilleras» seguían siendo algo temible en aquella España decimonónica, mujeres contra natura que ponían en riesgo el sistema. Pero lo que los padres de familia burgueses no calcularon fue que, al permitirles poner la punta del pie, tan solo la punta del pie, en el espacio del saber, algunas, en cuanto ellos se descuidasen, podrían llegar a abalanzarse escaleras arriba, hasta las alturas.

Entretanto, los sucesivos gobiernos del reinado de Isabel II se esforzaron por organizar el deficiente sistema español de enseñanza: como herederos de los ilustrados, los liberales eran conscientes de la importancia de la «instrucción pública» para el desarrollo social y económico del país, un tema que ya habían abordado durante la invasión napoleónica tanto las Cortes de Cádiz como el gobierno de José I.

En 1857 se aprobó la Ley de Instrucción Pública —conocida como ley Moyano— que marcaría el desarrollo de la enseñanza en nuestro país durante los siguientes cien años. Se trataba de crear en todo el territorio escuelas de primera enseñanza e institutos de secundaria que garantizasen la alfabetización de toda la población infantil.

La brecha de género seguía estando presente, aunque era menos descarada que hasta entonces: se daba por sentado que las niñas no accederían a la secundaria, pero sí se contaba con ellas para la primaria, aunque se establecía una diferencia en los programas a estudiar. En el caso de las niñas, se insistía en las «labores propias del sexo» y en las «ligeras nociones de higiene doméstica» en lugar de geometría, física, ciencias naturales y los principios de agricultura, industria y comercio que debían aprender los niños. Aun así, aquel era un importante paso adelante: por primera vez, se reconocía su derecho a aprender a leer y escribir.[12]

Lo malo es que la aplicación de la ley Moyano fue lenta y difícil: el presupuesto para la creación de escuelas no era suficiente y la lucha entre la Iglesia —y los sectores conservadores que la apoyaban— y los partidarios de que la enseñanza estuviese en manos del Estado fue muy ardua y se extendió a lo largo de muchas décadas, hasta alcanzar sus ecos el momento actual.

A pesar de todo, en la segunda mitad del siglo XIX fueron surgiendo por toda España —tanto la urbana como la rural— cada vez más escuelas de primeras letras, y muchas de ellas fueron para niñas: al comenzar el siglo XX, el 12 por ciento de mujeres alfabetizadas de 1860 había subido hasta casi un 30 por ciento.[13] Habría que esperar todavía más de un siglo, hasta la década de 1980, para que la alfabetización del género femenino se completase.

Tú, poetisa, flor del lago
por amante, por cantora,
has venido en mala hora
con tu amor y tu cantar.

Así se lamentaba Carolina Coronado de sus dificultades como mujer para escribir. Tras haberse dado a conocer en diversas revistas, Coronado publicó su primer libro de poemas en 1843. La obra fue prologada por su mentor, Juan Eugenio Hartzenbusch. Un prólogo bienintencionado, seguro, pero también expresivo de los sentimientos de la época hacia las mujeres «poetisas»:

> Los ecos de su voz llevan entre los rasgos del ingenio el encanto de la bondad, del candor y de la ternura; su tono melancólico es dulce [...]. Son versos de una hermosa y les alcanza el privilegio de la hermosura.[14]

Bondad, dulzura, candor y belleza, siempre belleza: Carolina Coronado era por cierto muy guapa. Solo así se le perdonaba a una mujer aquella intromisión en la vida pública.

Es triste ver cómo todas esas escritoras que trataron de alzar la cabeza cuando eran jóvenes fueron dejándose arrastrar hacia el sumidero de la autonegación a medida que pasaban los años. En 1857, ya casada y madre, la misma Coronado publicó en una revista algunas breves biografías de mujeres poetas. En el primer artículo escribió la siguiente declaración:

> Fuerza es confesarlo, en la sociedad actual hace ya más falta la mujer que la literata. El vacío que comienza a sentirse no es el del genio, sino el de la modestia; la luz que empieza a

faltarnos no es la luz de las academias, 'sino la luz del hogar. En Francia ha desaparecido la familia, y en España desaparecerá también, si seguimos tomando por modelo a nuestros vecinos.[15]

Esta traición a sí mismas y a su género fue común a las autoras españolas de la primera mitad del siglo XIX. Quizá podamos entenderlas: les habían susurrado demasiadas veces al oído que las cosas debían ser así, sus padres y sus madres, sus maridos, sus confesores, sus amigas, los escritores a los que admiraban, los políticos a los que apoyaban, las revistas que leían... Todo las conducía hacia ahí, y no tuvieron fuerzas suficientes para resistirse, tal vez porque era una tarea titánica, para la que muy pocas estaban capacitadas.

Incluso Gertrudis Gómez de Avellaneda siguió un camino parecido. Tula —como solían llamarla— había exigido para sí misma en sus primeros años un espacio infinitamente mayor que el que exigían las poetas del círculo de Carolina Coronado. Acompañada de su físico imponente, su fortuna familiar y su condición de criolla, se movía por los ambientes literarios de Madrid como pez en el agua. En 1841 publicó una novela, un género que en España iba adquiriendo importancia solo muy lentamente: titulado *Sab*, el relato transcurría en Cuba y era una historia antiesclavista, en la que la autora describía con arrojo la superioridad moral de un esclavo mestizo frente a la codicia de muchos varones blancos.

No conforme con eso, Gómez de Avellaneda se lanzó incluso a escribir teatro. Y ese sí que era un territorio «viril». Lo era, en primer lugar, por la complejidad de las acciones que se sucedían en el escenario: los dramas de la época solían basarse en episodios históricos, y estaban repletos de conspiraciones, asesinatos y luchas por el poder, mundos para los que las inocentes damas no estaban obviamente preparadas. Pero también porque, en pleno romanticismo español, ese era el lugar donde se jugaba el prestigio, así como las grandes ganancias económicas, y, por lo tanto, donde se producían con más frecuencia los puñetazos o, más bien, los duelos a pistola que tanto caracterizaron la época.

Además de las corridas de toros, el teatro se había convertido en el pasatiempo favorito de la sociedad española, en especial de la nueva clase media urbana, que exigía no solo la representación de los autores del Siglo de Oro o de los neoclásicos del XVIII, sino también la puesta en escena de obras nuevas, más cercanas a su gusto y su sensibilidad. El número de teatros creció de manera asombrosa a lo largo del siglo, pasando de los treinta que había en 1825 en todo el territorio nacional a ciento sesenta en 1850 y casi el doble en 1860.[16] Y con los teatros creció exponencialmente el número de piezas y de autores.

Gertrudis Gómez de Avellaneda quería estar ahí, en el corazón mismo de lo más prestigioso de la creación literaria del momento. Escribió y logró estrenar casi una veintena de obras, algunas de las cuales —en particular *Saúl* y *Baltasar*— fueron grandes éxitos. Los hombres de la escena, amedrentados ante aquella mujer excepcional en todos los sentidos, no sabían qué decir de ella. Zorrilla confesó que la veía «algo viril y fuerte» y que no se le había ocurrido «que le debía las atenciones que la dama merece del hombre en la moderna sociedad». Bretón de los Herreros fue aún más expresivo: «¡¡¡Es mucho hombre esta mujer!!!». Tula, la criolla hermosa y llena de talento, se situaba en algún lugar más allá de la naturaleza.

En 1853, convencida no solo de su valía sino de que el «viril» mundo literario le había hecho un hueco, Gómez de Avellaneda cometió la ingenuidad de querer ser académica. Tal y como era la norma en aquel entonces, escribió al director de la Real Academia proponiéndose. Los ilustres prohombres se reunieron el 10 de febrero de 1853, pero no para votar la elección de la escritora, sino para tomar una decisión de mucha mayor enjundia: ¿podían las mujeres ser académicas?

Los estatutos de la institución —fundada por Felipe V en 1713— no decían nada al respecto, pero ninguna mujer se había sentado nunca en aquellos sillones en sus ciento cuarenta años de historia. Había habido una académica de honor en 1784, aunque aquello había sido poco más que un teatrillo: María Isidra de Guzmán (Madrid, 1767-Córdoba, 1803) tenía solo diecisiete años cuando pronunció su discurso como académica honoraria. Al año siguiente se le concedió el título de doctora en Letras en la Universidad de Alcalá. Los méritos de María Isidra siguen siendo un misterio a día de hoy, porque no se le conoce ninguna obra que pueda avalarlos. Dado que era hija de dos grandes de España y que probablemente fuera algo más culta de lo habitual, se piensa que tal vez el rey Carlos III quiso utilizarla como una especie de imagen propagandística a favor de la culturización de las mujeres, aunque sin demasiado éxito.

El debate en aquella sesión de 1853 de la Academia giró en torno a la pregunta «¿Son admisibles o no las señoras a plaza de número de la Academia?».[17] La respuesta fue, como era de esperar, que no, aunque al menos ese «no» ganó por catorce votos contra seis: hubo seis hombres que estuvieron dispuestos a aceptar mujeres en la institución, seis valientes.* Cuando Emilia Par-

---

* Aunque sus nombres apenas nos dicen nada ahora, creo que aquellos hombres que votaron a favor del ingreso de las mujeres en la Academia merecen ser recordados aquí. Fueron Ramón Mesonero Romanos, José Quintana, Eugenio de Tapia, Nicomedes-Pastor Díaz, Francisco Pacheco y Mariano Roca de Togores.

do Bazán lo intentase medio siglo después, como veremos, la ferocidad de la misoginia sería mucho más intensa.

Poco a poco, Gertrudis Gómez de Avellaneda fue abandonando su actitud «insolente». Es cierto que, a partir de los treinta años, la vida que le tocó vivir no fue fácil, y quizás eso explique en parte su desfallecimiento. El resto cabe achacárselo sin duda al ambiente irrespirable de aquella España. En 1844 se quedó embarazada de Gabriel García Tassara, diplomático y poeta, que se desentendió de ella y de la criatura. Tula hizo lo que pudo para esconder su «vergüenza», pero no abandonó a su hija, como hacían tantas madres solteras de la época. La niña sin embargo murió a los siete meses, dejándola destrozada.

No volvería a tener hijos, aunque se casó dos veces. Su primer marido, el político Pedro Sabater —el que escribía sobre el mucho amor de las mujeres—, falleció unas semanas después de la boda. El segundo, el coronel Domingo Verdugo —gentilhombre de cámara del rey consorte, Francisco de Asís—, murió a consecuencia de las heridas sufridas en un duelo por defender, justamente, el honor de su esposa como dramaturga: se enfrentó a un periodista que había soltado un gato en el teatro durante el estreno de una de sus obras para reventarla.

Tula fue hundiéndose en la niebla. Dejó de reflexionar sobre la condición de las mujeres en sus textos, comenzó a escribir poesía religiosa y, en la década de 1860, cuando preparó la edición de sus obras completas, no quiso incluir las dos más perturbadoras, sus novelas *Sab* y *Dos mujeres*, en la que apoyaba la opción del divorcio como salida para un matrimonio desdichado. Sus alas se habían plegado definitivamente. Murió silenciosa y olvidada —ella, que había armado tanto alboroto— en 1873, a los cincuenta y ocho años.

El orden se iba imponiendo rápidamente tras el breve revuelo romántico. Incluso la única escritora que triunfó como novelista en la década de 1850, antes de la sonora irrupción treinta años después de Emilia Pardo Bazán, lo hizo convirtiendo en protagonistas de sus novelas a mujeres-ángeles que cumplían a la perfección todos los estereotipos exigidos. Cecilia Böhl de Faber (Morges, Suiza, 1796-Sevilla, 1877) fue una autora cosmopolita, políglota —su novela más famosa, *La gaviota*, la escribió originalmente en francés— y profundamente conservadora. Su padre era un hombre de negocios alemán, defensor de la vertiente más tradicionalista del romanticismo. Su madre, Frasquita Larrea —medio andaluza, medio irlandesa—, mantuvo en Cádiz una conocida tertulia de intelectuales y políticos chapados a la antigua. Cecilia, muy bien formada en aquel ambiente familiar culto, pasó parte de su infancia fuera de España, e incluso estuvo durante algunos años en un internado alemán, algo que pocas españolas podían contar.

A pesar de sus «escándalos» privados —viuda por segunda vez, se casó con un hombre veinte años más joven que ella, provocando una conmoción en su entorno—, transmitió a través de sus obras los principios católicos y conservadores y defendió en particular la imagen de la mujer dulce, casta y piadosa, al mismo tiempo que difundía los tópicos más tópicos sobre la esencia andaluza —lo que para ella era sinónimo de española— que tanto les gustaban a los románticos europeos.

La crítica suele considerarla como una precursora de la novela realista, que triunfaría en España poco después. De lo que no fue precursora en absoluto fue del feminismo: jamás se cuestionó el papel reservado por la cultura burguesa a las mujeres, sino que contribuyó enormemente a difundirlo entre sus numerosas lectoras, porque, eso sí, Fernán Caballero fue «un autor» de enorme éxito.

En *La Regenta* de Clarín, como ya he dicho, el círculo de la familia Ozores comenzaba a llamar «Jorge Sandio» a la joven Ana al descubrir que escribía poemas en secreto. El novelista describió así la reacción de las tías que cuidaban de la huérfana:

> Cuando doña Anuncia topó en la mesilla de noche de Ana con un cuaderno de versos, un tintero y una pluma, manifestó igual asombro que si hubiera visto un revólver, una baraja o una botella de aguardiente. [...] Si hubiera fumado, no habría sido mayor la estupefacción de aquellas solteronas. «¡Una Ozores literata!».

Unas líneas más tarde, el marqués de Vegallana afirmaba: «No he conocido ninguna literata que sea una mujer de bien». Y el canónigo Ripamilán insistía: «Además, las mujeres deben ocuparse en más dulces tareas; las musas no escriben, inspiran».[18]

Esa escena tendría lugar hacia 1870 en una ciudad de provincias española, en el ambiente de la nobleza local —aunque el de «los plebeyos», como ya hemos visto, tampoco era muy diferente—. Por todo eso, por lo que era España en aquel momento, por el comportamiento que se le exigía a una «mujer de bien», por los infinitos desdenes que supo soportar con una inaudita firmeza, el caso de Emilia Pardo Bazán (A Coruña, 1851-Madrid, 1921) parece un auténtico prodigio.

Doña Emilia escribió todo lo que pudo, se metió en todos los charcos que le dio la gana —que fueron muchos— y, para colmo, también fumaba, aunque solo lo hiciera en privado. Todo eso a pesar de pertenecer, como Ana Ozores, a la nobleza de provincias. La gran suerte de la escritora fue que tanto su madre, Amalia de la Rúa, como su padre, el político liberal José Pardo Bazán, reconocieron en aquella hija única su gran inteligencia y la educaron como se educaba a pocas niñas de la época: le permitieron estudiar y leer lo que quiso, la enviaron unos años a un colegio francés en Madrid, le pusieron preceptores privados y viajaron con ella por Europa, haciéndole descubrir otras maneras de vivir. Siempre la respaldaron en su carrera y cuidaron de sus dos hijas y su hijo mientras ella se encerraba a escribir o viajaba —sola— por España y Europa. Por supuesto, Pardo Bazán no pudo estudiar en la universidad, pero en 1916, después de toda una vida demostrando lo que sabía, fue nombrada catedrática de Literaturas Neolatinas en la Universidad Central de Madrid: la primera mujer en España que alcanzaba una cátedra cuando ni siquiera había profesoras universitarias, y apenas alumnas.

Emilia escribía desde niña: versos, como «todas». Pero lo suyo iba en serio. Tan en serio que a los treinta y dos años, cuando su marido le exigió que dejase de escribir, abandonó a aquel hombre con el que llevaba casada desde los dieciséis para dedicarse a la literatura. Y eso que era muy católica. Hasta entonces había publicado un ensayo sobre el padre Feijoo —todo un anuncio de sus intenciones— y algunas novelas discretas que fueron en general bien recibidas por los escritores contemporáneos, pues guardaban la «decencia» que se esperaba de una señora como ella, culta, pero casta.

En 1883, sin embargo, Pardo Bazán reventó a conciencia los muros que la contenían, llevándose por delante todo lo que hizo falta. Ese año publicó dos obras que dejaron claro quién era y a lo que aspiraba. La primera fue el ensayo de crítica literaria *La cuestión palpitante*, en el que analizaba la nueva corriente literaria que se estaba desarrollando en Francia, el naturalismo. Lo malo es que el naturalismo —con su interés en narrar «las miserias del pueblo» y, en general, los aspectos más feos y descarnados de la vida— era a ojos de muchos españoles algo propio de ateos y malnacidos: ¿qué hacía una señora defendiendo semejante iniquidad?

La segunda obra de ese mismo año fue una novela precisamente naturalista, *La Tribuna*. En ella, por primera vez en la literatura española, se describía la vida de un sector de la clase obrera y, además, de un sector femenino, el de las cigarreras de A Coruña, con sus padecimientos, sus esperanzas y su ideología política.

Desde entonces y hasta su muerte en 1921, a los sesenta y nueve años, doña Emilia no paró de molestar. Los escritores que al principio de su carrera la habían tratado con la paternal condescendencia que reservaban para las mujeres excepcionales —siempre y cuando no se pasasen de la raya— mostraron desde ese momento la profunda misoginia que vivía dentro de sus cerebros. Hubo un cuarteto en particular, formado por Clarín, Marcelino Menéndez Pelayo, Juan Valera y José María de Pereda —cuatro de los grandes de la época—, que se dedicó a machacarla, fingiendo para colmo que eran sus amigos. Tanto en las críticas que publicaron sobre sus libros como en sus correspondencias privadas dejaron claro lo que pensaban de aquella mujer a la que no le daba la gana limitarse a escribir versitos piadosos y novelitas sentimentales. Una señora que miraba donde las señoras no debían mirar y pensaba —y opinaba— sobre asuntos en los que las señoras no se metían. En una carta a Galdós —ignorando que él y doña Emilia habían sido amantes durante dos años—, Clarín le reservó incluso el insulto machista por excelencia, «puta».[19]

Pardo Bazán no solo era novelista, y de las mejores. Fue una auténtica intelectual, un término que empezó a emplearse en aquel fin de siglo y que pocas veces, muy pocas, se ha aplicado y se aplica aún a día de hoy a una mujer. Infinidad de hombres con muchos menos méritos se vieron atribuir ese respetuoso apelativo, mientras ella escribía ficción y ensayos, hacía crítica literaria, publicaba artículos, realizaba traducciones, se interesaba por la ciencia, daba conferencias en España y en Francia, dirigía su propia revista y hasta fundaba una editorial. No una cualquiera, sino una con un objetivo bien claro: se llamaba Biblioteca de la Mujer, y en ella publicó a autoras como madame de Staël, George Eliot —otra de las grandes escritoras inglesas obligadas a firmar con seudónimo masculino—, María de Zayas o Harriet Beecher Stowe, la autora de la famosa novela antiesclavista *La cabaña del tío Tom*.

Y, para colmo, nunca dejó de dar la lata con la dichosa «cuestión feminista». Hablaré en el capítulo 8 de la historia del término «feminismo» en su acepción actual. En cualquier caso, doña Emilia fue una de las primeras españolas —si no la primera— en emplearlo y reivindicarlo. Siempre lo dijo en voz muy alta, con orgullo: era feminista radical, afirmaba. Católica y monárquica, sí —quizá como aseguró su buen amigo Giner de los Ríos más por estética que por convicción—, pero feminista radical.

En sus novelas y sus magníficos relatos, así como en sus artículos y en las entrevistas que concedió, no dejó nunca de insistir en lo penoso de la condición femenina, en la exigencia de educar de verdad a las mujeres en vez de someterlas a lo que ella llamaba «doma», en la necesidad de que fueran libres y autónomas. También denunció una y otra vez la terrible violencia machista que veía a su alrededor. Incluso acuñó el término «mujericidios» para referirse a los numerosos asesinatos que se producían incesantemente, adelantándose así a nuestro actual «feminicidios». Esa violencia recayó sobre ella misma en forma de insultos y puñetazos metafóricos por parte de todos aquellos hombres que no la soportaban.

En su estrategia feminista, Emilia Pardo Bazán consideraba fundamental la presencia de las mujeres en las instituciones públicas. Por eso convirtió su «candidatura perpetua» a la Academia en una batalla de género, una de las muchas en las que se embarcó. De esa posibilidad se habló hasta en cuatro ocasiones. La primera fue en 1889, cuando surgió el rumor en la prensa y ella respondió con su «Carta a Gertrudis». La última, veinticinco años después, en 1914, cuando ya había desarrollado a conciencia su inmensa carrera, como le había asegurado a Gertrudis en su carta que haría. No hubo manera.

Desde el principio, la misoginia cerró filas en contra de la gran escritora. Uno de los que empuñó la espada con mayor ardor guerrero fue el novelista Juan Valera, que en 1891, cuando por segunda vez empezó a rumorearse que «la Pardo Bazán» aspiraba a sentarse con ellos —¡con ellos!— publicó un artículo al respecto:

> Los que piden que haya [mujeres en las Academias] nos parecen movidos, más que por galantería y por admiración hacia determinadas señoras, por el deseo de vejar a los académicos y de ridiculizar, desorganizar y echar a broma sus juntas, comisiones y trabajos.[20]

Era muy parecido a lo que habían sostenido más de un siglo antes los hombres que no querían que las mujeres accediesen a la Sociedad Económica Matritense: las mujeres terminarían con la institución. Habían pasado más de cien años, revoluciones, guerras, cambios sociales de todo tipo, pero, a ese respecto, las cosas seguían igual.

Los amigos de Valera reaccionaron rápidamente para aplaudirle. Clarín:

> Hacerlas académicas es igualarlas al hombre poniéndoles pantalones hasta los pies y levita [...]. Si hoy hacemos académicas a tres que valen, mañana pedirán plaza las muchas que creen merecerla y tienen amigos [...]. No cabe duda que hay mujeres de mucho talento, pero, sin ofender a nadie, no cabe duda que, en general, comparadas con los hombres, se quedan tamañitas. Lo que son ellas es más guapas. Y no todas, ¡porque hay cada coco! Pero para listos, nosotros.[21]

El catedrático de Derecho Romano de la Universidad de Oviedo, brillantísimo escritor y acerado crítico de todo lo criticable, se quedó tan ancho después de escribir semejantes sandeces: en cuanto se trata de hablar del género femenino, la misoginia niebla por desgracia la inteligencia de muchas mentes ilustres.

En la privacidad, Juan Valera llegó aún más lejos. A Marcelino Menéndez Pelayo, insistiendo de nuevo en este tema del posible acceso de doña Emilia a la Academia, llegó a decirle en una carta: «A poco que abriésemos la mano, la Academia se convertiría en aquelarre». El miedo a las brujas, ese era el asunto...

Dado que no podían quemar a doña Emilia, la burla resultó ser una buena manera de exorcizarla. Los textos que intercambiaron aquellos prohombres entre ellos están llenos de mofas a la escritora: porque era gorda —«sandía con patas», llegó a llamarla Valera—, porque era fea, porque pretendía saber de todo y no sabía de nada...

Años después de aquel debate en torno a ella de las décadas de 1880 y 1890, otro académico recordó la siguiente escena protagonizada por el simpático Valera, que le decía al secretario de la institución:

> Será suficiente que la traiga usted hasta aquí, que le muestre los sillones y le diga: Condesa, estos son nuestros sillones tradicionales, y no está en nuestro albedrío cambiarlos sin delinquir... Usted no puede sentarse en ellos cómodamente; su *circunferencia* es mayor que la nuestra.[22]

Supongo que todos los académicos serían delgadísimos, aunque viendo sus retratos y fotos me surgen dudas... La verdad es que la cuestión de Emilia Pardo Bazán y la Academia daría risa si no fuese por todo lo que se esconde detrás.

En 1912, cuando por primera y única vez ella misma decidió presentarse a una vacante en la institución, un periódico realizó una encuesta entre los académicos. El secretario afirmó sobre aquella autora que había escrito algunas de las mejores novelas y relatos de su tiempo: «Mucho de lo que ha publicado carece de originalidad. Cuando veo una cosa bonita de la Pardo Bazán, me digo: ¿de quién será esto?». El secretario en cuestión era un tal Mariano Catalina, un dramaturgo y escritor de cosas muy bonitas y muy originales, por lo visto, del que a día de hoy no se acuerda nadie.

Todavía menos «galante» fue en esa encuesta el director de la Academia, el político conservador —que nunca escribió nada, que se sepa— Alejandro Pidal y Mon, un verdadero patriarca de larga barba cana y amplia calvicie, que posa en sus

retratos con bandas y medallas colgándole del pecho: «Para elegir académico no se atiende solo al mérito —afirmó, quizá
pensando en sí mismo—. Eso pasa en otros cargos; por ejemplo: para ser obispo no se puede ser feo». Sí, lo dijo, lo dijo,
aunque parezca mentira.[23]

Recuerdo aquí que cuando en 1853 —y ante la petición de
Gertrudis Gómez de Avellaneda— la Academia debatió la posibilidad de que ingresasen mujeres, seis académicos votaron a favor, frente a catorce que lo hicieron en contra. En 1912 —cincuenta y nueve años después—, doña Emilia fue rechazada por
unanimidad: todos votaron contra ella. Es cierto que tan solo
acudieron a la elección dieciséis académicos: faltaron veinte, entre ellos algunos que previamente le habían prometido en público su apoyo, como Galdós —su gran amigo y examante—, Antonio Maura o Ramón Menéndez Pidal. Una triste casualidad,
sin duda. ¿Estaban todos enfermos precisamente ese día? ¿O es
que, me pregunto, no se atrevieron a dar la cara por la causa de
una mujer que era —como ella misma dijo— la causa de todas
las mujeres...?

Hay que decir sin embargo que en los dos últimos intentos
doña Emilia tuvo innumerables apoyos desde fuera de la institución, algo que en cambio no había ocurrido en los dos primeros.
Hubo auténticas campañas en diversos medios de comunicación
por parte de muchos hombres de las generaciones más jóvenes,
que la admiraban. En 1914, un grupo de escritoras y mujeres
periodistas se movilizó a su favor, reuniéndose incluso con ministros y diputados: fue uno de los primeros *lobbies* femeninos
que se recuerdan en España. Pero ni siquiera así hubo nada que
hacer.

Habría que esperar hasta 1979 para que una mujer, al fin,
pudiese acceder al sagrado recinto. Fue la escritora y maestra

Carmen Conde (1907-1996). Habían pasado casi tres siglos desde la fundación de la Academia, ciento veintiséis años desde el
intento de Gertrudis Gómez de Avellaneda, y sesenta y cinco
desde el último esfuerzo para que lo lograse doña Emilia.
¿Cuántas generaciones son esas de mujeres mantenidas al margen —a empujones si era preciso— de la institución que regula
el uso de la lengua que ambos géneros empleamos?*

Imagino que, en medio de todos aquellos golpes, insultos y
desprecios, Emilia Pardo Bazán debió de pasar días muy ne-
gros: ¿cómo creer en ti misma cuando los demás, los que cuentan, te dicen que no vales para nada? Pero lo que sufriese, las
inseguridades que pudo haber sentido, el dolor por las traicio-
nes de los escritores admirados y hasta queridos, jamás lo com-
partió con nadie.

Públicamente, siempre se mantuvo firme en su desafío,
y tuvo claro desde el principio que aquella no era una lucha individual, sino que en su persona estaba representado todo el género femenino. En una entrevista que concedió al periódico *El Día*
en 1917, cuando ya estaba claro que nunca conseguiría ser académica, afirmó:

> Esta es una cuestión que solo ha llegado a interesarme por un
> concepto ideal, por el aspecto feminista. Yo no he luchado por
> la vanidad de ocupar un sillón en la Academia, sino por defen-
> der un derecho indiscutible que, a mi juicio, tienen las mujeres.
> A mí no se me ha admitido en la Academia no por mi persona-

---

* Cuando escribo, a finales de 2022, en la Real Academia hay ocho
mujeres sobre un total de cuarenta y seis miembros, exactamente el 17,39
por ciento. Siete de ellas han sido elegidas después de 2010.

lidad literaria —según han dicho todos los que podían votar-
me—, sino por ser mujer.[24]

Igual que su admirada Tula —y que tantas grandes escritoras
después de ella—, Emilia Pardo Bazán se marchó a los Campos
Elíseos, donde pasan la eternidad las grandes voces literarias, sin
que el *establishment* de la palabra se dignase reconocerle su mérito. Confiemos en que allá arriba no existan las diferencias de
género y que ambas, y todas las demás, puedan gozar de la celebridad que merecen.

«Si yo fuese hombre, saldría en este momento y me dirigiría a un
monte, pues el día está soberbio; tengo, sin embargo, que resig-
narme a permanecer encerrada en mi gran salón». La autora de
estas frases tristísimas, enviadas en una carta a su marido y que
tan bien resumen lo que fue la condición de las mujeres privilegiadas durante siglos, es una de las voces poéticas más grandes
que dio jamás España, Rosalía de Castro (Santiago de Compos-
tela, 1837-Padrón, A Coruña, 1885).

El eco de Rosalía llegó mucho más alto y más lejos de lo que
ninguna otra poeta contemporánea —o poeta contemporáneo—
pudo soñar. Sus versos son el alma de su tierra, Galicia, pero son
mucho más que eso: la esencia de una manera de sentir la tierra
—cualquier tierra— que quizá nadie haya logrado expresar con
más emoción y más belleza.

Desclasada —nació de una mujer hidalga, pero pobre, y de
un cura—, con mala salud, madre de siete hijos y esposa de un
hombre clave en el Rexurdimento gallego, Manuel Murguía, que
le hizo de puente con el mundo literario y que, a ratos, resulta
una figura un tanto oscura en la vida de la poeta, Rosalía siempre
tuvo muy claros los límites que se le imponían por ser mujer.

La cuestión femenina apareció una y otra vez en su obra, dotándola de un pensamiento que podemos calificar de feminista, aunque no consta que ella utilizase este término. Pero, aunque no usara la palabra, se hermanó en la queja y la lucha con otras muchísimas mujeres que vivieron antes, al mismo tiempo y después que ella, todas las que una y otra vez sintieron que dentro de ellas latía algo gigantesco que el mundo se empeñaba en apagar, las alas eternamente cortadas del género femenino.

Rosalía de Castro dejó muchas trazas de esta conciencia en sus cartas privadas, sus novelas y sus artículos. En uno de los primeros, publicado en 1858, cuando tenía solo veintiún años, expresó la fortaleza interior que sentía en una reivindicación inaudita de sí misma y sus capacidades: «Yo soy libre. Nada puede contener la marcha de mis pensamientos, y ellos son la ley que rige mi destino».[25] No solo sentía, sino que pensaba —todo un atrevimiento—, y esa capacidad la colocaba muy por encima de las contingencias de la vida.

En 1866, cuando ya había publicado dos novelas, *La hija del mar* y *Flavio*, además de su primer poemario, *Cantares gallegos* —que la convirtió de inmediato en una celebridad—, escribió un artículo reflexionando sobre lo que les sucedía a las escritoras, «Las literatas. Carta a Eduarda». En este texto reconocía que muchas personas creían que sus obras las escribía su marido, una sospecha que ha recaído una y otra vez sobre las creadoras de todos los campos cuando, en realidad, a menudo ha sido precisamente al revés: maridos que se han apropiado de las obras de sus mujeres, en una larga maraña de engaños que probablemente nunca terminaremos de desentrañar. Y explicaba:

Tú no sabes lo que es ser escritora. Serlo como Jorge Sand vale algo; pero de otro modo, ¡qué continuo tormento!; por la calle te señalan constantemente, y no para bien, y en todas partes murmuran de ti. Si vas a la tertulia y hablas de algo de lo que sabes, si te expresas siquiera en un lenguaje algo correcto, te llaman bachillera, dicen que te escuchas a ti misma, que lo quieres saber todo. Si guardas una prudente reserva, ¡qué fatua!, ¡qué orgullosa!; te desdeñas de hablar como no sea con literatos. Si te haces modesta y por no entrar en vanas disputas dejas pasar desapercibidas las cuestiones con que te provocan, ¿en dónde está tu talento?; ni siquiera sabes entretener a la gente con una amena conversación. Si te agrada la sociedad, pretendes lucirte, quieres que se hable de ti, no hay función sin tarasca. Si vives apartada del trato de gentes, es que te haces la interesante, estás loca, tu carácter es atrabiliario e insoportable; pasas el día en deliquios poéticos y la noche contemplando las estrellas, como don Quijote. Las mujeres ponen en relieve hasta el más escondido de tus defectos y los hombres no cesan de decirte siempre que pueden que una mujer de talento es una verdadera calamidad, que vale más casarse con la burra de Balaam, y que solo una tonta puede hacer la felicidad de un mortal varón.[26]

Así se resumía el triste destino de las mujeres más listas de la cuenta: «solo una tonta puede hacer la felicidad de un mortal varón». Todavía, seguramente, en este momento y en cualquier lugar del mundo occidental —por no hablar del resto— habrá hombres pensando exactamente lo mismo.

Pero Rosalía de Castro también nos dejó unos versos —en gallego— que bien pueden ser una llamada para cada una de nosotras:

Arriba
todas, rapaciñas do lugar!,
que o sol
i a aurora xa vos vén a dispertar.
Arriba!

Este grito resonaría fuerte en las mujeres de las generaciones posteriores, cuando la aurora las despertase al fin en forma de irrefutable feminismo.

7

Crear desde los márgenes:
las artistas del XIX

> La mujer artista es meramente ridícula, aunque yo estoy a favor de las cantantes y las bailarinas.
>
> AUGUSTE RENOIR

> Admiro a las mujeres que tienen la fortaleza suficiente para mantenerse en pie mientras otros se burlan de ellas.
>
> HARRIET HOSMER

Berthe Morisot se alejó un poco del lienzo para verlo mejor. Añadió unas pinceladas de violeta en el agua del Sena, justo debajo de la gabarra —la sombra de la barca debía alargarse un poco más—, y volvió a alejarse. Ahora sí. Al fin había logrado terminar el cuadro.* Los amigos de gustos más anticuados le di-

---

* Para entender mejor los siguientes párrafos, aconsejo ver ese cuadro. Se titula *Vista de París desde el Trocadero*, y se puede ver en el segundo cua-

rían que aún no estaba acabado: seguro que a Puvis de Chavannes le parecía que las figuras que se paseaban por las orillas del río eran demasiado difusas o que el carruaje de la derecha apenas tenía forma, pero cada vez le importaba menos la opinión de los compañeros anclados en el pasado, aunque no dejaba de molestarle la indulgencia con la que la trataban, como si fuera una «solterona» que se dedicaba a la pintura por aburrimiento...

Ya había cumplido los treinta y dos años, y llevaba pintando la mitad de su vida. Pintando en serio, entregada en cuerpo y alma al arte a pesar de todas las presiones que había tenido que soportar, de todas las barbaridades que había tenido que oír. Pero al menos los amigos jóvenes, Manet, Degas, Pissarro o Monet, siempre eran generosos en sus comentarios. Mejor dicho, justos, no generosos, sino justos. Vaya, ¿por qué razón siempre tenía que pensar que si a alguien le gustaban sus obras era porque esa persona era generosa...? ¿Qué demonios les ocurría a las mujeres, que nunca acababan de creer del todo en sí mismas? Malditos prejuicios, maldita educación, maldita... Se dio cuenta de que estaba hablando en voz alta. Su madre la oiría desde su gabinete —seguro que la oiría— y acabaría cayéndole un nuevo chaparrón sobre su lenguaje de soldado, su aspecto desaliñado, su vida poco apropiada, etcétera, etcétera, etcétera.

Berthe Morisot volvió a alejarse lo suficiente como para poder contemplar con distancia el lienzo. Ahí estaba París visto desde la colina del Trocadero. Se había pasado muchas tardes allá arriba, con sus trastos de pintar y sus tubos de pigmentos —ben-

dernillo de imágenes en color de este libro y también en la web del Museo de Santa Barbara (California). Añado como curiosidad que el jardín elevado del primer plano, donde están las tres figuras, es el lugar donde ahora se levanta la torre Eiffel, construida en 1889, trece años después: https://collections.sbma.net/objects/3183/view-of-paris-from-the-trocadero

ditos tubos, que permitían a los artistas modernos salir a las calles y los campos y representar los paisajes del natural—, contemplando a sus pies la ciudad y tratando de captar sobre el lienzo la luz violácea que el cielo nuboso depositaba sobre ella. Sí, allí estaban, muy al fondo, la mole todavía en obras de la basílica del Sacré-Cœur en la cima de Montmartre y las torres lejanas de Notre-Dame, la gran cúpula dorada de los Inválidos, la explanada arenosa del Campo de Marte al borde del río, el puente de Jena y, luego, los paseos y la suave colina cubierta de hierba del jardín del Trocadero. Y en lo alto, en lo más alto, justo en primer plano, las tres figuras femeninas, su hermana, su prima y su sobrina.

Berthe se echó a reír al recordar los juegos de Bichette las dos o tres tardes que había ido a posar para ella. Había tenido que captarla en un segundo, caminando hacia la barandilla, porque no había manera de que se quedase quieta. De espaldas, así la había representado, con su guardapolvo azul y su largo pelo rubio, como si caminase hacia París. Sí, la niña caminaba hacia París, mirando de frente la ciudad, la niña sí, pero las dos mujeres le daban la espalda... Berthe Morisot sintió un escalofrío. ¡Dios mío! ¿Qué había representado? No había sido consciente hasta ese momento, pero lo que había pintado en ese lienzo no era la ciudad de París, ni el Sena, ni el jardín en lo alto del Trocadero. Lo que había representado de verdad era la vida que llevaban las mujeres como ella, de espaldas a la ciudad.

Mientras ellos, sus compañeros y amigos, recorrían París de cabo a rabo, solos o en grupo, callejeando por la Cité, divirtiéndose en las tabernas de Pigalle y de Montmartre, observando y pintando la vida cotidiana de las obreras, los trabajadores, las bailarinas de los cabarets o las desdichadas prostitutas, mientras iban y venían de los burdeles a los salones de la misma clase burguesa a la que pertenecían y se inspiraban en todas partes y pagaban unos céntimos a las preciosas muchachas de los barrios pobres para que posasen desnudas ante ellos y después retrataban a sus esposas leyendo plácidamente en los jardines, mientras cada uno de ellos podía tomar un tren cuando le daba la gana y llevarse su caballete y su lienzo y sus colores a cualquier sitio, o instalarse a pintar en la esquina de cualquier calle o junto a la barra de cualquier bar, ella se veía obligada a retratar una y otra vez a los miembros de su familia, única y exclusivamente a los miembros de su familia, a mirar única y exclusivamente el interior de su casa o los ordenados paisajes cercanos, a pasear única y exclusivamente por las avenidas más elegantes, y siempre acompañada de alguien y fingiendo que nada de todo aquello le interesaba como objeto pictórico, porque una dama como es debido no está pendiente de los objetos pictóricos.

Berthe Morisot pasó suavemente un dedo sobre la pequeña figura de su sobrina, que caminaba decidida hacia París, y pensó que tal vez Bichette y las niñas como ella lo conseguirían en el futuro. Deseó intensamente que lo consiguiesen.

En diciembre de 1873 —el mismo año en que acabó esa *Vista de París desde el Trocadero*—, Berthe Morisot (1841-1895) se unió a un grupo de pintores parisinos para organizar la Sociedad Anónima de Artistas Pintores, Escultores y Grabadores. Unos meses después, a mediados de abril de 1874, inauguraron su primera exposición colectiva en el estudio del famoso fotógrafo Nadar. Un total de treinta artistas presentaron allí sus obras. Veintinueve eran hombres, y entre ellos había algunos pintores entonces casi desconocidos y ahora objeto de culto popular, como Paul Cézanne, Edgar Degas, Claude Monet, Camille Pissarro, Auguste Renoir o Alfred Sisley. Berthe Morisot fue la única mujer presente en esa muestra colectiva, en la que ella aportó nueve obras. Otras dos artistas cercanas al círculo, Eva Gonzalès (1847-1883) y Marie Bracquemond (1840-1916), no expusieron en esta primera muestra.

Quizá les asustase la previsible repercusión que aquello iba a tener: crear una asociación y mostrar juntos todos esos trabajos subversivos era un gesto de rebeldía por parte del grupo de artistas. La obra de los impresionistas forma parte del canon por excelencia desde hace mucho tiempo, pero en ese momento estaban muy lejos de alcanzar no solo el reconocimiento, sino ni siquiera el respeto. En realidad, aquel fue el primer movimiento organizado de lo que con el tiempo se llamarían las vanguardias. Al poner en marcha esa acción colectiva, los miembros de la sociedad anónima estaban mostrando su rechazo al sistema artístico francés tal y como venía funcionando desde la Revolución francesa de 1789 —es decir, bajo el control de la Academia de Bellas Artes—, pero también, y sobre todo, al arte imperante.

Hartos de la representación pretendidamente «naturalista» preconizada por la institución —y que podríamos calificar de académicamente relamida—, aquel grupo de amigos se había lanzado a plasmar el mundo de una manera completamente diferente. Para ellos ya no existían los asuntos «nobles» en el arte. Alejados de lo histórico y lo alegórico, de las infinitas diosas y ninfas desnudas que poblaban la perversa pintura académica, lo que les interesaba a esos jóvenes modernos era la vida real, con todas sus menudencias: la esquina de una calle, la obrera sentada en un café, el álamo tembloroso a orillas de un río... Y la luz. Por encima de todo, la luz —un asunto que la ciencia de la época estaba investigando—, la manera como el sol, las nubes o la iluminación artificial inciden sobre la materia y conforman los colores, transformando la apariencia de las cosas, a veces hasta disolverlas.

Se puede entender que un programa semejante, revolucionario tanto en las formas como en el contenido, fuese todo un escándalo a ojos de la buena sociedad burguesa a la que, paradójicamente, pertenecían aquellos artistas. De hecho, la primera exposición de la sociedad anónima generó poco interés por parte del público, pero muchas reseñas negativas. Uno de los críticos aprovechó el título de un cuadro de Monet —*Impresión, sol naciente*— para llamarlos burlonamente «impresionistas». El término serviría en adelante para denominar a aquel grupo de artistas rompedores. Que, para colmo, una mujer formase parte de semejante colectivo era algo inaudito. Mucho más aún porque Berthe Morisot no era precisamente una «mujerzuela» —aunque algunos críticos y aficionados llegasen a considerarla así—, sino una dama de la alta sociedad, miembro de una familia perfectamente burguesa y magníficamente decente.

Décadas atrás, a principios del siglo, en los años posteriores a la Revolución francesa, todavía era bastante habitual encontrar mujeres entre los pintores favoritos del mundo artístico parisino: las grandes artistas del XVIII habían hecho escuela, dejando una estela de seguidoras. Varias de ellas eran discípulas directas de pintoras de enorme éxito como Élisabeth Vigée Le Brun o Adélaïde Labille-Guiard, las dos académicas de las que he hablado en el primer capítulo, que formaron en sus talleres a otras mujeres, dando así lugar a un amplio círculo de creadoras femeninas.

Marie-Guillemine Benoist, Constance Mayer, Marie-Gabrielle Capet, Marguerite Gérard, Marie-Denise Villers, Constance-Marie Charpentier, Marie-Geneviève Bouliard, Marie-Victoire

Lemoine... En los primeros años del siglo XIX, estas pintoras, todavía formadas en el antiguo sistema, obtuvieron reconocimientos y fama: el mismísimo Napoleón, a pesar de su conocida misoginia, encargó a la famosa Marie-Guillemine Benoist que retratase a todas las mujeres de su familia.[1]

Pero, en realidad, eran un rescoldo del pasado: el muro se iba cerrando sobre ellas, tanto en Francia como en el resto de Europa. Cuando estas artistas se retiraron o murieron alrededor de 1820, el discurso burgués ya no quería más mujeres formando parte de ese mundo: «¡Oh! ¡Afortunada república aquella en la que haya muchas *mujeres artistas*! ¡Qué excelentes ciudadanos serán capaces de formar esas madres de familia!», escribió sarcásticamente un crítico francés justo al alba del siglo. También aquí el camino al hogar quedaba señalado para mucho tiempo.

El portazo fue tremendo, y dejó fuera de juego a varias generaciones de mujeres artistas, o que hubiesen deseado serlo. Ya hemos visto cómo en plena Revolución francesa, al quedar abolida la Academia Real de Pintura y Escultura y fundarse el Instituto de Francia, se prohibió el acceso al género femenino. En 1816, cuando Napoleón ya había sido definitivamente derrotado y los Borbones volvían a estar en el trono, se refundó la Academia de Bellas Artes. Pero la burguesía triunfante se ocupó por supuesto de mantener a las mujeres bien alejadas: si la antigua Academia Real había aceptado a lo largo de su siglo y medio de existencia a quince pintoras, la nueva institución permaneció cerrada a cal y canto para las artistas durante doscientos años. Dos siglos enteros, el XIX y el XX al completo. Solo en el año 2000 fue elegida la primera académica francesa, la gran actriz —que no creadora plástica— Jeanne Moreau. Entretanto, generaciones y generaciones de mujeres artistas de todas las disciplinas vivieron y crearon en Francia, algunas realizando obras realmente deslumbrantes, sin que sus méritos fueran jamás reconocidos por la institución oficial.*

Desde finales del siglo XVII hasta 1880, la Academia de Bellas Artes de Francia organizó cada año en París un famoso Salón de Pintura y Escultura, un importante espacio de encuentro de artistas y tendencias, que durante mucho tiempo marcó la cotización de pintores y escultores. A lo largo del siglo XVIII, la presencia de mujeres que exponían en el Salón era de alrededor de un 20 por ciento. Los archivos del XIX confirman el creciente maltrato a las artistas: a medida que transcurrían las décadas, el número de pintoras rechazadas por el jurado no hacía más que subir, al mismo tiempo que disminuía el de mujeres que obtenían las apreciadas medallas que se concedían en la exposición.

Al principio del siglo, el porcentaje de artistas que recibían esos premios se repartía por igual entre los varones y las mujeres, un 6 por ciento en cada uno de los sexos. A partir de 1860 se mantuvo el 6 por ciento de medallas para los hombres, pero la tasa de mujeres merecedoras de ese reconocimiento cayó al 0,2 por ciento. Al mismo tiempo, en los documentos de los sucesivos Salones se observa que las pintoras seleccionadas dejaron de ser las grandes retratistas o autoras de cuadros de historia del pasado, y fueron quedando relegadas a los campos considerados menores dentro de la representación artística: flores, retratos en miniatura y artes aplicadas, como la decoración sobre porcelana.[2]

* En el momento de escribir estas líneas, a finales de 2022, once mujeres se sientan en alguno de los sesenta y siete sillones de la Academia de Bellas Artes de Francia, un 16,41 por ciento del total.

El fenómeno se repitió de la misma manera en toda Europa. En lo referente a España, la Academia de Bellas Artes de San Fernando siguió el mismo modelo. Si en el siglo XVIII, como ya he contado en el capítulo 1, aceptó como académicas de honor o de mérito a algunas mujeres, en el XIX esa tradición «galante» se fue desvaneciendo: hasta 1819, todavía nueve mujeres fueron elegidas académicas de honor. Desde esa fecha y hasta 1979 no hubo ninguna más: ciento sesenta años sin honores.

En cuanto a los sillones de número —es decir, los que cuentan de verdad—, las puertas de la Real Academia de Bellas Artes de San Fernando permanecieron firmemente cerradas para el género femenino doscientos cuarenta y dos años, desde su fundación en 1752 hasta 1994: solo en esa fecha, a punto ya de terminar el siglo XX, se aceptó por primera vez a una mujer en sus filas, la maravillosa mezzosoprano Teresa Berganza.*

En 1903, José Parada y Santín, catedrático de Anatomía de la Escuela Superior de Bellas Artes de Madrid, publicó un libro que todavía a día de hoy resulta imprescindible para seguir el rastro de las escasas artistas de España, *Las pintoras españolas*. Podríamos pensar que el autor de semejante investigación —que debemos agradecerle— debería ser un hombre feminista, o alguien que al menos respetase el talento artístico de las mujeres. Sin embargo, al hablar del momento contemporáneo, aquel inicio del siglo XX, Parada afirmaba lo siguiente:

---

* En este momento (enero de 2023), entre los sesenta académicos de número —incluidos los electos que aún no han leído su discurso de aceptación— hay diez mujeres, un 16,6 por ciento del total.

No tratamos de censurar el giro de la educación femenina de nuestros días, pues ella tiende a dar independencia a la mujer y por lo tanto moralizarla; pero creemos que esto, que puede ser útil en muchos casos, es malo como medida general, porque la aparta de su verdadero centro, que es el hogar, y lleva la educación a un socialismo contrario a la organización de la familia, fuente de la felicidad. [...] Una mujer estudiando leyes y tratando de ejercer ciertas profesiones nos parece un absurdo moral, y solamente cuando la llama del genio fulgura en su frente debe dejársela seguir sus impulsos y no contrariar las aspiraciones de una imaginación excepcional. [...] Las artes, y especialmente la Pintura, pueden ocupar con provecho la imaginación y los ocios de las mujeres, y el benéfico influjo de su cultivo en manera alguna puede perjudicar a las condiciones que pudiéramos llamar domésticas de la mujer. Antes por el contrario, creemos que el arte pictórico en la educación de las mujeres es un elemento utilísimo que ejercita las facultades intelectuales y afectivas sin causarlas ni exaltarlas, y que contribuye a afinar el gusto y a perfeccionar el sentido estético en la mujer.[3]

El arte como pasatiempo de señoritas y señoras bien educadas. Eso era todo. Muy pronto, la multitud de mujeres españolas que se lanzaron a exigir un lugar en la esfera artística en las décadas de 1910, 1920 y 1930 harían frente a estas ideas viejas que José Parada compartía con tantísimos ciudadanos y ciudadanas. Ya sabemos que, por desgracia, la reacción las detendría enseguida —incluso utilizando bombas y fusiles—, y las mandaría de vuelta a ese hogar-jaula del que habían querido escaparse. O al exilio.

Lo peor de la marginación que sufrieron las mujeres en el mundo artístico del siglo XIX no fue que las excluyeran del circuito de los honores y el poder académico. Lo peor fue que se les impidió el acceso a la formación, o al menos se les dificultó enormemente.

Las artes plásticas exigen no solo talento natural, sino una preparación técnica muy rigurosa y, en general, muy larga. Como ya hemos visto, durante muchos siglos la enseñanza se producía en el seno de los propios talleres de los maestros y maestras. Pero a comienzos del XIX ocurrió un fenómeno extraordinario, una metamorfosis absoluta del concepto de artista: con el triunfo de las ideas románticas, la pintura y la escultura dejaron de ser una actividad artesanal «de lujo».

Las artes habían alcanzado al fin la consideración de actividades intelectuales que habían estado exigiendo durante siglos. El creador —no digo la creadora porque aquel mundo decimonónico apenas la concebía— se convirtió en un ser excepcional, un «genio» que actuaba movido únicamente por la inspiración. Un pintor ya no era el maestro a la cabeza de un equipo de ayudantes que trabajaban junto a él en el taller —denominación que remite a lo artesanal—, sino alguien que trabajaba en solitario en su estudio, con todas las connotaciones sofisticadas que este término supone. El lugar que el artista ocupaba en la sociedad había dado un cambio total: a lo largo del siglo, cada vez más personas procedentes de la burguesía —incluso de la alta burguesía— decidieron dedicarse al arte, algo que jamás había ocurrido antes, salvo en rarísimas ocasiones. Fue el caso de los pintores y las pintoras impresionistas: excepto Renoir, que procedía de una familia de artesanos, todos ellos eran miembros de las clases privilegiadas.

El nuevo concepto del artista y la nueva sociedad burguesa trastocaron por completo todo el sistema del arte. También el aprendizaje: a medida que se desvanecía la figura del «maestro» o «maestra» habilitado por los antiguos gremios para transmitir sus conocimientos, comenzaron a abrirse escuelas de arte, tanto oficiales —ligadas a las academias de cada país— como privadas. Y entonces, de pronto, las mujeres quedaron totalmente excluidas de la formación. Así, sin más.

La excusa que puso el siglo burgués para alejarlas del aprendizaje y condenarlas a la marginalidad nos resulta ahora asombrosa, pero encajó perfectamente en el discurso de la época. Durante muchas décadas, en todo el mundo occidental se prohibió el acceso del género femenino a las escuelas de arte por razones de moralidad: no resultaba conveniente que «señoritas decentes» asistiesen a las clases de dibujo del natural, que incluían el desnudo.

Cualquier justificación era válida, por lo visto: ahora el problema ya no radicaba en que no tenían por naturaleza suficiente talento, sino en que su «virtud» les impedía pasarse horas y horas mezcladas con compañeros varones y dibujando una y otra vez a los modelos desnudos, tanto hombres como mujeres. Y resulta —oh casualidad— que esas clases eran una parte fundamental de la enseñanza del arte, la única manera de aprender a conocer el cuerpo humano para poder representarlo después a la perfección. Y a la pintura académica del siglo XIX —y a sus compradores— le fascinaban los cuerpos humanos, sobre todo los desnudos de las infinitas diosas que pueblan sus lienzos.

Ya lo había dicho en 1783 el conde de Angiviller al escribir a Luis XVI en protesta por el nombramiento de Adélaïde Labille-Guiard y Élisabeth Vigée Le Brun como académicas: «Las mujeres no pueden ser útiles al progreso de las Artes, pues la decencia de su sexo les impide poder estudiar [el desnudo] del natural». El prestigioso director de los Edificios del Rey se olvidaba de que grandes pintoras del pasado como Lavinia Fontana, Elisabetta Sirani, Artemisia Gentileschi e incluso algunas de sus contemporáneas —Angelica Kauffmann, Anna Dorothea Therbusch y la propia Élisabeth Vigée Le Brun— habían representado desnudos sin que eso perturbase en absoluto a sus distinguidos clientes, entre los que se incluían reyes, cardenales y papas.

También se olvidaba de que, además de las diosas, en la representación artística caben otros innumerables sujetos, pero lo cierto es que esa idea que ahora nos resulta ridícula terminaría por perdurar durante mucho tiempo: el «ángel» sin mácula, que a menudo cumplía con sus «deberes conyugales» sin quitarse la ropa, no debía contemplar jamás un cuerpo desnudo —fuese el de un hombre o el de otra mujer— porque en ese cuerpo, por lo visto, se condensaba todo el pecado del mundo.

Una investigación de la profesora Estrella de Diego en los archivos de la Escuela de Bellas Artes de Madrid —llamada en el siglo XIX Escuela Especial de Pintura, Escultura y Grabado— pone de relieve estos datos: las primeras alumnas que pudieron matricularse no lo hicieron hasta 1878. Fueron cinco de un total de ciento sesenta y tres estudiantes. Pero se les prohibió estudiar las dos asignaturas fundamentales: la consabida Anatomía Pictórica —con sus modelos de ambos sexos— y la de Colorido y Composición.[4]

Esta segunda exclusión resulta realmente sospechosa: dado que no había razones de índole moral que justificasen la prohibición de que las mujeres asistiesen a las clases de aquella materia crucial, cabe pensar que el único motivo fuese que no querían que se formasen a conciencia como pintoras. Como decía Parada y Santín, un poco de afición bastaba...

Solo muy a finales del siglo empezarían las estudiantes a poder acercarse a esas asignaturas, a la espera del estallido de alumnas que se produciría en la década de 1920 y del que surgirían las importantes artistas españolas de las vanguardias.

Los datos del resto del mundo occidental respecto a la enseñanza artística para el género femenino son muy parecidos: la Escuela de Bellas Artes de París no abrió sus puertas a las mujeres hasta 1898. En la de Filadelfia —Pennsylvania Academy of Fine Arts—, se produjo un enorme escándalo en 1886, cuando el director, Thomas Eakins, permitió que una alumna dibujase a un modelo desnudo. El escándalo le costó el puesto y una larga depresión, pero de nuevo en 1895 fue expulsado de una academia privada por la misma razón.

Podemos sospechar que tal vez muchas mujeres renunciasen a su vocación artística imbuidas de esta moral hipócrita. En una fecha tan temprana como 1813, bajo el Imperio de Napoleón, una joven suiza llamada Amélie Romilly se instaló en París con su madre para perfeccionar sus estudios de pintura. Pronto le escribió lo siguiente a su profesor de Ginebra para explicarle cómo el pudor le impedía seguir adelante con su carrera:

> No puedo ir a ningún taller porque en todos hay modelos masculinos y femeninos, y le confieso que no consigo animarme a dibujar de esa manera y renunciar a mi derecho a ruborizarme, porque una mujer que ha representado a hombres desnudos ya no puede presumir de decencia ni de pudor. [...] Piénselo bien: hombres desnudos, mujeres desnudas, y en presencia de otros hombres y otras mujeres, y además a las mujeres que acuden a esos talleres no se las ve como a las otras, y yo no voy a exponerme a eso.[5]

Hombres desnudos, mujeres desnudas ante los ojos de otra mujer... La idea resultaba pavorosa para la sociedad burguesa. Aunque, por supuesto, a esa moral burguesa no le preocupaba en absoluto la decencia de aquellas «otras» mujeres, las modelos que posaban sin ropa ante los estudiantes varones a cambio de algunas monedas: esas jóvenes no eran «señoritas», sino más bien hijas del arroyo, muchachas pobres que a menudo se convertían en amantes de los pintores —sus musas, ya saben— y que a veces terminaban rozando la prostitución, cuando no eran abiertamente empujadas a ella, con todas sus desdichas.

Las modelos, personajes fundamentales del sistema del arte durante mucho tiempo, no tenían ninguna reputación que salvaguardar. Sus cuerpos, sus rostros, sus cabelleras pueblan buena parte de la historia del arte a lo largo de muchas décadas —del arte académico y también del arte de vanguardia—, pero apenas sabemos nada de sus vidas, y lo poco que sabemos nos habla de mujeres de existencias a menudo desgarradas, víctimas de un sistema patriarcal que las cosificó, las explotó y luego, cuando el esplendor de sus cuerpos decayó, las abandonó. Las musas rotas.

Consuela pensar que una de ellas, al menos, fue protagonista de una historia realmente heroica, como si fuera la némesis que consiguió vengarse del sistema en nombre de todas las demás. Es la preciosa muchacha que gira, bien agarrada por un hombre, en el cuadro *Baile en Bougival* de Renoir, la que peina su larga cabellera en *La trenza* del mismo pintor, la que exhibe su perfil, acodada en el velador de un café frente a un vaso de alcohol, en *Gueule de bois*, de Toulouse-Lautrec, probablemente también la que se baña desnuda en un bargueño en diversas obras de Degas.

Se llamaba Suzanne Valadon (1865-1938) y era la hija de una mujer soltera que se ganaba la vida como lavandera en París. Dotada de una belleza sólida y rotunda —nada que ver con las damiselas evanescentes del momento—, Valadon creció en el barrio de Montmartre, que por entonces era poco más que un pueblo de casuchas muy humildes. Era una adolescente cuando a finales de la década de 1870 los artistas de vanguardia empezaron a instalarse allí y ella, acostumbrada a trabajar desde niña, comenzó a posar para ellos.

Se supone que Suzanne Valadon fue amante de varios pintores, y que el hijo que tuvo a los dieciocho años podría ser hijo de Renoir, aunque quien lo reconoció y le dio su apellido fue el pintor e ingeniero catalán Miquel Utrillo. Con el tiempo, ese niño, Maurice Utrillo, se convertiría en una leyenda en Montmartre: era el ejemplo mismo de artista bohemio que todavía ahora los turistas buscan en el barrio. Alcoholizado desde los trece años —aunque finalmente logró curarse de su adicción—, Utrillo plasmó una y otra vez en sus cuadros las calles en las que vivía, pintando siempre al aire libre y protagonizando innumerables escándalos nocturnos junto a su amigo Modigliani, también alcohólico.

Pero Suzanne Valadon no fue solo la madre de un pintor legendario: ella misma se convirtió en una gran artista, y lo hizo de manera autodidacta, fijándose primero en cómo trabajaban los hombres para los que posaba y más tarde aconsejada por Degas, que reconoció su talento cuando vio sus primeras creaciones.

Valadon fue la más atrevida de todas las pintoras que poblaron París a finales del XIX y principios del XX, y llenó sus lienzos de infinidad de desnudos, tanto femeninos como masculinos, adelantándose en muchos años a la modernidad de otras artistas posteriores. Quizá para ella este atrevimiento fuese posible, precisamente, porque no tenía ninguna reputación que proteger. De hecho, era una mujer tan poco convencional que, tras casarse con un caballero burgués que le habría permitido llevar eso que muchos llamarían «una buena vida», lo abandonó para volver a Montmartre, el arte y la bohemia y casarse por segunda vez con otro pintor, un amigo de su hijo veintiún años más joven que ella. ¿Podríamos decir que este hombre, André Utter, que posó desnudo para muchos de los cuadros de su esposa, fué «su muso»...?

La extraordinaria calidad y potencia de la obra de Suzanne Valadon, su valentía al escapar de la pasiva condición de musa y convertirse en sujeto del arte, su biografía tan poco común, todo eso debería haber hecho de ella una leyenda a la misma altura al menos que su hijo. Sin embargo, durante muchas décadas, la historiografía del arte solo recordó a Maurice Utrillo y se olvidó por completo de su madre y maestra, que ha empezado a ser recuperada en los últimos tiempos, como ha ocurrido con tantas y tantas artistas excluidas.

Aunque Berthe Morisot y sus compañeras impresionistas —Eva Gónzalès, Marie Bracquemond y la estadounidense Mary Cassatt (1844-1926), que se incorporó más tarde al grupo pero fue la más activa— no llegaron tan lejos como Suzanne Valadon en sus temáticas, no cabe duda de que, además de grandes artistas, fueron mujeres valientes, y no solo por su empeño en dedicarse a la pintura, sino también por atreverse a sumarse a aquel movimiento de insumisos: todas ellas procedían de familias adineradas, y habrían podido conformarse con hacer algunos pequeños y «bonitos» cuadros de flores que demostrasen lo bien educadas que estaban, en lugar de tomarse en serio a sí mismas como artistas y apostar además por la radicalidad.

Cuando Berthe y su hermana Edma —que abandonó el arte después de casarse— eran adolescentes y comenzaban sus estudios de pintura, el profesor le escribió una carta a su madre avisándola del enorme riesgo que estaba corriendo:

> Con la naturaleza que tienen sus hijas, mis enseñanzas no van a servir solo para inculcarles un poco de talento que las adorne: van a convertirse en pintoras. ¿Se da cuenta de lo que eso quiere decir? En ese ambiente suyo de alta burguesía, será una revolución, me atrevo incluso a decir que una catástrofe.[6]

Sin embargo, al observar en conjunto la obra de las impresionistas, se adivina cuánto pesó sobre ellas la sombra de los prejuicios patriarcales. Sus vidas, desde luego, no tenían nada que ver con las de sus compañeros, y era inevitable que eso se reflejase en su trabajo: su campo de acción y de experiencias, su campo de mirada como artistas, podríamos decir, estaba enormemente limitado, tanto por su género como por su condición social.

En la misma época, una joven pintora ucraniana que residía en París, Marie Bashkirtseff (1858-1884), reflejó en su diario la frustración que sentía día tras día por no poder vivir como deseaba vivir. Bashkirtseff —que murió de tuberculosis con tan solo veinticinco años— pertenecía a una familia riquísima. Era una auténtica «señorita», y su existencia estaba marcada por reglas estrictas que perturbaban su vocación de artista y le impedían desarrollarse:

> Lo que más ansío es la libertad de salir sola, de ir y venir, de sentarme en las sillas de [los jardines de] las Tullerías, y sobre todo en las de [los jardines del] Luxemburgo, de pararme a mirar las tiendas de materiales artísticos, de entrar en las iglesias y los museos, de caminar por las viejas calles de noche; eso es lo que más ansío, y esa es la libertad sin la cual no se puede

llegar a ser artista. No puedo aprovechar nada de lo que veo porque siempre tengo que ir acompañada, y hasta para visitar el Louvre tengo que esperar a que lleguen mi coche y mi dama de compañía o mi familia. Esta es una de las principales razones por las que no existen mujeres artistas.[7]

Sí que existían mujeres artistas, cada vez más, pero, igual que Marie Bashkirtseff, se vieron obligadas a desenvolverse dentro de límites muy estrechos, que afectaron al contenido de sus obras. Al contrario que sus compañeros —que pintaban lo que les daba la gana—, las impresionistas se centraron casi exclusivamente en la representación de personas de su entorno, mayoritariamente mujeres, niñas y niños. A menudo reflejaron momentos privados de la vida de sus madres, hermanas, amigas e incluso criadas, que en sus lienzos descansan, leen, disfrutan de un día en el campo, cuidan de sus hijas o tienden la colada. Su trabajo —como el de otras muchas pintoras de finales del siglo XIX de las que hablaré más adelante— puede enmarcarse así dentro de lo que yo he llamado la pintura de la intimidad. No tengamos miedo a la palabra: ¿lo íntimo es de por sí algo menor? ¿Solo lo activo, lo público, lo agitado y turbulento, el mundo prototípico de los hombres, es valioso?[8]

Cabe preguntarse si a Berthe Morisot —que realizó algún desnudo tímido— le hubiera gustado observar la luz sobre el cuerpo de una muchacha tan «indecente» como Suzanne Valadon mientras se bañaba en un barqueño. O si Mary Cassatt hubiera querido visitar con su amigo Degas los tugurios de Montmartre y pintar a las mujeres tristes que bebían solas en ellos. Nunca lo sabremos, pero la grandeza de estas pintoras, desde mi punto de vista, radica precisamente en cómo supieron convertir lo cercano en sujeto artístico relevante y en cómo, al hacerlo, trastocaron por completo la habitual mirada masculina sobre el género femenino: las mujeres a las que ellas representaban no eran sus «musas», sino sus iguales, y eso lo dejaron muy claro en sus obras.

La década de 1870, justo cuando los impresionistas comenzaron a exponer, resultó ser el inicio de un momento fulgurante de la historia del arte occidental. Todo se centró especialmente en París, con sus aires de ruptura, sus barrios de artistas, el incipiente mercado en torno a galerías cada vez más numerosas y también la posibilidad de formarse en las academias privadas que empezaron a florecer en esa época.

No por casualidad, esa década supuso igualmente el estallido de la conciencia feminista y de los primeros movimientos organizados a favor de los derechos de la mujer. Muchas mujeres de la alta burguesía y la clase media, ya totalmente alfabetizadas en casi todos los países, se habían hartado de su condición de muñecas. El hogar sobre el que supuestamente debían reinar no era para buena parte de ellas más que un territorio asfixiante: aquellos tronos en los que se insistía que debían instalarse cómodamente, rodeadas de criadas, bibelots, terciopelos y hombres supuestamente caballerosos que iban a ocuparse de todo para que ellas se mantuviesen resplandecientes y puras allá arriba, hundían su base en un pantano infinito, repleto de frustración, sufrimiento y silencio.

Cada vez más conscientes de sus propias capacidades y de la tramposa realidad del discurso patriarcal burgués, miles y miles de mujeres occidentales comenzaron a exigir un espacio en la vida pública que jamás habían ocupado, una serie de derechos de los que el género femenino nunca había gozado: a la burguesía se le había ido de las manos el ansia de formar a las «señoritas» para que fuesen buenas madres y esposas al mismo tiempo que las encerraban bajos corsés y puertas infranqueables. Ahora, un número infinito de ellas reclamaban más, mucho más: el «ángel del hogar» desplegaba al fin sus alas y trataba de escapar volando. Fue, como se decía en aquel momento, el fenómeno de «la nueva mujer».

Ambos procesos —el del ambiente del arte y el de la «nueva mujer»— confluyeron en París en torno a esa década de 1870: como surgidas de la nada, empezaron a aparecer en la ciudad, procedentes de diversos países, decenas de pintoras llenas de talento y fuerza de voluntad que reclamaban formación y atención por parte del mercado. Igual que las impresionistas, buena parte de ellas procedían de familias adineradas: eran «señoritas» poco dispuestas a ejercer como tales, empujadas por una vocación artística que antes había sido propiedad casi exclusiva de otras clases inferiores y que ahora, se suponía, pertenecía tan solo al género masculino. Las rebeldes del arte.

Si en las décadas anteriores del siglo la formación de las escasas pintoras había quedado en manos de algunos artistas que aceptaban dar clases a alumnas —y que no siempre eran los mejores—, en 1875 dos academias de París se dieron cuenta de que ahí podía haber un gran negocio y abrieron aulas segregadas —y más caras— para recibirlas. Fueron la Academia Colarossi y la Academia Julian, legendarias por el papel que jugaron hasta mediados del siglo XX en la preparación de varias generaciones de mujeres artistas.

Poco a poco, ocurrió lo mismo en muchas ciudades del mundo occidental. Al principio las alumnas no disponían de modelos desnudos para dibujar del natural, pero al menos podían trabajar con moldes de esculturas clásicas. Luego llegaron los modelos medio vestidos —mujeres y hombres—, hasta que a finales del siglo se normalizó el desnudo de ambos sexos en las aulas femeninas. Enseguida los cursos empezaron a ser mixtos: hacia 1910 el escollo moral del desnudo había sido superado, tras una enorme lucha que, sin duda, debió de dejar por el camino a muchísimas mujeres.

Entre 1875 y 1915 —cuando estallaron las vanguardias, de las que formaron parte numerosas artistas— hubo muchas pintoras de primerísimo nivel trabajando en todo el mundo occidental. Una buena parte de ellas pasaron por esas dos academias parisinas, y volvieron a sus países llevando los ecos de las innovaciones que se estaban produciendo en Francia. Igual que hicieron las impresionistas —que eran mayores que ellas—, sus obras se centraron muy a menudo en la representación de otras mujeres. Y lo mismo que las impresionistas, las miraron de una manera muy distinta a como las miraban los pintores: no las eligieron bellas, sino verdaderas. Evitaron la idealización y la cosificación y las captaron con total naturalidad en momentos de calma o de actividad cotidiana. Pintaron a niñas traviesas, a jóvenes alegres, a madres —ricas o pobres— con sus hijos, a campesinas faenando, a damas elegantes en medio de su vida glamourosa, a amas de casa en sus tareas, a nodrizas y criadas ganándose la vida, a obreras que se dirigían al trabajo, a ancianas disfrutando de la serenidad. Y siempre las observaron con un respeto y una empatía que, en general, coloca su obra en un espacio radicalmente distinto al de la obra artística realizada en el mismo momento por hombres.

La mayor parte de ellas fueron grandes artistas, y en su momento gozaron de éxito —algunas de un enorme éxito—, a pesar de todo lo que tenían en contra. Pero no pasaron a la posteridad. Durante mucho tiempo han sido inexistentes para los amantes del arte: sus nombres no estaban en los libros, sus obras no eran reproducidas ni podían encontrarse fácilmente en los museos. De nuevo, la investigación feminista ha ido sacándolas poco a poco del agujero negro al que la mirada patriarcal las había empujado, y ahora, al fin, sus obras —al menos las que han sobrevivido a ese largo siglo de abandono— se exhiben cada vez más a menudo en condiciones de igualdad con las de sus coetáneos varones.

Una búsqueda cuidadosa en la red, además de las cada vez más numerosas monografías y estudios, permite disfrutar del talento de todas ellas. Me limito por lo tanto a dejar aquí los nombres de algunas de las más importantes, para que las personas interesadas tiren de esos hilos.

En Estados Unidos destacaron Cecilia Beaux, Mary Fairchild, Elizabeth Nourse, Ellen Day Hale y Lilla Cabot Perry. En Ucrania —entonces territorio del Imperio ruso—, Marie Bashkirtseff y Anna Bilinska-Bohdanowicz, maravillosa pintora realista. En Finlandia —de donde llegaron diversas mujeres becadas para estudiar en París—, Elin Danielson-Gambogi, Maria Wiik o la sorprendente Helene Schjerfbeck. En el Reino Unido, Emily Mary Osborn —muy admirada por la reina Victoria—, Sophie Anderson, Alice Havers, Laura Alma-Tadema, Milly Childers, y Annie Swynnerton. En Dinamarca, la extraordinaria Anna Ancher. En Noruega, Harriet Backer y Asta Nørregaard. En Polonia, Olga Boznanska. En Alemania, Maria Slavona. En Bélgica, Thérèse Schwartze...

La lista es larga, y va creciendo cada vez más, sumando nuevos nombres, uno tras otro, a esta rama bien poblada de la genealogía artística femenina, la de las pintoras de las últimas décadas del siglo XIX.[9]

En España, el triste panorama del arte practicado hasta entonces por mujeres comenzó a animarse en la segunda mitad del siglo, a pesar de todas las piedras puestas en el camino de aquellas mujeres. También aquí las investigaciones van descubriendo poco a poco los nombres de esas artistas, tropezándose siempre con la dificultad de que muchas de sus obras han desaparecido o están escondidas en casas de familias que ignoran el mérito de aquella lejana tatarabuela que tanto luchó en su momento: el trabajo de reconstrucción de la genealogía cultural femenina es penoso y lento. Un nombre aquí, una pista allá, un lienzo que aparece en un trastero...*

El estado actual de esa búsqueda casi detectivesca nos permite afirmar que, en la primera mitad del siglo, solo dos pintoras ocuparon un lugar de cierta relevancia, la miniaturista Teresa Nicolau (Madrid, 1817-San Sebastián, 1895) y Rosario Weiss (Madrid, 1814-1843), una figura que aún resulta enigmática. Weiss era hija de Leocadia Zorrilla, ama de llaves y, en realidad, compañera sentimental de Goya durante sus últimos años. Aunque llevaba el apellido del marido de su madre, es posible que su verdadero padre fuese el propio Goya, con el que vivió desde muy niña. Él fue su primer maestro, tanto en su casa de la Quinta del Sordo como en el exilio en Burdeos, donde Leocadia y Rosario lo acompañaron hasta su muerte.

Cuando Goya falleció en 1828, la niña tenía catorce años, y probablemente no recibió mucha más formación, pues su madre y ella quedaron en una situación económica penosa. Tras regresar a Madrid en 1833, Rosario Weiss consiguió un permiso para ser copista en el Prado y ganarse así la vida: como otros numerosos artistas, reproducía por encargo las grandes obras del museo que le pagaban los clientes deseosos de hacerse con una

---

* En el año 2020, el Museo del Prado organizó la exposición *Invitadas. Fragmentos sobre mujeres, ideología y artes plásticas (1833-1931)*, que recuperó los nombres y las obras hasta entonces perdidas de muchas de ellas.

reproducción de tal o cual cuadro. También fue nombrada profesora de dibujo de Isabel II y su hermana, la infanta María Luisa. La alumna de Goya quizá habría llegado a ser una buena pintora, pero murió joven, con solo treinta años. El Prado conserva un dibujo suyo y un retrato de los duques de San Fernando de Quiroga, pero parece ser una copia del original de Rafael Tegeo.

Habría que esperar hasta las décadas de 1870 y 1880 para que apareciera un grupo de artistas que lograron cierto reconocimiento y a menudo fueron seleccionadas para las exposiciones nacionales, el equivalente español del Salón francés. Pero en la España del siglo XIX no hubo academias como las de París que aceptasen alumnas. Hasta que pudieron empezar a matricularse en 1878 en la Escuela de Bellas Artes —de aquella manera parcial que ya he explicado—, la mayor parte de ellas debieron de formarse en los estudios de algunos pintores que aceptaban alumnas, seguramente sin acceso al desnudo y sin que se les prestase demasiada atención.

Si en el resto del mundo occidental muchas de las pintoras desarrollaron en esa época la pintura de la intimidad, centrada en otras mujeres, en España da la sensación de que se les impusieron limitaciones más estrictas: buena parte de ellas se especializaron en los bodegones y la representación de flores, el rango inferior de la jerarquía de los géneros, que la época sin duda consideraba muy adecuado para una señora.

Ese fue el caso de Adela Ginés (Madrid, ca. 1847-1923), Julia Alcayde (Gijón 1855-Madrid, 1939), Joaquina Serrano (Fermoselle, Zamora, 1857-ca. 1887), María Luisa de la Riva (Zaragoza, 1859-Madrid, 1926), Fernanda Francés (Valencia, 1862-Madrid, 1939) y Pepita Teixidor (Barcelona, 1865-1914).

Algo más amplia fue la temática de Concepción Figuera (Madrid, ca. 1860-1926) —que realizó diversos retratos—, Elena

Brockmann (Madrid, 1865-1946) —autora de cuadros costumbristas y de representaciones históricas—, y María Luisa Puiggener (Jerez de la Frontera, 1875-Sevilla, 1921), que incursionó con gran talento en el naturalismo con contenido social.

Solo tres de las que conocemos, procedentes de familias adineradas, lograron acceder a una preparación más amplia en París. Fueron Antonia de Bañuelos (Roma, 1855-Bournemouth, 1921) —que realizó escenas costumbristas y retratos—, Margarita Arosa (París, 1852-1903) —autora del que se considera el primer desnudo hecho por una pintora española, *La bañista*, de 1884— y Lluïsa Vidal (Barcelona, 1876-1918), que estudió en la Academia Julian y es la más interesante de todas las pintoras españolas de aquel final del siglo XIX y principios del XX.

Al observar las obras poco a poco recuperadas de estas artistas se constata a menudo, además de esa restricción en las temáticas impuesta por la época, su carencia de técnica y su gusto arcaizante. En general, sus logros están muy lejos de los de otras compañeras que trabajaban fuera de España. Pero no me atrevo a afirmar que fuese culpa suya: aquellas mujeres pintaron con las manos atadas a la espalda, sin formación suficiente, sin apoyo social, con la mitad del cerebro puesta en el arte y la otra mitad en lo que la sociedad exigía de ellas —en la conservadora España mucho más que en otros lugares—, e hicieron lo que pudieron, que no siempre fue mucho. Pero lucharon por ello, y abrieron el camino a las jóvenes que irrumpirían llenas de energía a comienzos del siglo XX.*

---

* El Museo del Prado está realizando en estos últimos años un importante trabajo de recuperación de las pintoras del XIX, gracias al esfuerzo del jefe de Conservación de Pintura de ese siglo, Javier Barón. La pinacoteca va adquiriendo, estudiando, restaurando y, al fin, exhibiendo obras de diversas artistas.

Existe una fotografía asombrosa tomada en Roma en 1867: se trata de un grupo de veintidós hombres y dos muchachos que posan en un patio rodeado de columnas alrededor de una mujer muy bajita. Es ella quien ocupa el centro de la imagen, con los brazos firmemente cruzados sobre su blusa blanca y un gesto de desafío hacia la cámara: aquí estoy yo, parece decir claramente, y soy la que manda. La foto se conserva en la biblioteca de la Galería Nacional de Washington bajo el siguiente epígrafe: «Harriet Goodhue Hosmer con sus ayudantes y talladores en el patio de su estudio».*

Harriet Hosmer (1830-1928) era escultora. Una de las ocho escultoras estadounidenses que entre 1855 y 1865 se establecieron en Roma, y a las que el novelista Henry James llamó, con cierto menosprecio, «aquella rara hermandad de escultoras americanas que una vez se asentaron sobre las siete colinas como una blanca bandada marmórea». Ocho intrépidas pioneras que supieron manejarse en el difícil —y costoso— mundo de la escultura en mármol, que sudaron sobre los bloques de piedra, representaron desnudos y vivieron de su talento, logrando incluso grandes encargos públicos en competición con muchos hombres. Las compañeras de Harriet Hosmer en aquella apacible Roma de mediados del XIX —poblada de infinidad de obras de arte inspiradoras— fueron Anne Whitney (1821-1915), Vinnie Ream (1847-1914), Edmonia Lewis (1844-1907), Emma Stebbins (1815-1882), Louisa Lander (1826-1923), Margaret Foley (1827-1877) y Florence Freeman (1836-1883).

La escultura siempre ha sido un territorio particular de las artes plásticas, mucho menos común que la pintura. Las dificul-

---

* La fotografía puede verse en el segundo cuadernillo de este libro y también digitalizada aquí: https://libraryimage.nga.gov/mirador/?manifest=https://libraryimage.nga.gov/manifest/ic/994136979804896.json

tades que la rodean son enormes, no solo por la exigencia técnica o el esfuerzo físico que conlleva, sino porque materiales como el mármol y el bronce son carísimos y exigen la puesta en marcha de una logística muy complicada: visitas a las canteras y los hornos de fundición, transporte de piedras gigantescas y de pesadísimas piezas terminadas, disponibilidad de estudios de gran tamaño, etcétera. Toda esa complejidad hace que, salvo en el caso de pequeñas piezas, la escultura sea casi siempre el resultado de un gran encargo público.

Supongo que estas son las razones que explican que apenas conozcamos nombres de mujeres ligadas a esta técnica, excepto los de la boloñesa Properzia de' Rossi (ca. 1490-1530) —que realizó relieves en mármol en pleno Renacimiento y murió en la miseria— o la sevillana Luisa Roldán, la Roldana (1652-1706), la extraordinaria tallista sobre madera del barroco español, que alcanzó el honor máximo de escultora de cámara de dos reyes, Carlos II y Felipe V, y, sin embargo, también murió en la miseria: hacía falta mucha energía, mucha inversión y una impresionante red de contactos para dedicarse a ese arte, y las mujeres pocas veces disponían de estos recursos.[10]

Creo que no es casualidad que aquel grupo de escultoras que a mediados del XIX confluyeron en Roma procediesen de Estados Unidos, tierra de colonas y pioneras. Las pobladoras de origen europeo de la antigua colonia británica —por no hablar de las nativas y las esclavas africanas— llevaron en general una vida infinitamente más activa que la de sus congéneres en Europa. Lo quisieran o no, desde los orígenes de la colonia estuvieron obligadas a enfrentarse a toda clase de peligros —a menudo con las armas en la mano—, a realizar larguísimas marchas en condiciones muy complicadas, a convertir territorios salvajes en paisajes humanizados, a construir desde cero un país, una sociedad nueva, codo a codo con los hombres. Consciente o inconscientemente, las mujeres blancas norteamericanas —incluso las habitantes urbanas de las clases privilegiadas— sabían mucho mejor que las europeas que sus cuerpos podían poseer fuerza y capacidades infinitas y enfrentarse si hacía falta a todas las rocas del mundo.

Aquellas ocho escultoras expatriadas en Roma formaron un grupo férreo de compañeras y amigas, aunque una de ellas, Louisa Lander, terminó siendo expulsada del círculo sin que se conozcan las razones. Apoyándose las unas a las otras, los límites que se saltaron fueron muchos: Harriet Hosmer, Anne Whitney y Emma Stebbins eran homosexuales, y cada una de ellas mantuvo una larga relación de pareja con otra mujer. Como ha sucedido a menudo con el amor en el ámbito del lesbianismo, esas relaciones se disimularon bajo la condición de amistad entre mujeres: que una mujer viviese con una amiga, que fuese a todas partes con ella y hasta compartiese la cama era algo que carecía de significado sexual a ojos de buena parte de la sociedad burguesa, mucho menos alerta ante la homosexualidad femenina que ante la masculina. Incluso la mayor parte de las leyes que criminalizaron durante mucho tiempo la homosexualidad en los países occidentales, hasta la segunda mitad del siglo XX, se referían solo a las relaciones entre hombres. Las relaciones entre mujeres, simplemente, no se concebían: al fin y al cabo, el género femenino carecía de deseo.

Conviene detenerse en la figura única —milagrosa, diría yo— de Edmonia Lewis. Era una mujer de aspecto totalmente afroamericano, aunque en realidad era mestiza, hija de una madre nativa americana —de la tribu de los mississaugas— y de un padre africano, en tiempos en que la esclavitud aún era legal en los Estados Unidos: una perdedora desde su nacimiento. Bajo su auténtico nombre de Fuego Salvaje, se crio en los bosques del estado de Nueva York, llevando la vida marginal que las poblaciones originarias hacían bajo el control del nuevo poder blanco y dedicándose desde muy pequeña a la fabricación artesanal de cestas y mocasines.

En algún momento de su adolescencia fue llevada a un internado regido por abolicionistas, aunque aquello no debió de salir demasiado bien. En 1864, con apenas veinte años, estaba en Boston, protegida por un grupo de antiesclavistas y luchando por formarse como escultora: quizá, heredera de una larga dinastía de mujeres que trabajaban con sus manos y empleaban la fuerza, le pareció que aquella podría ser una buena actividad para ella en el mundo de los blancos.

Tras varios rechazos, Edmonia Lewis logró encontrar por fin un profesor y se inició en la talla de mármol, con tanto éxito que en 1866 fue enviada a perfeccionar su arte a Roma gracias a una suscripción pública. Aunque regresó en varias ocasiones a Estados Unidos y gozó allí de cierto renombre, se quedó a vivir para siempre en Europa, donde probablemente no sentía tanto el peso del racismo como en su propio país. No cabe duda de que en Roma era un personaje exótico —una escultora negra, hay que imaginárselo—, pero supo sacar partido de ese exotismo para convertirse en toda una figura del arte de la época: desde luego, Fuego Salvaje no se dejó arredrar por la vida.

La mayor parte de sus compañeras terminaron siendo artistas muy cotizadas en Estados Unidos. Allí se estaban desarrollando, en las décadas finales del XIX, un nuevo urbanismo y toda una serie de proyectos arquitectónicos oficiales que necesitaban ser ornamentados con grandes esculturas que hablasen del poder y la idiosincrasia del país. Las figuras neoclásicas concebidas y talladas por estas escultoras adornan calles, plazas y jardines de diversas ciudades e incluso el Capitolio de Washington, para cuyas colecciones Vinnie Ream realizó tres grandes esculturas y Anne Whitney una.

El hecho de que aquella fuera una nación joven probablemente facilitó también que se les abriese el camino a las mujeres en ciertos ámbitos con menos obstáculos que en Europa: no podían permitirse rechazar el talento del género femenino. Pero, para colocar todas las piezas en su lugar, conviene recordar lo que le sucedió a Anne Whitney en 1875: la ciudad de Boston convocó un concurso anónimo para realizar la estatua del senador abolicionista Charles Sumner. Whitney —que estaba muy implicada en el antiesclavismo, el feminismo y otras causas sociales— lo había conocido personalmente, así que su representación del personaje fue la más lograda: ganó el concurso. Sin embargo, cuando al abrir la plica se descubrió que el autor de la propuesta era una autora, se le retiró el encargo con la justificación de que no era adecuado que una mujer «representase las piernas de un hombre», por muy enfundadas en pantalones que estuviesen... Por lo que se ve, la excusa de la moralidad no conocía límites. Esta anécdota es un buen símbolo de la intensa lucha que debieron llevar a cabo aquellas escultoras para desarrollar sus carreras y sus vidas.

«Si quieres, mundo, júzgame, critica, desgañítate». Ese verso de Anne Whitney que he citado en la introducción, era el hermoso grito de libertad de una mujer insumisa. Pero a veces se paga un altísimo precio por la insumisión. El ejemplo más conocido, quizás, es el de la escultora Camille Claudel (1864-1943), una mujer de increíble talento y valentía que terminó su vida totalmente abandonada por los suyos, encerrada en un manicomio durante treinta años.

Claudel pertenecía a una familia burguesa y acomodada. Su raro deseo de dedicarse a la escultura nunca fue bien visto por su madre. Solo su padre la apoyó y se preocupó para que pudiera formarse, primero en la Academia Colarossi y después en el taller del escultor Alfred Boucher, que daba clase a varias alumnas. Fue allí donde conoció en 1882 a otro escultor que empezaba a triunfar y al que pronto se le daría el apelativo de «padre de la escultura moderna», Auguste Rodin. Camille tenía dieciocho años. Él, cuarenta y dos.

Claudel y Rodin formaron una pareja profesional y sentimental durante una década. Ella se convirtió en la mejor colaboradora del artista —Rodin solía trabajar en equipo, en especial en sus obras de gran tamaño—, pero no dejó de buscar su propio camino como escultora, al margen del maestro. Él mismo la defendió ante quienes la veían como una mera imitadora, ayudante o, aún peor, una simple y encantadora «musa»: «Yo le enseñé a encontrar el oro —escribió—, pero el oro que encuentra es suyo».

Camille Claudel —que, para escándalo de muchos, trabajó una y otra vez sobre cuerpos desnudos, de mujeres y de hombres— creó piezas extraordinarias basadas a menudo en la cotidianeidad y la intimidad, que la acercan a la estética de las pintoras del momento: su trabajo nada tiene que ver con el inexpresivo neoclasicismo de las escultoras estadounidenses de Roma, sino que está todo él impregnado de emoción, movimiento e intensidad. A veces también de horror: el horror, imagino, que ella misma sentía en su propia mente.

Probablemente hipersensible y frágil, las dificultades y las presiones terminaron por arrollarla: el desprecio de su familia a causa de su relación con Rodin, los abortos —según parece— a los que tuvo que someterse, la negativa de su amante a casarse con ella para normalizar sus lazos familiares —Rodin vivía desde hacía muchos años con una antigua modelo, con la que terminó contrayendo matrimonio al borde ya de la muerte—, la consiguiente ruptura... Y, a partir de ahí, la carencia de apoyos suficientes para seguir creando: pocos encargos, pocas ventas, fracaso, soledad. Rodin —según los datos de los que se dispone— intentó ayudarla, pero no fue posible. Camille Claudel fue hundiéndose en un estado de desequilibrio —quizás agravado por la dependencia del alcohol— que terminó por convertirla en una especie de «vieja loca» cuando todavía era joven, alguien que vivía en condiciones prácticamente de mendicidad, perseguida por enemigos imaginarios, Rodin en particular. Un excremento de la sociedad burguesa.

En 1913, en cuanto murió su padre —su único protector en la familia—, su madre y su hermano Paul la ingresaron en un manicomio bajo el diagnóstico de «psicosis paranoide». Así, con un certificado de un médico conocido y una simple firma, terminaron con aquel problema: Paul, profundamente católico, diplomático y escritor de prestigio —en 1946 sería elegido académico, él sí—, necesitaba como fuese quitarse de encima a esa hermana que ensuciaba el nombre de la familia. En aquellos treinta años infinitos de reclusión, solo fue a verla en una docena de ocasiones.

En cuanto a la madre, jamás le perdonó sus infinitos «pecados»: de hecho, nunca fue a visitarla al manicomio. Este es un fragmento de una de las terribles cartas que madame Claudel le escribió a Camille, dejando bien claro lo que pensaba de su hija rebelde:

Querida hija: tengo ante mí tu última carta y no consigo ni siquiera imaginar cómo puedes escribirle semejantes horrores a tu madre. ¡Solo Dios sabe lo que he soportado por mis hijos!

[...] Tu padre también sufrió mucho cuando se enteró de tu relación con Rodin, aquella innoble comedia que interpretaste para nosotros. [...] Tú fingiendo ser tan dulce cuando estabas viviendo con él como una mantenida. No me atrevo ni a escribir las palabras que se me vienen a la cabeza.[11]

Camille Claudel tenía treinta y nueve años cuando fue sacada de su casa por la fuerza para ser llevada al sanatorio. Durante las siguientes tres décadas, hasta su muerte, escribió una y otra vez a su familia, incansablemente, describiendo las penurias que pasaba, rogando que la sacasen de allí, afirmando que sería buena, que se portaría bien. «No sé si tienes intención de dejarme aquí, pero para mí sería muy cruel». «No me dejes aquí sola». «Quisiera estar en mi casa y cerrar la puerta. No sé si podré realizar mi sueño, ¡estar en mi casa!». «He tardado mucho en escribirte porque ha hecho tanto frío que no podía tenerme en pie». «Una de mis amigas ha sido encontrada muerta de frío en su cama». «Después de catorce años de semejante vida, que se cumplen hoy, reclamo a gritos mi libertad». «Es la explotación de la mujer, el aniquilamiento de la artista a la que se quiere hacer sangre».

Las cartas de Camille Claudel desde el sanatorio estremecen. Como estremece su muerte, de hambre y de frío, durante la Segunda Guerra Mundial: a pesar de que el médico avisó a su hermano de las condiciones en las que estaban viviendo las internas, Paul se negó todavía entonces a sacarla de allí. Ni siquiera asistió a su entierro: la gran escultora fue sepultada en el cementerio de Montfavet, cerca de Aviñón, donde estaba el manicomio. Años después, sus huesos —que ningún familiar reclamó— fueron trasladados al osario común y luego desaparecieron. No hubo ninguna tumba que recordase su nombre. Había sido demasiado indómita: la sociedad burguesa, con su propia madre y su hermano al frente, se vengó de ella hasta el final.

Afortunadamente, en 2008, su descendiente Marie-Reine París —nieta de su hermano Paul— levantó en el cementerio un cenotafio en memoria de su tía abuela, para reequilibrar la balanza de aquel cruel ajuste de cuentas. Olvidada durante muchos años, convertida tan solo en la «musa» desequilibrada de Rodin, en las últimas décadas su obra ha sido recuperada, rastreada, expuesta una y otra vez y cuidadosamente separada por las historiadoras y los historiadores del arte de la sombra gigantesca de su amante, recuperando todo su esplendor.

No puedo hablar de las artistas del siglo XIX sin mencionar a las primeras fotógrafas, las numerosas mujeres que, desde que aparecieron las primeras cámaras fotográficas en 1840, se lanzaron a utilizarlas y a reproducir el mundo a través de sus lentes. Fue algo realmente llamativo: por muy pesados —y caros— que fuesen los aparatos y por muy complejo que resultase el proceso casi alquímico de positivar las imágenes en el cuarto oscuro y realizar las copias —que a menudo se retocaban a mano, igual que ahora se retocan con programas informáticos—, el género femenino pareció interesarse enormemente por el nuevo invento.

Suele llamarse «pioneros de la fotografía» a los hombres que se dedicaron a explorar las posibilidades de la técnica desde sus orígenes hasta finales del siglo. Lo cierto es que, aunque no siempre se ha recordado, al lado de esos pioneros hubo numerosas pioneras. Buena parte de ellas eran «aficionadas», mujeres de familias adineradas, probablemente ansiosas por buscar algo interesante que hacer en sus infinitos ratos libres y dar salida de esta manera a su creatividad. Pero en otras ocasiones fueron auténticas profesionales que encontraron en la fotografía, tanto artística como meramente comercial, un modo de vida.

Fue como si en torno a esta moderna tecnología se hubiese abierto una brecha por la que muchas no dudaron en pasar. Creo que se debió a dos causas. Una fue de índole psicológico: para las «damas» privilegiadas que se atrevieron a inmiscuirse en ese nuevo campo, la cámara se convirtió en un escudo y, al mismo tiempo, en un tercer ojo. Imagino que, protegidas detrás de los voluminosos aparatos, las gruesas lentes y hasta las telas densas que debían cubrirlas para que la luz no perturbase las tomas, se sintieron capaces de observar a otras personas —en especial a hombres, y también a mujeres de otros grupos sociales «inferiores»— con un atrevimiento que tal vez no hubieran tenido de verse obligadas a mirarlas cara a cara.

La segunda causa tiene que ver con los procesos culturales: la fotografía era una tecnología totalmente novedosa, un territorio inexplorado en el que no existían cánones, ni jerarquías, ni sistemas. La formación era casi siempre autodidacta —a través de manuales y revistas— o, como en el viejo sistema de la pintura, se hacía en el estudio de otro fotógrafo. Durante mucho tiempo no hubo críticos ni académicos que se atreviesen a decir lo que estaba bien y lo que estaba mal. Esta nueva manera de reproducir el mundo no tenía ni historia ni prestigio, y por ello fue más fácil que numerosas mujeres pudieran convertirlo en su medio de expresión artística o en su manera de ganarse la vida.

El nombre más recordado entre las pioneras de la fotografía es el de Julia Margaret Cameron (1815-1879) —tía abuela de Virginia Woolf—, que realizó toda una galería de espléndidos retratos de intelectuales y artistas de la era victoriana, así como numerosas fotografías de escenas teatralizadas, muy en la estética de la época. Cameron sin embargo no fue la única: otras muchas mujeres la acompañaron en aquel empeño. Poco a poco, sus nombres y sus obras van saliendo a la luz.

Buena parte de ellas fueron británicas y estadounidenses, tal vez porque en esos países fue donde más se desarrollaron las técnicas fotográficas y la fabricación de aparatos cada vez más cómodos y útiles. No descarto sin embargo que esta aparente supremacía anglosajona se deba a que las principales historiadoras de la fotografía proceden de esos países y han llevado a cabo sus investigaciones en su terreno: quizá la historia de la fotografía practicada por mujeres nos depare todavía muchas sorpresas.

En cualquier caso, animo una vez más a buscar las imágenes tomadas por estas primeras fotógrafas, que ahora pueden ya encontrarse fácilmente en la red. Entre los muchos nombres reconocidos destacan los de las británicas Anna Atkins, Mary Dillwyn, lady Clementina Hawarden, lady Augusta Mostyn y Eveleen Myers. La suiza Franziska Möllinger. La danesa Mary Steen. La canadiense Hannah Maynard. Y las estadounidenses Sarah J. Eddy, Gertrude Käsebier, las hermanas Frances y Mary Allen, Frances Benjamin Johnston, Anne Brigman y Myra Albert Wiggins.

Todas ellas fueron extraordinarias creadoras, dotadas de una capacidad visual y técnica a menudo deslumbrante, que merecen ocupar un lugar importante e indiscutible en la historia del arte.

En España, las investigaciones sobre fotógrafas en el siglo XIX han sacado hasta ahora a la luz el nombre de una magnífica fotógrafa vasca, Eulalia de Abaitua (Bilbao, 1853-1943).* Abaitua vivió de niña y adolescente en Liverpool, y seguramente fue allí

---

* Puede verse una interesante muestra de su obra en el Museo Vasco de Bilbao, que custodia unas 2.500 imágenes realizadas por la fotógrafa.

donde descubrió la técnica fotográfica. De regreso en Bilbao, además de retratos de su familia e imágenes de sus numerosos viajes por el extranjero, se centró sobre todo en fotografiar a las trabajadoras y campesinas del País Vasco: pescaderas, lavanderas, lecheras o pastoras fueron convertidas por ella en protagonistas de unas imágenes que emocionan no solo porque son la representación de un mundo que ya no existe, sino también por el profundo respeto con el que aquella mujer de clase alta contempló a sus congéneres más desfavorecidas.[12]

En cuanto el público se dio cuenta de que la nueva invención democratizaba el retrato —haciéndolo accesible a gentes que jamás hubieran soñado con posar para un pintor o pintora por sus elevadísimos precios—, comenzaron a abrirse estudios fotográficos en la mayor parte de las ciudades del mundo. Fue muy frecuente que hubiese mujeres al frente de esos estudios, las que se habían «colado» antes de que la sociedad patriarcal pudiese percatarse. La primera fotógrafa comercial en España con negocio propio, según los datos de los que se dispone hasta ahora, fue Amalia López Cabrera (Almería, 1837-Madrid, 1899). Instalada con su marido en Jaén, López Cabrera aprendió allí las técnicas fotográficas con un exmilitar polaco que recorría España haciendo daguerrotipos, y abrió luego su propio estudio en el barrio de la Merced. Estuvo activa entre 1860 y 1869, cuando se marchó a Madrid acompañando a su marido.[13]

Hubo otras mujeres que compartieron la responsabilidad comercial y profesional de los estudios fotográficos con sus maridos, haciendo a menudo imposible saber quién se ocupaba de qué. Una de esas parejas la formaron en Barcelona la francesa Anaïs Napoleón (Narbona, 1831-Barcelona, 1912) y su marido, Antonio Fernández Soriano, propietarios ambos de la Compañía Fotográfica Napoleón, uno de los estudios más prestigiosos de la ciudad. Otra pareja del mismo tipo fueron los Clifford, Charles y Jane (ca. 1821-?), que llegaron a Madrid desde Gales y montaron El Daguerrotipo Inglés, un estudio que estuvo activo en las décadas de 1850 y 1860.

En 1896, cuando estaba a punto de terminar el siglo XIX, Frances Benjamin Johnston (1864-1952) se fotografió a sí misma en su estudio de Washington.* Johnston se había formado como pintora en la Academia Julian de París, pero había optado después por dedicarse a la fotografía. Acompañada por su talento y por las numerosas redes de su adinerada familia, se convertiría en una de las firmas fotográficas más conocidas en los Estados Unidos durante mucho tiempo: fue fotógrafa oficial de la Casa Blanca durante los mandatos de cinco presidentes, pero también retrató una y otra vez la vida de las clases desfavorecidas, observando con una enorme empatía a las niñas negras —hijas o nietas de esclavas— o a las familias arrasadas por la Gran Depresión de 1929.

Por sus orígenes, Johnston hubiera debido ser una de aquellas damiselas frágiles y sumisas que el siglo tanto deseaba. Pero no lo era en absoluto: activa, inteligente, autónoma, llena de talento y abiertamente lesbiana, en su autorretrato de 1896 se representó a sí misma burlándose de todas las convenciones que hubiera debido respetar: mientras los retratos de cinco hombres —probablemente miembros de su familia— la contemplan desde la repisa de una chimenea, ella aparece exhibiendo un perfil anguloso y poco favorecedor, sentada sobre una simple caja, con una

---

* Esa fotografía puede verse en el segundo cuadernillo de este libro y también digitalizada en la Biblioteca del Congreso estadounidense: https://www.loc.gov/pictures/resource/ppmsca.38981/?co=fbj

pierna doblada y apoyada en la otra rodilla —enseñando descaradamente las medias y las enaguas—, y sosteniendo en la mano izquierda una jarra de cerveza y en la derecha, manchada de los líquidos de revelado, un cigarrillo. No se podían cometer más pecados a la vez, más desafíos a las normas imperantes. El autorretrato de Frances Benjamin Johnston es en sí mismo todo un símbolo de la mujer que estaba a punto de llegar, en cuanto el siglo XX iniciase su irrefrenable camino.

8

Alzando la voz:
los orígenes del feminismo

> La humanidad no les debe a las mujeres ninguna idea moral, política o filosófica. Es el hombre el que inventa, perfecciona, trabaja y alimenta a la mujer.
>
> PIERRE PROUDHON

> El hombre más oprimido puede oprimir a otra persona, su mujer. Ella es la proletaria del proletario.
>
> FLORA TRISTAN

Flora Tristan estrechó por última vez la mano de su amigo Mr. Jeffs, volvió a darle las gracias por su apoyo durante aquellas semanas en Londres y se subió a la diligencia. No le gustó lo que vio una vez dentro: dos hombres mal encarados, que parecían contemplarla con esa mezcla de desprecio y deseo que tan a menudo descubría en las miradas masculinas cuando viajaba sola. Si una señora elegante como ella viaja sola

—parecían decir—, será que tiene algo que ocultar. O algo que ofrecer...

Afortunadamente, estaba acostumbrada a convivir con esa sensación y mantenerla bajo control, aunque permaneciendo siempre alerta. Al menos, a esos dos solo tendría que aguantarlos unas nueve o diez horas, hasta llegar a Dover. Con un poco de suerte, igual se bajaban por el camino, o tal vez subiese una viuda o un respetable reverendo, y entonces podría cerrar los ojos tranquilamente y olvidarse durante algún tiempo de que no paraban de mirarla. Confiaba en que en el vapor a Calais viajasen más mujeres, porque ser la única a bordo era algo terriblemente desagradable. El mar la hacía sentirse muy vulnerable. A veces se mareaba muchísimo: la última travesía del canal de la Mancha, tres meses atrás, había sido un verdadero infierno. Esa fragilidad física la volvía asustadiza, y odiaba ser asustadiza y frágil como las damiselas a las que no quería parecerse, la señora «fina» que su madre había querido que fuese. No, ser una mujer no la convertía necesariamente en una masa informe de nata que se desmoronaba al menor roce. Siempre se había negado a sí misma esa condición, y volvería a hacerlo una vez más durante el tiempo que la esperaba ahora de viaje.

Al fin y al cabo, mucho peor había sido lo de Perú... Flora Tristan estuvo a punto de echarse a reír al recordarse a sí misma seis años atrás, cuando tuvo el valor de embarcarse sola —también sola— en el bergantín Le Mexicain y atravesar durante semanas infinitas el Atlántico —vomitando sin parar los primeros días—, y después todavía, a lomos de una mula, subir la cordillera de los Andes desde el puerto de Cocachacra hasta llegar a Arequipa, a casi 2.500 metros de altitud... Aquello sí que había sido una aventura, y la había superado y hasta había disfrutado de ella, al menos cuando dejó de vomitar. En comparación con eso,

¿qué eran cuatro o cinco días de trayecto por territorios civilizados para volver a París?

Del viaje a Perú había nacido su primer gran libro, *Peregrinaciones de una paria*, y de este saldría el segundo. Llevaba las notas consigo, todo lo que había ido escribiendo por las noches en la habitación que le había alquilado a la señora Brown, toda la miseria y el espanto que había podido ver —y oler, y hasta sentir dentro de su propio cuerpo— en las fábricas, en los barrios obreros, en los hospitales de caridad, en las cárceles, en las calles donde ejercían su triste trabajo las pobres prostitutas, todo ese horror que escondía aquel Londres de 1839 a pocos metros de sus palacios y sus mansiones y sus calles empedradas y sus buenos comercios bien surtidos, la cara oculta de la metrópolis del cada vez mayor Imperio británico, la infinita desdicha de tantos sobre la que se construía el esplendor de unos pocos.

Aquel viaje iba a cambiar su vida, lo sabía, notaba cómo en su interior bullía la rabia contra los explotadores, la compasión por todos esos seres maltratados, y también la necesidad de actuar, de hacer algo, algo que fuese más allá de escribir un libro denunciando lo que había visto, algo que significase acción, movimiento, hechos reales y tangibles que cambiasen la vida de la gente...

La diligencia se detuvo de pronto a la entrada de Southwark: un poco más adelante, la rueda de un carro de bueyes se había roto, y buena parte de su cargamento de patatas había rodado por el suelo. En medio de los gritos del carretero, varias personas se habían lanzado a recoger todos los tubérculos que pudiesen antes de que alguna autoridad llegase al lugar y les impidiese seguir robando lo que no era suyo... Flora se alegró: al menos alguna criatura cenaría bien aquella noche.

Entonces, el hombre que iba sentado frente a ella aprovechó el momento para invadir su espacio, abriendo muy amplias las piernas y sujetando las de ella entre sus rodillas. Flora lo miró un segundo y vio cómo comenzaba a hacerle gestos obscenos con la boca. Sintió una oleada de furor que le subía por el cuerpo, desde los pies hasta la cabeza. Quería gritar, decirle que era un cerdo asqueroso, quería pegarle, darle una buena patada con sus botas ahí, justo en esa entrepierna que exhibía ante ella, y tuvo que hacer un esfuerzo gigantesco para contenerse y no armar un escándalo que no terminaría bien. Esas cosas jamás terminaban bien: la que se quedaría finalmente en tierra sería ella y no él, seguro. Una mujer que viaja sola es una paria, siempre una paria...

Flora Tristan encogió el cuerpo todo lo que pudo, apretó las piernas contra el asiento, empujó con fuerza las del hombre para zafarse y se giró por completo hacia la ventanilla a su izquierda. Luego abrió el libro que llevaba en el regazo y lo alzó a la altura de sus ojos, poniendo una muralla entre ella y el abusador. Entonces leyó en voz alta —lo bastante alta para que los otros dos ocupantes del coche la oyesen— aquellas frases de su amigo Charles Fourier que tanto la emocionaban: «El progreso social depende del progreso de las mujeres hacia la libertad. Cuando disminuye la libertad de las mujeres, tiene lugar la decadencia del orden social. La extensión de los privilegios de las mujeres es pues el principio general de todo progreso social».

El hombre la miró con asco, frunció el ceño y la boca y luego, instintivamente, se apartó de ella como si se apartase de una leprosa.

Se oyeron los relinchos de los caballos y el grito del cochero: «¡En marcha!». Flora suspiró: solo cuatro o cinco días más y estaría en casa... ¡Firme como una roca!

Constituciones, parlamentos, elecciones, representantes, repúblicas, monarquías parlamentarias, ideologías, partidos políticos, · izquierda y derecha, movimiento obrero... Eso que ahora solemos llamar «política», en un sentido amplio, nació en el mundo occidental a lo largo del siglo XIX. Aquella fue una centuria de grandes movimientos colectivos, que a menudo desembocaron en revoluciones o guerras y que fueron conformando el mundo actual. Un siglo de luchas masivas y férreas que transformaron definitivamente la sociedad occidental.

Hubo tres frentes de combate fundamentales. El primero fue el de la burguesía, arrancando a mordiscos su derecho a participar del poder en dos momentos revolucionarios posteriores a la Revolución francesa de 1789, las dos oleadas que sacudieron casi toda Europa en 1830 y de nuevo en 1848. Aunque en lugar de hablar de la burguesía en general, sería más adecuado referirse únicamente a los hombres de la burguesía. Y no porque las mujeres no participasen del esfuerzo: lo hicieron de todas las maneras posibles, como pensadoras y polemizadoras, como conspiradoras, como agentes o espías y también como combatientes, participando en las barricadas y en las batallas callejeras, igual que habían hecho en 1789. Ya sabemos sin embargo que el triunfo de la sociedad burguesa las arrinconó sin piedad en el espacio doméstico, dejándolas fuera de juego después de haberlas utilizado. La libertad y los derechos «para la mayoría» alzados sobre las ruinas del Antiguo Régimen beneficiaron exclusivamente a la mitad de la población europea.

El segundo frente fue el de los movimientos nacionalistas, que trastocaron de arriba abajo el mapa del continente y dejaron miles y miles de cadáveres, víctimas de las continuas guerras entre los imperios —el otomano, el austrohúngaro y el ruso— y muchos de sus súbditos. También ahí estuvieron muy presentes las mujeres, jugándose la libertad y la vida por los estados-nación que surgirían tras todo aquel largo terremoto. La historiografía suele reconocer, por ejemplo, que el enorme avance en derechos de las mujeres de Finlandia respecto al resto de los países de Europa —fueron las primeras europeas en ver reconocido el sufragio en 1907, tan solo por detrás de las neozelandesas, que lo habían logrado en 1893— se debió en buena medida a su intensa implicación para independizarse del Imperio ruso.

El tercer frente de lucha en Europa fue el del movimiento obrero. A medida que el capitalismo industrial se intensificaba comenzó a surgir una nueva clase social, la del proletariado, un término tomado de la antigua Roma, donde señalaba a los miembros más desposeídos de la sociedad, y que ahora se redefinió. En su *Manifiesto comunista* de 1848, Karl Marx y Friedrich Engels dieron las claves que explicaban el nuevo grupo: «Por proletarios se entiende a la clase de trabajadores asalariados modernos que, privados de medios de producción propios, se ven obligados a vender su fuerza de trabajo para poder existir». Eran los herederos de las antiguas clases artesanales, en proceso de extinción a medida que se expandía la producción industrial, y reconvertidos en obreras y obreros a sueldo. Sus filas se fueron nutriendo además por el crecimiento demográfico que se produjo a lo largo de la centuria en Europa y por la emigración cada vez más frecuente desde el ámbito rural a las ciudades o a los territorios cercanos a la industria y los pujantes centros mineros.

Pero hubo un cuarto frente de combate del que los libros de historia han hablado mucho menos. No fue sangriento, no dejó montañas de cadáveres apilados en los campos de batalla ni mutilados de guerra mendigando por las calles. Sus víctimas fueron privadas, aunque sus logros serían universales. Fue una

Ni siquiera entonces Mary agachó la cabeza ante las normas: se fue a vivir con Shelley y se incorporó con pasión al excitante ambiente de los poetas románticos, presididos por el cada vez más aplaudido lord Byron.
Richard Rothwell. *Mary Shelley*, ¿h. 1820? National Portrait Gallery, Londres (Album/Fine Art Images).

Aisladas por completo del mundo en su casa de Haworth, sentadas en la pequeña sala común con sus escritorios portátiles, interrumpidas cada dos por tres por las obligaciones domésticas y en secreto incluso para los hombres de su familia, Charlotte, Emily y Anne se pusieron a escribir cada una de ellas una novela que, con suerte, les permitiese ganar algunas libras.

Patrick Branwell Brontë. *Anne, Emily y Charlotte Brontë*, h. 1834. National Portrait Gallery, Londres (Album/Brian Seed/Lebrecht).

Negándose a ser una víctima perpetua, aquella mujer que había intentado amoldarse a las conveniencias optó por cortar todos los lazos con ellas.
Auguste Charpentier. *George Sand*, 1838. Musée Carnavalet, París (Album/Musée Carnavalet, París, Francia).

«Mi pueblo [Almendralejo] opone una vigorosa resistencia a toda innovación a las ocupaciones de las jóvenes, que después de terminar sus labores domésticas deben retirarse a murmurar con las amigas [...]. La capital [Badajoz] ha dado un paso más, pero tan tímido y vacilante que solo concede a las mujeres la lectura de alguna novela por distracción».

Federico de Madrazo. *Carolina Coronado*, h. 1855. Museo del Prado, Madrid (Album/Museo del Prado, Madrid, España).

Gertrudis Gómez de Avellaneda quería estar ahí, en el corazón mismo de lo más prestigioso de la creación literaria del momento.
Federico de Madrazo. *Gertrudis Gómez de Avellaneda*, 1857. Museo Lázaro Galdiano (Album).

Doña Emilia escribió todo lo que pudo, se metió en todos los charcos que le dio la gana —que fueron muchos— y, para colmo, también fumaba, aunque solo lo hiciera en privado. Todo eso a pesar de pertenecer, como Ana Ozores, a la nobleza de provincias.

Joaquín Vaamonde Cornide. *Emilia Pardo Bazán*, 1896. Museo de Bellas Artes, A Coruña (Album/Prisma).

Mientras sus compañeros y amigos recorrían París de cabo a rabo, mientras iban y venían de los burdeles a los salones y se inspiraban en todas partes, Berthe Morisot se veía obligada a retratar una y otra vez a los miembros de su familia, a mirar única y exclusivamente el interior de su casa o los ordenados paisajes cercanos, y siempre fingiendo que nada de todo aquello le interesaba como objeto pictórico, porque una dama como es debido no está pendiente de los objetos pictóricos.

Berthe Morisot. *Vista de París desde el Trocadero*, 1871-1873. Santa Barbara Museum of Art (Album/Santa Barbara Museum of Art).

Rodeada de veintidós hombres y dos muchachos, Harriet Hosmer ocupa el centro de la imagen, con los brazos firmemente cruzados sobre su blusa blanca y un gesto de desafío hacia la cámara: aquí estoy yo, parece decir claramente, y soy la que manda.

Harriet Hosmer con sus ayudantes en el patio de su estudio en Roma, h. 1860. Biblioteca Nacional del Congreso, Washington.

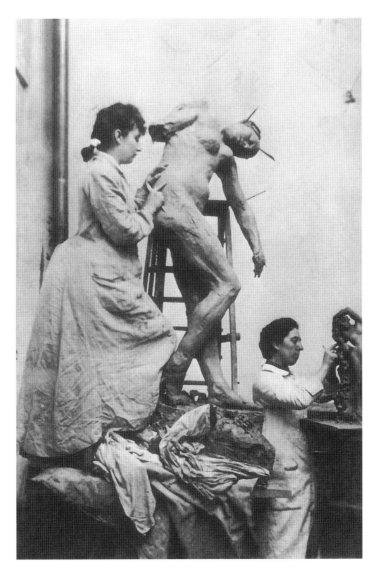

A veces se paga un altísimo precio por la insumisión. El ejemplo más conocido, quizá, es el de la escultora Camille Claudel, una mujer de increíble talento y valentía que terminó su vida totalmente abandonada por los suyos, encerrada en un manicomio durante treinta años.

Camille Claudel y Jessie Lipscomb trabajando en su taller, 1887.

Johnston hubiera debido ser una de aquellas damiselas frágiles y sumisas que el siglo tanto deseaba. Pero no lo era en absoluto: activa, inteligente, autónoma, llena de talento y abiertamente lesbiana, en su autorretrato de 1896 se representó a sí misma burlándose de todas las convenciones que hubiera debido respetar.

Frances Benjamin Johnston. *Autorretrato en su estudio de Washington*, 1896. Biblioteca Nacional del Congreso, Washington.

Flora Tristan (1803-1844) fue compañera y amiga de las feministas de la primera ola, pero se atrevió a ir un paso más allá que ellas, convirtiéndose en lo que ahora llamaríamos la líder de su propio proyecto obrerista y feminista: para ella, como para la mayor parte de las sansimonianas, las dos causas estaban indisolublemente unidas.
Flora Tristan, h. 1830. Grabado de autor desconocido (Album/Photo © Leonard de Selva/Bridgeman Images).

La mujer retratada había nacido en las Antillas, y había sido esclava. Solo hacía seis años que era libre, desde 1794, cuando la Convención Nacional surgida de la Revolución prohibió la esclavitud en todos los territorios franceses. El cuadro de Marie-Guillemine Benoist se convirtió en un icono de la lucha abolicionista.

Marie-Guillemine Benoist. *Retrato de mujer negra*, 1800. Museo del Louvre (Erich Lessing/Album).

Se cuenta que, tras la publicación de sus cuatro volúmenes de *Mujercitas*, hubo lectoras que acudieron a su casa buscando, quizá, tomarse con ella una taza de té. Por lo visto, en esos momentos Louisa se hacía pasar por una criada y afirmaba que la escritora había salido. Aun así, yo llamaría a su puerta en Concord. Golpearía con cuidado, sin hacer demasiado ruido ni perturbarla, tan solo para darles las gracias a ella y a Jo.
Louisa May Alcott, h. 1880. Fotografía de autor desconocido (Album/Universal History Archive/UIG/Bridgeman Images).

Plantar cara a la sociedad más conservadora, enfrentarse a la ira de la opinión pública y andar huyendo de un sitio para otro no era nada nuevo en la vida de esa rara española que fue Rosario de Acuña, feminista, obrerista, atea, masona y enemiga declarada de la Iglesia católica. Rosario de Acuña, h. 1875 (Album).

SRA. D.ᴬ CONCEPCIÓN ARENAL,
VIUDA DE CARRASCO, EMINENTE PENSADORA Y POETISA.

Nació en el Ferrol, en 1820; † en Vigo, en Enero de 1893.

«La mujer magnetizará el mundo, tantas veces impenetrable a la palabra que da vida».
Concepción Arenal, h. 1890 (Album/Oronoz).

Elena Maseras y Dolors Aleu fueron auténticas pioneras de una actividad en la que, aunque muy lentamente, las mujeres se adentrarían con firmeza, reencontrándose así con sus antepasadas médicas de los tiempos remotos.
Dolors Aleu, la primera médica española, h. 1900.

lucha pacífica pero sostenida, tenaz, imposible de detener, gotas de agua cayendo sobre la roca, una tras otra, un hilo leve al principio que se intenta taponar pero que va volviéndose cada vez más caudaloso, hasta convertirse en una catarata rugiente e imbatible: la lucha del feminismo.

Si las ideas básicas de la causa feminista parecen haber existido probablemente desde siempre —sin duda desde los propios inicios del patriarcado— y habían sido expresadas una y otra vez por muchas mujeres valientes a lo largo de los siglos, los orígenes de la palabra en sí —que deriva del latín *femina*, mujer— están en Francia. No siempre es fácil seguir el rastro de los términos, pero en este caso las investigaciones filológicas han establecido que comenzó a usarse en el siglo XIX para referirse a asuntos que tenían que ver con las mujeres, sin más connotaciones, y también a cierto tipo de síntomas que padecían a veces los hombres afectados por la tuberculosis. Supuestamente, el primer texto en el que se empleó para aludir a la lucha por la igualdad entre los géneros se debe al novelista Alejandro Dumas hijo, quien lo utilizó en un artículo de 1872 para criticar esas aspiraciones:

> Las feministas —permítanme este neologismo— dicen: todo el mal se debe a que no se quiere reconocer que la mujer es la igual del hombre, que hay que darle la misma educación y los mismos derechos que al hombre.[1]

Aunque él mismo lo proclamara un «neologismo», no sabemos si era realmente el primero en usarlo en ese sentido o se lo había apropiado. Lo que sí sabemos es que la palabra triunfó y fue rápidamente defendida por mujeres —y algunos hombres— que, al revés que el novelista, consideraban que esa causa era digna de todo su apoyo. En la década de 1880 ya parecía haberse extendido su uso. Ya hemos visto cómo en España, más o menos en esas fechas, comenzó a utilizarla Emilia Pardo Bazán, y seguramente no lo hizo por casualidad: la escritora hablaba perfectamente francés, viajaba todos los años a París y tenía allí muy buenos contactos en los círculos intelectuales, así que no sería extraño que fuese ella quien la importó al español.

Cuarenta años antes de que empezara a utilizarse el término «feminismo» con esa acepción moderna, hacia 1830, otro neologismo vio la luz, probablemente también en Francia: la palabra «socialismo», una nueva corriente de pensamiento político que nació como reacción frente al individualismo exacerbado que estaban generando la revolución industrial y el capitalismo ligado a ella. A los primeros pensadores socialistas —como Charles Fourier, Pierre-Joseph Proudhon, Henri de Saint-Simon, Étienne Cabet y Robert Owen— se les llama socialistas utópicos, precursores del socialismo «científico» que Marx y Engels categorizarían a mediados de siglo. En los últimos tiempos, suele figurar entre ellos el nombre de una única pensadora y activista, Flora Tristan.

Todos estos nuevos filósofos de la clase proletaria se interesaron por la situación de la mujer y escribieron sobre ello, lo cual demuestra que el asunto de la opresión del género femenino era un tema presente en el ambiente, algo de lo que se hablaba en los círculos inconformistas y que los pensadores revolucionarios no podían soslayar.

Pero no todos lo hicieron en el mismo sentido. Algunos, a pesar de sus ansias por cambiar la sociedad, decidieron seguir viendo a las mujeres como entes pasivos. Étienne Cabet, que fundó la comuna utópica Icaria y que tal vez fuese la primera persona en utilizar la palabra «comunismo», defendió el papel tradicional de la mujer, que en su mundo ideal sería teóricamente una «igual» al hombre, pero sometida a los límites exclusivos del matrimonio y la crianza de los hijos.

Proudhon, el precursor del anarquismo, fue mucho más allá: siempre se mostró abierta y profundamente misógino. A pesar de su radicalidad en lo referente a la economía, la política y la organización social, el asunto «género femenino» era para él un escollo insalvable que le mantenía atrapado en el discurso de los burgueses a los que decía combatir: «La mujer solo puede ser ama de casa o cortesana», llegó a afirmar. O santa o pecadora, que habría dicho un moralista del barroco español.

En cambio, los franceses Fourier y Saint-Simon y el británico Owen divisaron otro mundo posible en el que las mujeres adquirirían una libertad inaudita y abrieron así las puertas al feminismo socialista: las fourieristas, las sansimonianas y las owenistas inauguraron lo que ahora suele considerarse en los estudios históricos la primera ola del feminismo contemporáneo. Si en principio fue la causa obrera lo que las unió, los problemas ligados a su pertenencia a un género profundamente maltratado las empujaron de inmediato a la defensa de sus derechos como mujeres, aunque nunca renunciaron a la lucha que más tarde se llamaría «de clases».

El discurso burgués del «ángel del hogar» solo afectaba a las mujeres de clase media y alta: las de las clases trabajadoras —es decir, la inmensa mayoría— no entraban en aquel concepto tan querido por la época. Seguían ejerciendo la infinidad de labores a las que siempre se habían dedicado —las tareas agrícolas, el servicio doméstico en su más amplia extensión, el pequeño comercio, etcétera—, pero a todo eso se le añadía ahora su condición de obreras asalariadas.

Si hasta entonces el entorno familiar en el que se desarrollaban la mayor parte de los trabajos podía significar un grado importante de protección para muchas mujeres —aunque también podía ser exactamente lo contrario—, ahora todo quedaba en manos de los patronos, y el patrono generoso y justo era prácticamente una entelequia. Al empresario decimonónico —cuya actividad no estaba limitada por ninguna ley— le gustaba mucho la mano de obra femenina, no solo porque era más sumisa que la de los hombres, sino también porque era más barata: la brecha salarial que todavía arrastramos doscientos años después se originó en aquellos momentos. Así que las obreras estaban en todas partes, aunque el relato histórico no suela recordarlas.

El sector textil, por ejemplo —donde comenzó la revolución industrial y que fue importantísimo a lo largo del XIX—, se basaba en buena medida en el trabajo de las mujeres. En 1841, el político progresista Pascual Madoz realizó una encuesta en la industria algodonera catalana, la más desarrollada de España. Los datos contradicen una vez más los mitos patriarcales: el sector contaba con 81.168 trabajadores, de los que el 39,4 por ciento eran mujeres, el 39,2 hombres y el 21,4 menores, niñas y niños. Los salarios mostraban una enorme diferencia por género y por edad: las mujeres ganaban menos de la mitad de lo que ganaban los hombres, y los menores aún mucho menos.[2]

Pero la fabricación de tejidos no era el único campo en el que trabajaban obreras asalariadas: las había en casi todas las industrias y actividades que podamos imaginar, incluso en aquellas que nos resultan más tópica y exclusivamente «masculinas». En 1883, el gobierno de España creó un organismo que más tarde se llamó Comisión de Reformas Sociales. Su objetivo era analizar las condiciones de trabajo de la clase obrera y comenzar a legislar al respecto, después de un intenso debate sobre si el Estado debía o no intervenir en la relación entre los empresarios y sus trabajadores. En los documentos de esa Comisión —y en otros textos diversos de la época— se habla de las mujeres que trabajaban como peones de albañil, las que producían ladrillos, las que descargaban los barcos de pesca, las que fabricaban las cartucheras en las fábricas de armas —de propiedad estatal—, las que realizaban labores como peones agrícolas, las cigarreras o las mineras.[3]

¿Mujeres mineras? El relato sobre la minería nos ha contado siempre que no existieron, que jamás estuvieron implicadas en esa actividad tan sólidamente varonil. Pero no es verdad: en todas las cuencas de Europa hubo un número enorme de mujeres trabajando en las minas de carbón, que fueron cada vez más activas a lo largo del siglo XIX, dado que esa era la fuente fundamental de energía. Está documentado —incluso con numerosas fotografías y alguna película de hacia 1920— el trabajo femenino en los pozos españoles, franceses, belgas, británicos, alemanes o polacos.

En Francia —donde se ha estudiado a fondo el asunto—, se sabe que las mujeres trabajaron en el interior de las minas hasta 1874, cuando una ley prohibió su acceso a las galerías. La misma ley prohibió también el de los niños menores de doce años: a partir de esa edad ya podían seguir faenando en la oscuridad al lado de los hombres. Dentro de los pozos, las mujeres y los niños solían arrastrar las vagonetas, pero a veces a las unas y a los otros se los usaba —por su tamaño, obviamente— para llegar a túneles y vetas de difícil acceso, exactamente igual que ocurría en la prehistoria, cuando conceptos como civilización, cristianismo o derechos «del hombre y del ciudadano» eran inimaginables.*

---

* El Museo Arqueológico Nacional conserva la conmovedora estela funeraria de época romana de un niño de cuatro años llamado Quartulus, que aparece representado con sus instrumentos de trabajo, un pequeño pico y una lámpara de minero o cesta de transporte. La estela fue encontrada en Baños de la Encina (Jaén), en la zona minera de Sierra Morena, explotada desde tiempos inmemoriales.

Después de que la ley de 1874 les impidiese bajar a las galerías, las mujeres de las minas de carbón francesas siguieron trabajando en el exterior: ellas eran las encargadas de vaciar las vagonetas y lavar y clasificar el mineral.[4] Esos empleos fueron perdiéndose ya entrado el siglo XX, al mecanizarse el proceso. Y después, como de costumbre, todo el mundo se olvidó de que también había habido durante mucho tiempo mujeres mineras...

En España, el trabajo de las mujeres y los menores en las minas aún no ha sido investigado de manera rigurosa, aunque comienzan a aflorar algunos datos. En Asturias y el norte de León está constatada la presencia de «carboneras» en el exterior de las minas en trabajos semejantes a los realizados en Francia, y además hasta tiempos muy recientes. Legalmente, no había trabajadoras en las minas desde finales del siglo XIX —cuando las primeras legislaciones laborales, muy centradas en las mujeres y los niños, prohibieron su actividad—, pero existen fotos de jóvenes carboneras tomadas incluso en la década de 1950.[5] Más que constatado está también el trabajo de los niños, los famosos «guajes» de la mina asturiana.*

No es de extrañar que Emilia Pardo Bazán contestase esto a quienes sostenían una y otra vez la debilidad de las mujeres y su incapacidad para trabajar:

---

* No he podido encontrar datos fiables sobre el posible trabajo de mujeres en el interior de los pozos españoles. Oficialmente, la primera mujer que bajó a la mina no lo hizo hasta 1993, cuando el Tribunal Constitucional concedió el amparo a Concepción Rodríguez Valencia, una minera asturiana de Hunosa a la que se le impedía el acceso a las galerías, a pesar de haber aprobado las mismas pruebas que sus compañeros varones. Hay ahí un enorme campo aún por investigar.

En mi país, Galicia, se ve a la mujer, encinta o criando, cavar la tierra, segar el maíz y el trigo, pisar el tojo, cortar la hierba para los bueyes. Tan duras labores no levantan protesta alguna entre los profundos teóricos de la escuela de monsieur Proudhon, que, apenas se produce el menor conato de ensanchar las atribuciones de la mujer en otras esferas, exclaman llenos de consternación y santo celo que la mujer no debe salir del hogar, pues su única misión es cumplir los deberes de madre y esposa.[6]

Hasta que a finales del siglo XIX comenzase a legislarse sobre las relaciones entre patronos y trabajadores, las condiciones de la clase obrera fueron terribles. Jornadas extenuantes, sueldos de miseria y carencia total de derechos: ni seguro de enfermedad, ni bajas médicas, ni paro, ni vacaciones, ni pensiones de jubilación. Obviamente, las de las obreras eran aún mucho peores que las de sus compañeros varones, y no solo porque sus salarios eran más bajos, sino porque además tenían que someterse a la autoridad de jefes y encargados que podían abusar de ellas cuanto quisieran sin que ninguna legislación les pusiera límites.

Para colmo, sobre ellas seguía recayendo todo el peso del trabajo doméstico y el cuidado interminable de sus familias, en tiempos en los que los electrodomésticos y las comodidades modernas ni siquiera eran imaginables: la situación de «esclavitud», como ellas mismas decían, que muchas vivían en el seno del matrimonio, sin que ninguna ley las protegiese tampoco en ese ámbito.

Es lógico por lo tanto que las primeras trabajadoras que empezaron a movilizarse para exigir sus derechos frente al capitalismo comenzasen a combatir igualmente la opresión a la que se veían sometidas por parte de los hombres. En Gran Bretaña, la década de 1830 vio el nacimiento de los primeros sindicatos y asociaciones obreras. Ya entonces hubo organizaciones sindicales específicamente femeninas. Otras incluían a ambos sexos, como la Gran Unión Nacional de Sindicatos Consolidados creada en 1834 por el empresario socialista Robert Owen, en la que militaban miles de mujeres. Desde el principio, en las reuniones del grupo y en su órgano de opinión —la revista *The Pioneer*—, las sindicalistas dejaron claro que su lucha era feminista. En uno de los primeros editoriales de *The Pioneer*, la maestra y periodista Frances Morrison (1807-1898), que fue una de las mujeres intelectualmente más activas del movimiento, escribió:

> Ya es hora de que las mujeres obreras de Inglaterra comiencen a exigir sus derechos, negados durante tanto tiempo. ¿Por qué el tiempo y el ingenio del sexo femenino [...] han de estar monopolizados por opresores crueles y codiciosos, que no son otra cosa que hombres y que se llaman a sí mismos amos? Hermanas, no sigamos más tiempo sometidas. [...] ¡Unámonos y defendamos nuestros derechos![7]

En tan solo un párrafo, Morrison pasaba del asunto general de la clase obrera al asunto concreto del género femenino: era la vida misma.

El owenismo, perseguido por acusaciones diversas y humillado —como el resto de los socialismos utópicos— por el fracaso de la lucha obrera en las revoluciones europeas de 1848, desapareció en la década de 1850. Pero la semilla que había dejado caer en la mente de numerosas trabajadoras británicas terminaría por crear un bosque.

Las corrientes del socialismo utópico francés —encabezadas por Fourier, Saint-Simon y Cabet— tuvieron un contenido más místico que el sindicalismo owenista. Muy influenciados por el cristianismo original, estos pensadores se rebelaron contra la propiedad privada, la familia y las desigualdades sociales y de género, defendiendo la vida comunitaria e igualitaria: los falansterios fourieristas, las comunas sansimonianas y las «icarias» de Cabet fueron intentos por llevar a cabo en la práctica aquellos postulados. Fourier y Saint-Simon, en particular, centraron una parte importante de su pensamiento en la injusta subordinación del género femenino, lo cual atrajo hacia ellos a numerosas mujeres de todas las clases sociales.

Entre ellas hubo un destacado grupo de pensadoras y periodistas, mujeres obreras —pero ya alfabetizadas— que tomaron la palabra en la década de 1830. Como ocurrió con las owenistas, aquello era toda una revolución: las mujeres del pueblo, excluidas durante siglos de la cultura escrita, habían carecido siempre del derecho a expresar sus ideas en textos, artículos y libros. Que llegasen a impulsar, redactar y hasta dirigir sus propias publicaciones habría sido inimaginable tan solo unas décadas antes, y a muchos de los burgueses y burguesas del momento —pero también a muchos de sus compañeros obreros— les pareció algo radicalmente escandaloso.

A estas periodistas se las suele llamar las sansimonianas, aunque casi todas abandonaron el círculo de Saint-Simon después de su muerte en 1825, cuando su seguidor Prosper Enfantin convirtió el movimiento en una auténtica secta y apartó a las mujeres de la dirección. Entretanto, habían ido organizándose como luchadoras feministas. Herederas de Olympe de Gouges y de las demás revolucionarias aplastadas cuarenta años antes, en 1831 fundaron un periódico cuyo solo nombre lo dice todo: *La Femme Libre* («La mujer libre»).

Reclamar esa condición de libertad para el género femenino en pleno estallido de la moral burguesa era ya en sí un acto de rebeldía. Pero no fue el único: en el periódico solo escribían mujeres, y lo hacían sobre contenidos que nada tenían que ver con los tópicos asuntos «femeninos» de otras publicaciones de la época. Todas ellas firmaban siempre únicamente con su nombre de pila, rechazando así el apellido de los maridos que la ley les imponía: era una manera de reivindicar su existencia al margen de la de los hombres.

La radicalidad feminista de sus objetivos quedaba presente desde el primer número:

> Esta publicación no es una simple especulación, es un trabajo de apostolado a favor de la libertad y la asociación de las mujeres. Hemos padecido profundamente la esclavitud y la inexistencia que pesan sobre nuestro sexo. Alzamos la voz para llamar a las mujeres a unirse a nosotras y a reclamar el lugar que debemos ocupar en el templo, en el Estado y en la familia.
>
> Nuestro objetivo es la asociación. Las mujeres no hemos tenido hasta ahora ninguna organización que nos permita dedicarnos a nada importante, y por ello solo hemos podido ocuparnos de pequeños asuntos individuales que nos han mantenido aisladas.
>
> Al ofreceros una tarea social a cumplir, un objetivo a alcanzar, confiamos en que muchas os unáis a nosotras, y que otras nos imiten formando grupos que actúen según sus ideas, hasta que llegue el momento en que, al haber cumplido la tarea propuesta, nos reunamos para formar una única asociación.[8]

En el siglo de los combates colectivos, aquellas feministas de la primera ola habían entendido claramente que solo lograrían la igualdad si se organizaban y se unían. El grupo formado en torno a *La Femme Libre* y otras revistas que la siguieron fue realmente cohesionado y heroico, porque las vidas de esas mujeres no fueron fáciles. Algunas terminaron suicidándose, como Marie-Reine Guindorf (1812-1837), obrera del textil y coautora de ese llamamiento que acabamos de leer. La mayoría aguantó estoicamente la exclusión social, mientras continuaban su lucha mediante periódicos, folletos, asociaciones y reuniones continuas en las que lograron hacer abrir los ojos a otras muchas mujeres.

Todas ellas participaron en la revolución de 1848, que, como ya he dicho, obligó a abdicar al rey Luis Felipe y proclamó la Segunda República. Traicionadas de nuevo por la burguesía, igual que las revolucionarias de 1789, las sansimonianas empezaron a ser perseguidas. Algunas huyeron de Francia, como Suzanne Voilquin (1801-1876) y Eugénie Niboyet (1796-1883), exiliadas durante muchos años en el extranjero. Otras terminaron encarceladas: Jeanne Deroin (1805-1894) pasó un año en prisión por asistir a una reunión obrera y después se marchó también al exilio.

La que más sufrió el peso del acoso burgués fue sin duda Pauline Roland (1805-1852), maestra y escritora, una mujer que llevó sus ideas sobre la libertad muy lejos en su propia vida: siempre se negó a casarse porque consideraba que el régimen establecido por las leyes para las mujeres casadas era una verdadera muerte civil. Pero vivió en pareja, sucesivamente, con dos compañeros sansimonianos, y terminó siendo madre soltera de tres hijos de los que los padres apenas se ocuparon.

Durante la revolución de 1848, Roland —muy amiga de George Sand— fundó uno de aquellos clubs políticos femeninos pronto prohibidos, el Club Republicano de Mujeres. También fue fundadora, en las mismas fechas, de la Asociación de Maestros, Maestras y Profesores Republicanos y de la Unión de Asociaciones de Trabajadores. Por todas estas actividades —incluida su «inmoralidad»—, fue encarcelada durante siete meses en 1850.

Aun así, al año siguiente, cuando en 1852 el presidente de la República, Luis Napoleón, dio el golpe de Estado contra su propio régimen que lo convirtió en emperador de los franceses, Pauline Roland formó parte de la resistencia que intentó defender el sistema republicano. Sometida a consejo de guerra, fue deportada a Argelia y encerrada allí en una prisión. George Sand aprovechó entonces su prestigio y se humilló para solicitarle a Napoleón III que la liberase. Aunque lo logró un tiempo después, Pauline no pudo volver a París: muy debilitada por las malísimas condiciones en las que había vivido en Argelia, murió durante el viaje de regreso, con cuarenta y siete años.

Flora Tristan (1803-1844) fue compañera y amiga de todas estas mujeres, pero se atrevió a ir un paso más allá que ellas, convirtiéndose en lo que ahora llamaríamos la líder de su propio proyecto obrerista y feminista: para ella, como para la mayor parte de las sansimonianas, las dos causas estaban indisolublemente unidas. Flora era una auténtica desclasada: su madre —Anne Laisnay— era una parisina de clase media, y su padre, Mariano de Tristán y Moscoso, un aristócrata español nacido en el virreinato de Perú, que hasta 1826 no lograría la independencia de la Corona de España. La pareja se conoció durante la Revolución francesa en Bilbao —donde ella estaba como emigrada y él como militar—, y según parece se casaron en una ceremonia oficiada por un cura francés que, igual que la novia, había huido del París revolucionario. Ese matrimonio —si es que existió— nunca tuvo validez legal, lo cual colocó a Flora en una situación muy complicada en aquella sociedad tan estricta con las clases y las fortunas: don Mariano murió en París cuando la niña tenía cuatro años, dejándolas a ella y a su madre sin herencia, sumidas en la pobreza.

Anne educó a su hija como una auténtica «señorita», pero su situación económica la obligó a empezar a trabajar a los diecisiete años como obrera en un taller de grabado, donde pintaba etiquetas para frascos de perfume, una tarea delicada propia de una joven delicada. Un año después —presionada por su madre—, se casó con el dueño del negocio, André Chazal, que pronto se convirtió en su verdugo. Aquella joven menuda y bonita, de aspecto elegante y aniñado, decidió no soportar lo insoportable: a los veintidós años, embarazada por tercera vez, abandonó a su marido y huyó a casa de su madre, que la aceptó de mala gana. De ese tercer y último embarazo de Flora nació Aline Chazal, que sería la madre del pintor Paul Gauguin.*

De ahí en adelante, la vida de Flora Tristan fue una batalla continua. Comenzó batallando contra su marido, del que tuvo que esconderse a menudo y que secuestró varias veces a Aline, llegando a abusar de ella cuando tenía solo trece años. La denuncia de Flora por incesto y el juicio subsiguiente terminaron con la niña obligada a ingresar como aprendiz en un taller de costura, pero no supusieron ninguna condena para Chazal. Él juró entonces vengarse de aquella mujer que no se resignaba, como la inmensa mayoría, a la desdicha. Y lo hizo: el 10 de septiembre de 1838, cuando Flora tenía treinta y cinco años y llevaba más de quince alejada de él, le disparó en plena calle. La hirió gravemente, aunque no logró matarla. Esta vez sí que fue

* Gauguin, que pasó su infancia en Perú, solía presumir de sus exóticos ancestros, aunque no parece que sintiese mucho respeto por su combativa abuela.

condenado: lo sentenciaron a veinte años de trabajos forzados, aunque el propio jurado conmutó la pena por la de veinte años de prisión.

Durante mucho tiempo, Flora Tristan tuvo que luchar también contra la pobreza. Ya separada, trabajó en lo que pudo para sobrevivir. Fue de nuevo obrera en un taller de grabado, dependienta en una confitería y, durante cinco años, criada de unas señoras inglesas —probablemente su doncella—, con las que viajó por diversos países europeos. Harta de sus problemas y convencida de que tenía derecho a recibir la herencia de su padre, escribió a su tío, Pío Tristán y Moscoso. Don Pío había sido el último virrey del Perú, aunque tras la victoria de los independentistas en 1825 se había sumado a ellos, convirtiéndose en uno de los prohombres de la nueva República peruana.

En cuanto su tío le respondió en tono cariñoso, Flora se embarcó sola hacia Arequipa, donde vivía la familia Tristán. Aquel viaje fue para ella una experiencia vital, intelectual y emocional extraordinaria. Nunca logró recibir su herencia —don Pío insistió en que el matrimonio de su hermano con la madre de Flora no era legal—, pero consiguió asegurarse la tranquilidad económica gracias a una cierta cantidad de dinero que le legó su abuela y a un pago anual por parte de su tío.

De vuelta en París, tranquilizada en lo económico y exaltada por todo lo que había vivido, Flora Tristan publicó en 1838 un libro que la convirtió en una celebridad en los círculos radicales franceses, *Peregrinaciones de una paria*. La autodenominación de «paria» fue inmediatamente compartida por todas las mujeres que, como ella, no tenían sitio en la sociedad burguesa porque se negaban a ocupar el lugar asignado.

Igual que en otros muchos casos de escritoras, es insólito que una mujer que apenas había recibido instrucción formal pudiera escribir ese texto. En él, Tristan desarrollaba un pensamiento no solo político, sino también económico, además de mostrarse muy crítica con la organización social del Perú. En particular con la esclavitud. Uno de los fragmentos más estremecedores del libro describe su encuentro en una hacienda azucarera con dos esclavas castigadas por haber cometido infanticidio:

> Entré en un calabozo donde habían encerrado a dos negras. Habían dejado morir a sus hijos privándolos de leche. Las dos, completamente desnudas, se mantenían acurrucadas en un rincón. Una comía maíz crudo. La otra, joven y muy bella, dirigió hacia mí sus grandes ojos; su mirada parecía decirme: «He dejado morir a mi hija porque sabía que nunca sería libre como tú; la prefiero muerta antes que esclava».[9]

En el Salón parisino de 1800 —treinta y siete años antes de este texto—, la pintora Marie-Guillemine Benoist expuso un magnífico retrato de una mujer negra a la que ella convirtió en una diosa nutricia exhibiendo un pecho desnudo, como las antiguas deidades clásicas, una iconografía que los artistas de la Revolución utilizaron muy a menudo.*

La mujer retratada —cuyo nombre ignoramos— había nacido en las Antillas, y había sido esclava. Solo hacía seis años que era libre, desde 1794, cuando la Convención Nacional surgida de la Revolución prohibió la esclavitud en todos los territorios franceses.

---

* Ese *Retrato de mujer negra* de Marie-Guillemine Benoist pertenece ahora al Museo del Louvre y puede verse en el segundo cuadernillo de este libro, además de digitalizado aquí: https://collections.louvre.fr/en/ark:/53355/cl010065532

El cuadro de Marie-Guillemine Benoist se convirtió en un icono de la lucha abolicionista, la misma que Olympe de Gouges había encabezado un poco antes con su obra de teatro *Zamore et Mirza*.

Pero solo dos años después, en 1802, el cónsul Napoleón volvió a legalizar la trata y la posesión de seres humanos en los territorios franceses de ultramar: toda la perversa economía de las colonias se basaba en la mano de obra esclava, y el futuro emperador lo tuvo muy en cuenta. Muchos de los hombres más acaudalados que pululaban por el París del Consulado y del Imperio —y que, por supuesto, dieron su apoyo total al nuevo líder— eran propietarios de esclavos, dueños de grandes haciendas en Saint-Domingue —actual Haití—, las Antillas o Guyana. La propia emperatriz Josefina era hija de los dueños de una plantación en la isla de la Martinica. La esclavitud no se volvería a prohibir en Francia, ya definitivamente, hasta la revolución de 1848. Unas doscientas mil personas de origen africano, se calcula, fueron entonces liberadas.

Los primeros movimientos feministas del siglo XIX estuvieron muy implicados en la lucha contra ese fracaso absoluto de la humanidad que fue la esclavitud: aquellas mujeres tan frustradas como rebeldes eran capaces de comprender la desdicha de otros seres que padecían incluso más que ellas. En Gran Bretaña, las damas de las clases sociales privilegiadas se movilizaron intensamente en torno a esta causa y llevaron a cabo exitosos boicots contra los productos generados por mano de obra esclava, como el azúcar procedente de América. Aunque la conexión más estrecha entre el abolicionismo y el feminismo ocurrió, lógicamente, en Estados Unidos. De hecho, la primera reunión que se celebró en el país por los derechos de las mujeres, la Convención de Seneca Falls —que tuvo lugar en 1848— fue organizada por un grupo de cuáqueras antiesclavistas.

Los cuáqueros —o Iglesia de los Amigos— son una comunidad protestante disidente, muy activa tanto en la lucha contra la esclavitud como en el pacifismo.* Las mujeres del culto gozaban desde sus orígenes en el siglo XVII de una libertad que era extraordinaria en el seno de las iglesias cristianas: podían predicar y escribir sobre teología y eran tratadas realmente como iguales. Varias de ellas habían viajado en 1840 a Londres para asistir a un encuentro internacional de abolicionistas, pero, como mujeres, en la Inglaterra de la reina Victoria no se les permitió tomar la palabra. Indignadas por esa imposición de un silencio al que no estaban acostumbradas, comenzaron a contactar con otros grupos de ciudadanas estadounidenses hartas de su situación, y organizaron aquella Convención de Seneca Falls: allí se definieron por primera vez en Estados Unidos los pasos a dar a favor de los derechos del género femenino.

Por supuesto, a las cuáqueras las acompañaron centenares —pronto miles— de mujeres de diferentes credos o sin credo alguno: el feminismo logró unir a personas separadas por convicciones espirituales distintas y a veces enemigas, demostrando lo que ahora llamaríamos su «transversalidad».

No puedo hablar de antiesclavismo y feminismo en Estados Unidos sin recordar a la extraordinaria mujer que fue Louisa May Alcott (1832-1888). La autora de *Mujercitas* nació en una familia de seguidores de la filosofía trascendentalista, gentes que creían en la bondad innata de los seres humanos y de la naturaleza, y entre los que se contaban algunos de los grandes escritores

---

* En la guerra civil española, los cuáqueros se implicaron en el voluntariado con niñas y niños huérfanos o evacuados, y trabajaron intensamente en la zona republicana.

de la época, todos ellos amigos de los Alcott, como Ralph Waldo
Emerson, Henry David Thoreau y Walt Whitman, además de la
propia Louisa y la interesante periodista Margaret Fuller (1810-
1850).

Profundamente idealistas e implicados en la lucha abolicionista, los Alcott convirtieron su residencia de Nueva Inglaterra en una de las «casas de seguridad» en las que podían refugiarse los esclavos fugados de las plantaciones del sur en su
huida hacia el norte, dentro de la red conocida como «el ferro-
carril subterráneo». Louisa también fue feminista: se adhirió a
los principios que emanaron de la Convención de Seneca Falls
y fue la primera mujer en reclamar su derecho al voto en su
municipio.

Dadas las estrecheces económicas de la familia, trabajó desde muy joven como maestra, institutriz y costurera, hasta que
comenzó a publicar en la prensa relatos y novelas de misterio
que al principio firmaba con seudónimo. Tras servir como en-
fermera durante la guerra de Secesión, Louisa May Alcott editó
en 1868 —ahora ya con su propio nombre— el primero de los
cuatro tomos de su gran novela juvenil, *Mujercitas*, inspirada
en su propia vida y la de su familia. Desde entonces y hasta
ahora, durante más de ciento cincuenta años, las hermanas
March han seguido seduciendo a infinidad de niñas —espero
que también de niños— de muchas generaciones, tanto a través de la lectura del libro como de las sucesivas adaptaciones
cinematográficas.

El personaje de Jo March —que es un trasunto de la propia autora—, con su comportamiento tan poco «femenino»,
su ansia de ser independiente y, sobre todo, su vocación de
escritora, ha sido un referente fundamental en la vida de numerosas autoras posteriores. Muchas escritoras han reconocido

su deuda con Louisa May Alcott y su Jo, como Simone de Beauvoir, Ursula K. Le Guin, Patti Smith, Carson McCullers, Gloria Steinem o Joyce Carol Oates. Yo misma me incluyo en esa lista: Jo March fue mi heroína favorita durante toda mi infancia.

No deja de ser llamativo que uno de nuestros principales referentes como creadoras sea un personaje de ficción: un escritor varón tiene cientos de nombres de ilustres antepasados entre los que puede elegir a los «padres» de su vocación. A nosotras, en cambio, la cultura patriarcal nos ha privado prácticamente de «madres» y nos ha escamoteado para colmo las pocas que podríamos tener, menospreciándolas o borrándolas de la memoria literaria colectiva. La propia Alcott ha dejado el recuerdo nebuloso de una señora soltera que escribió unos cuantos libros para jóvenes —más bien sentimentales, por no decir cursis—, como si su valentía y el resto de las actividades y compromisos que mantuvo a lo largo de su vida nunca hubieran existido.

Cuando ya era muy famosa, Louisa May Alcott confesó en una entrevista que se había animado a publicar después de leer la biografía que Elizabeth Gaskell escribió sobre Charlotte Brontë poco después de la muerte de la novelista. Hay algo profundamente emocionante en la idea de que todas nosotras estemos unidas por ese hilo común que nos hace ser parte de una misma genealogía que ahora estamos reconstruyendo.

Igual que Charlotte, Alcott siempre fue muy tímida. Se cuenta que, tras la publicación de sus cuatro volúmenes de *Mujercitas*, hubo lectoras que acudieron a su casa buscando, quizá, tomarse con ella una taza de té. Por lo visto, en esos momentos Louisa se hacía pasar por una criada y afirmaba que la escritora había salido. Aun así, yo llamaría a su puerta en Concord. Golpearía con cuidado, sin hacer demasiado ruido ni perturbarla, tan solo para darles las gracias a ella y a Jo.*

La Convención de Seneca Falls tuvo un eco enorme en Estados Unidos, pero también en Gran Bretaña. Multitud de mujeres de clase media y alta, sacudidas por la propuesta de sus hermanas americanas, comenzaron entonces a organizarse en mítines y reuniones, a fundar asociaciones, a denunciar la situación de «esclavitud» del género femenino —fue el término una y otra vez empleado en la época— y a exigir sus derechos económicos, educacionales y políticos. Ya en una fecha tan temprana como 1851, la Asociación Política Femenina envió un escrito a la Cámara de los Lores reclamando el voto y abriendo así el camino al masivo movimiento sufragista de finales de siglo.

Una de las voces más interesantes del momento fue la de la filósofa Harriet Taylor Mill (1807-1858), autora de un importante corpus de artículos y ensayos y coautora de varios textos con su segundo marido, el filósofo, economista y político John Stuart Mill. La relación de la pareja demuestra las dificultades que el sistema burgués decimonónico —sin posibilidad de divorcio— oponía a las relaciones en libertad: cuando se conocieron y se enamoraron, Harriet estaba casada con otro hombre y era madre de tres hijos. Durante veintiún años, hasta que ella enviudó —y a pesar de que se había separado físicamente de su marido—, tuvieron que vivir su amor a escondidas, sometidos continuamente a la terrible presión de no ser descubiertos, lo que hubiera significado el ostracismo social para ambos, pero fundamentalmente para ella.

* La casa en la que Louisa May Alcott vivió mucho tiempo y en la que está ambientada *Mujercitas*, Orchard House, en Concord (Massachusetts), es ahora un museo en memoria de la escritora.

Después de la muerte de Harriet, John Stuart Mill publicó en 1869 un ensayo que hizo mucho ruido, *The Subjection of Women*, uno de los raros textos feministas escritos por un hombre, en el que reconocía que el libro era también obra de su esposa, pues en él había recogido las ideas que los dos habían debatido y desarrollado juntos durante mucho tiempo. Ese volumen fue publicado en español en 1892 —con el título *La esclavitud femenina*— en la colección Biblioteca de la Mujer que dirigía Emilia Pardo Bazán, con un prólogo de la propia novelista: las redes femeninas que Montesquieu denunciaba en 1721 seguían funcionando, más activas que nunca.

Tras el éxito de *Peregrinaciones de una paria* y su incorporación al círculo de las sansimonianas, Flora Tristan realizó en 1839 aquel viaje a Londres al que ya me he referido. Su idea era ver —y luego denunciar— el daño que el capitalismo industrial estaba causando entre las personas más desprotegidas. Como una reportera actual, se metió en todos los lugares en donde no se debía meter, las cárceles, los manicomios, los tristísimos barrios obreros y hasta el Parlamento, a una de cuyas sesiones acudió disfrazada de hombre árabe, con túnica: las mujeres de aquella Gran Bretaña en la que reinaba desde hacía dos años otra mujer, Victoria, tenían prohibido el acceso a los debates parlamentarios.

Cuando publicó en 1840 sus crudas experiencias bajo el título *Promenades dans Londres* («Paseos por Londres»), un crítico biempensante se atrevió a expresar lo que muchos, muchísimos, opinaban:

> ¿Con qué derecho una mujer joven, a la que nada obliga a ello, que puede y debe vivir en su pequeño universo burgués [...], una mujer de ropa pulcra, manos claras y bien lavadas y aspec-

to elegante se permite hundirse en ese fango mucho más allá de cualquier licencia y de cualquier sentido común?[10]

Este era el meollo de la cuestión del discurso burgués: la mujer decente no solo no debía «hacer». Ni siquiera debía «mirar», como les ocurría a las pintoras. Convertida en un delicado jarrón de porcelana, el hombre la mantenía «protegida» del mal, del vicio, de la miseria, de la sordidez, de toda la fealdad y la podredumbre de la vida. ¿Qué necesidad tenía una «señora» de ir a ver a las que no lo eran, a las que vivían en pecado, dormían en chamizos, trabajaban en condiciones penosas, tenían hijos sucios y abandonados —porque ellas estaban ganándose la vida—, bebían para olvidar durante un instante que todo era una mierda o se prostituían en cualquier callejuela, bajo la niebla y la lluvia, a cambio de cenar algo caliente esa noche?

Y justamente fue todo eso lo que Flora Tristan quiso ver y contar: la infinita injusticia de la sociedad capitalista, que afectaba especialmente a las mujeres de las clases trabajadoras. Las calles del barrio de Whitechapel, donde se hacinaban las mujeres prostituidas —y donde se producirían unas décadas más tarde los famosos asesinatos de Jack el Destripador—, la conmocionaron. Pero ella, al contrario de lo que era entonces habitual, no culpó a aquellas mujeres de su condición, sino a la realidad social y económica que las empujaba: «[Elegir entre] la virtud o el vicio supone tener libertad para el bien o el mal. Pero ¿cuál puede ser la moral de una mujer que no se pertenece a sí misma, que no tiene nada propio [...]? ¡Imputadle esta monstruosidad a vuestro estado social y absolved de ella a la mujer!».

La prostitución fue, en efecto, una de las muchas monstruosidades sociales del siglo XIX. Olvidémonos de las grandes cortesanas que nos han legado la literatura, la ópera y el cine, aquellas mujeres bellísimas y elegantes que vivían como ricas burguesas a costa de la fortuna de sus amantes. Existieron algunas, claro, pero no fueron lo común. Lo común era la muchacha o la mujer pobre, carente de apoyo familiar, sin posibilidad de ejercer un oficio razonablemente bien pagado. A menudo eran mujeres solteras o viudas con hijos, o esposas cuyos maridos se habían largado. Había también obreras obligadas a complementar su miserable salario a base de horas nocturnas en algún tugurio: las mujeres utilizadas por los hombres como contenedores de sus deseos y abandonadas a su suerte por la sociedad burguesa en la que esos mismos hombres tenían el poder.

No es fácil recopilar cifras sobre esta realidad que transcurría en los márgenes, pero hay algunas que pueden darnos una idea de lo que sucedía: en 1836, la policía francesa afirmaba que había en París 30.000 mujeres prostituidas. En 1872 la cifra había subido hasta las 120.000, sobre una población de unos dos millones de habitantes.[11] El periodista Enrique Rodríguez-Solís habló de 34.000 en el Madrid del fin de siglo.[12] Números gigantescos, que ponen de relieve el desvalimiento en el que vivieron tantas y tantas mujeres de la época.

El discurso patriarcal, lleno de hipocresía, las culpaba a ellas de su desdicha. Se partía de la idea de que cualquier mujer que ejerciese la prostitución lo hacía por libre voluntad, por puro «vicio». Ellas eran, pues, las únicas responsables de su suerte. Incluso los primeros teóricos de la moderna ciencia criminológica, como el famoso Cesare Lombroso, consideraban que el ejercicio de la prostitución era una patología inevitable para muchas mujeres, un «destino» marcado por la biología, al que no se podían sustraer.

Por supuesto, también se las consideró responsables de la sífilis, la terrible enfermedad venérea —todavía incurable en aquel

entonces— que causó verdaderos estragos a lo largo del XIX, llegando a convertirse a finales de siglo en una plaga que provocaba
espanto, algo parecido a lo que ocurrió con el sida en la década
de 1980. La culpa de que tantos hombres padeciesen pústulas, se
quedasen ciegos, se volvieran locos y, finalmente, muriesen, no
era de ellos, sino de las malditas zorras de los burdeles que los
habían engañado.

El escritor francés Guy de Maupassant, que adoraba frecuen-
tarlos y que decía cosas como «Me gustaría tener mil brazos, mil
labios y mil... temperamentos para poder agarrar a la vez a un
ejército de esos seres encantadores y sin importancia», le escribió
a un amigo este aterrador texto cuando supo que padecía la enfermedad:

> Aleluya, tengo la sífilis, así que ya no tengo miedo de pillarla,
> y me follo a las putas callejeras, a las furcias de las carreteras, y des-
> pués de follármelas les digo: «Tengo la sífilis». Y ellas tienen
> miedo y yo me río, lo que me demuestra que soy muy superior
> a ellas.[13]

El miedo y el deseo irrefrenable, la vergüenza y la humilla-
ción, el poder y el castigo... Y siempre, en el fondo, la misoginia.
Todo eso se mezclaba en aquel exagerado «consumo masculino
de la carne femenina» que la sociedad burguesa, incapaz de ponerle límites, terminó por considerar como una medida higiéni-
ca, un mal necesario para el bienestar de los hombres, elaboran-
do el famoso discurso hipócrita —y seguramente falso— sobre la
profesión más antigua del mundo. Uno de aquellos médicos higienistas de la época que trataron de reformar las condiciones de
salubridad de la población, Alexandre Parent du Châtelet, lo resumió sin ningún disimulo en estas frases:

Las prostitutas son tan inevitables en una gran aglomeración de hombres como las alcantarillas, las brigadas de limpieza y los basureros. La actitud de la autoridad hacia ellas debe ser la misma que hacia esos otros servicios.[14]

Solo las activistas de los primeros movimientos socialistas —como Flora Tristan— y de ciertas agrupaciones cristianas comenzaron a observar aquella tragedia social con otra mirada, poniendo el acento donde debían ponerlo y tratando de combatirla no mediante la acusación y el señalamiento de las víctimas, sino esforzándose por explicar y transformar el proceso de exclusión en el que se producía el «reclutamiento» de las mujeres prostituidas.

Profundamente conmovida tras su viaje a Londres de 1839, Flora Tristan empezó a verse a sí misma como una especie de profeta que tenía la misión de cambiar el mundo. Esa misión se centraba en la clase proletaria en general y en las mujeres en particular. Antes que Marx, Engels y otros pensadores posteriores, Flora tuvo la lucidez de darse cuenta de que solo la unión haría posible el cambio: fue una de las primeras personas en encender la llama de la conciencia de la lucha de clases, un lugar hasta el que los socialistas utópicos no habían llegado.

En 1843 publicó mediante suscripción pública el libro *La Unión obrera*, en el que lanzaba un llamamiento a la acción pacífica a través de la movilización colectiva:

Ha llegado el día de *actuar*, y es a vosotros, *solo a vosotros*, a los que os corresponde actuar en interés de vuestra propia causa. [...] Obreros, la experiencia y los hechos os demuestran que el Gobierno *no puede* o *no quiere* ocuparse de vuestra suerte para mejorarla. Solo de vosotros depende el poder salir, si es que lo deseáis con firmeza, del dédalo de miserias, dolores y humillaciones en el que languidecéis. [...] Vuestra acción no debe ser la revuelta armada, el motín en la plaza pública, el incendio o el pillaje. No, porque la destrucción, en lugar de remediar vuestros males, tan solo los empeoraría. [...] Vuestra acción, vuestra única posibilidad de acción legal, legítima, admisible ante Dios y ante los hombres, es la UNIÓN UNIVERSAL DE LOS OBREROS Y DE LAS OBRERAS.[15]

La intención de Flora Tristan era despertar a aquella clase adormecida por el continuo maltrato y la ignorancia. También, firmemente, hacerles entender que un proletario explotado no debía explotar a su vez a su esposa, «su» proletaria: Flora señaló lúcidamente la división de género dentro de la división de clases.

La tarea no era fácil, pero la emprendió con entusiasmo. En 1844 inició una gira que debía llevarla por todas las ciudades del sur de Francia y que continuaría más tarde por las del norte. En cinco meses recorrió veinticuatro ciudades, reuniéndose con obreras y obreros a los que trataba de abrir los ojos sobre su propio destino, no siempre con éxito y constantemente vigilada muy de cerca por la policía.

Entretanto, fue anotando un diario con el que pensaba elaborar más tarde un nuevo libro. El estado de exaltación casi mesiánica en el que vivió durante aquel viaje está presente en estas notas que tomó mientras, desde su hotel en Nimes, veía a las lavanderas realizando su miserable trabajo en el único lavadero de la ciudad, diseñado al revés de lo que dicta el sentido común y al que, para colmo, también acudían los tintoreros.

Una mujer que miraba a otras mujeres en las que nadie jamás se había fijado... Reproducir aquí estas frases de Flora Tristan nos permite recordar la vida que llevaron muchas de nuestras antepasadas a lo largo de los siglos:

> Me he llevado de Nimes un sonido que resonará eternamente en mis oídos. [...] Es el sonido de las palas de las desdichadas que lavan en el lavadero de Nimes. [...] En Nimes no es la ropa la que está en el agua, no, es la mujer que lava la que está dentro del agua hasta la cintura, un agua que es veneno porque está cargada de jabón, de potasio, de soda, de lejía, de grasa y, por último, de toda clase de tintes como índigo, púrpura, azafrán, etc., etc. Ahí están todas esas mujeres condenadas, para ganarse el pan, a enfermedades de la matriz, a reumatismos agudos, a embarazos penosos, a abortos y a todos los males imaginables. [...] Si se condenase a un preso a sufrir solo durante ocho días el suplicio que esas desdichadas mujeres sufren desde hace 300 años, los filántropos no tendrían suficiente voz para reclamar contra esa atrocidad y la prensa lanzaría un anatema terrible contra el gobierno que se atreviese a matar de esa manera a esos hombres día tras día, hora tras hora. [...] Pero estas miserables lavanderas, que no han cometido ningún crimen, que trabajan día y noche, que son mujeres, que son madres, que tienen tanto derecho a la amabilidad de un corazón generoso, no encuentran ni un solo filántropo, ni un periodista que hable a su favor.
>
> Pobres hermanas, sed pacientes. Una mujer ha pasado por Nimes, y lo primero que ha visto en la ciudad es a vosotras. ¡Oh! ¡Ella ha comprendido vuestro sufrimiento! ¡Os ha mirado con compasión, pobres mujeres, pobres madres! Y en un simple arrebato de amor, se ha dicho: ¡Hermanas mías, os juro que os liberaré![16]

Flora Tristan no tuvo tiempo para cumplir la promesa hecha a las lavanderas de Nimes: pocos días después de tomar estas notas enfermó gravemente, mientras estaba en Burdeos, y murió. Tenía tan solo cuarenta y un años, y mucho por hacer.

Cuando un tiempo después Karl Marx y Friedrich Engels establecieron los nombres de los socialistas utópicos que los habían precedido en la causa de la clase obrera, a Flora Tristan la mencionaron solo muy por encima. Las posiciones de Marx y Engels respecto al feminismo han sido objeto de un debate interminable. Ambos pensadores estuvieron rodeados de mujeres interesantes y combativas, tanto en sus vidas públicas —las numerosas activistas de todos los países que fueron uniéndose al movimiento marxista— como en el ámbito privado: la esposa de Marx, Jenny von Westphalen (1814-1881), fue crítica teatral en diversos medios, además de compañera de lucha y estrecha colaboradora del trabajo de su marido, aunque nunca sabremos hasta dónde llegó esa colaboración, que él apenas reconoció. También le acompañaron en su esfuerzo sus tres hijas, las únicas que sobrevivieron de los siete niños del matrimonio.

El pensamiento político de Marx y Engels respecto al género femenino resulta ambiguo y, de hecho, dio lugar a interpretaciones contradictorias. Ambos reconocían la situación de injusticia a la que vivían sometidas las mujeres, que atribuían fundamentalmente a la organización tradicional de la familia. Y defendían su derecho a acceder al trabajo, igual que los hombres. Incluso sostenían que el trabajo las liberaría: «La primera condición para la liberación de la esposa es devolver a todo el sexo femenino a la industria pública», afirmó Engels.

Pero al mismo tiempo admitían que, si las mujeres trabajaban fuera de casa con la misma intensidad y responsabilidad que los hombres, el mundo se vendría abajo, pues ellas ya no estarían disponibles para gestar, criar y educar a los hijos y ocuparse del hogar. Dado el fracaso de las comunas fundadas por los socialistas utópicos y la falta de propuestas alternativas por parte de Marx y Engels, aquello dejaba de nuevo al género femenino en un callejón sin salida: ninguno de esos hombres tan inteligentes y reivindicativos —que lo fueron, sin lugar a dudas— estuvo dispuesto a pararse ni un momento a plantear que la solución al interminable problema podría consistir en algo tan sencillo como compartir la responsabilidad de los cuidados.

La mayor parte de los camaradas marxistas se acogerían durante mucho tiempo a esta contradicción para exigirles a sus camaradas femeninas que cumplieran con su papel tradicional de esposas y madres. También las acusaron, con un argumento una y otra vez sostenido en los debates obreristas, de «robarles» los puestos de trabajo y hacer bajar los salarios que se les pagaban a ellos.[17]

En 1864, Karl Marx, Friedrich Engels y Mijail Bakunin fundaron en Londres la Asociación Internacional de Trabajadores, después conocida como la Primera Internacional. Se trataba de reunir a representantes de movimientos obreros de toda Europa para organizar la lucha de la clase proletaria. Los líderes discutieron sobre la conveniencia o no de permitir que se incorporasen mujeres al movimiento. Se decidió que sí —por insistencia sobre todo de Marx—, pero a pesar del gran número de activistas femeninas presentes en las organizaciones europeas, de la brillantez de muchas de ellas y de su perseverancia, solo una fue invitada a formar parte del Consejo General de la Internacional.

Esa mujer, la británica Harriet Law (1831-1897), ni siquiera era una obrera, aunque compartiera muchas de las preocupaciones e ideas del movimiento: era una oradora que trabajaba como conferenciante para la National Secular Society, una organización que preconizaba la separación Iglesia-Estado.

Las valientes sindicalistas británicas, francesas, alemanas o rusas nunca fueron escuchadas durante los doce años que duró la Primera Internacional. Lo que sí se escuchó una y otra vez fue aquello de que mejor harían quedándose en casa: durante muchísimo tiempo, los camaradas marxistas y los hermanos anarquistas fueron en general poco partidarios del feminismo. Muy poco. El mundo debía cambiar en casi todo, menos en eso.

9

Salir de la oscuridad:
el primer feminismo español

La idea de arrojar a la mujer a la lucha por la
existencia tal y como la afronta el hombre es
una idea que nació muerta.

SIGMUND FREUD

La mujer magnetizará el mundo, tantas veces
impenetrable a la palabra que da vida.

CONCEPCIÓN ARENAL

El mar Cantábrico rugía fuerte aquella tarde de noviembre de
1911. Rosario de Acuña se encogió bien en su sillón, tras la gran
cristalera, envolviéndose en la manta. Siempre que había tempestad le gustaba sentarse allí a contemplar esa exhibición de fuerza, la
enorme mancha oscura que se extendía hasta el infinito, rota aquí
y allá por picos de espuma que el agua se tragaba de inmediato,
como si se devorase a sí misma, y después las olas chocando contra
el acantilado, justo a los pies de la casa, salpicando hasta el jardín y
las ventanas y llenando el aire del olor a salitre que adoraba.

Rosario cerró los ojos y respiró hondo: sintió que formaba parte de todo eso, el mar rugiendo dentro de ella a la vez que rugía fuera, y toda aquella energía que la empujaba a actuar, a seguir hablando, moviéndose, haciendo... Qué rara era, qué rara. La vida entera, una niña rara, una joven rara, una mujer rara, y ahora, con sesenta y un años, una casi anciana más rara todavía. ¿De dónde había sacado aquella sangre indómita, ese carácter que según muchos era de hombre, y no de mujer? Tal vez fuese una desgracia, seguramente lo era. De haber sido como las otras, quizá hubiese tenido una vida más feliz, o al menos más tranquila. El marido para toda la vida, hijas e hijos —y nietas ya, seguro—, y coser y bordar y hacer caridad y asistir a misa todos los domingos fingiendo que era muy devota, y criticar a todo el mundo con las amigas y ser muy hipócrita y aburrirse muchísimo y soportar con resignación las infidelidades de Rafael y...

Rosario de Acuña se echó a reír al imaginarse por un instante a sí misma llevando esa vida. ¡Menos mal que era tan rara! Al menos, había vivido. Y había sufrido, sí, claro que había sufrido: la habían insultado, la habían perseguido, la habían aislado, la habían empobrecido, pero, a cambio, había amado libremente —bendito Carlos, que aguantaba tanto por ella—, había conocido tierras remotas del país en las que ninguna señora decente ponía jamás los pies, había cabalgado a caballo por las mesetas y los roquedales, había subido a las montañas más altas, viendo paisajes que casi nadie vería —paisajes tan bellos que le daban ganas hasta de creer en Dios—, y sobre todo, sobre todo, había dicho todo lo que le había dado la gana en sus artículos, sus poemas y sus obras teatrales, aunque luego no se las dejasen representar... Qué España tan triste, el país de las sotanas y los confesionarios y los cerrojos en las mentes...

La tempestad empezaba a calmarse. Las olas iban espaciándose, y ya chocaban con menos fuerza contra las rocas. En un rato —lo sabía muy bien—, todo habría pasado, y el agua lamería paciente la base de los acantilados, arrullándolos. Y fue entonces cuando empezó a oír un ruido extraño, aquel otro rugido que procedía del camino y no del mar, gentes acercándose en tropel a la casa, gritos terribles: «¡Atea!», «¡Criminal!», «¡Asesina!». Se puso en pie de un salto: ahí estaban los inquisidores. La noticia del artículo había llegado hasta Gijón, y ahí estaban los defensores de la decencia, ansiosos por torturarla y hasta matarla si podían... Los gritos cada vez más cerca, ruido de piedras golpeando la casa, una ventana que se rompe...

Carlos entró corriendo en la sala, pálido, con las bolsas de los ojos más hinchadas aún que de costumbre. No había peligro —intentó tranquilizarla—, ya venían por el camino algunos vecinos de los caseríos cercanos para protegerlos. Pero tenían que irse, tenían que irse: la iban a meter en la cárcel. Esta vez sí. Encontrarían cualquier excusa y la condenarían a prisión por el artículo. Tenían que huir del país, inmediatamente. Correr esa misma noche al puerto y tomar el primer barco que saliese hacia cualquier lugar, cualquiera...

Rosario de Acuña miró el mar Cantábrico al otro lado de la cristalera. Luego observó con calma su sala, los libros cuidadosamente colocados en orden estricto de su biblioteca, la mesa desordenada, llena de papeles que contenían cada uno un mundo, el ramo de helechos húmedos que había cogido aquella misma mañana, durante el paseo, el sillón con su manta, donde pasaba tantas horas hermosas, leyendo, pensando, observando el cielo y el mar.

Tendría que dejar todo eso atrás. Carlos sabía bien lo que estaba diciendo: si el escándalo era tan grande como para que un grupo de gente hiciera la larga caminata desde Gijón hasta su casa sobre los acantilados de La Providencia —en medio de esa tarde tan desagradable de noviembre— para amenazarla de muerte, era seguro que, si estos no la mataban allí mismo, los otros, los que mandaban, la condenarían a prisión.

Sintió unas ganas enormes de llorar, pero no podía llorar. Debía hacer rápidamente el equipaje, escoger algún libro, llevarse sus notas, meter también algo de su ropa modesta, y partir. Una vez más, partir.

Mientras en la mayor parte del mundo occidental se iba organizando lentamente el movimiento feminista al menos desde la década de 1830, España, con su atraso de décadas, parece haber quedado fuera de juego en este terreno. La historia del feminismo ha establecido que habría que esperar hasta bien entrado el siglo XX para que las españolas empezasen a coordinarse colectivamente y exigir sus derechos. Solo en 1918 se constituyó el primer grupo feminista a nivel de todo el Estado, la Asociación Nacional de Mujeres Españolas (ANME).

Únicamente en Cataluña, donde como ya hemos visto estaba muy desarrollado —y feminizado— el sector textil, hubo organizaciones feministas anteriores, algunas ligadas al movimiento obrero. Aun así, eso no ocurriría hasta finales del XIX, varias décadas después que en el resto de Europa: la Sociedad Autónoma de Mujeres, por ejemplo, fue creada en Barcelona en 1896 por la obrera tejedora —y dirigente anarcosindicalista— Teresa Claramunt (Sabadell, 1862-Barcelona, 1931) y la periodista masona y librepensadora Ángeles López de Ayala (Sevilla, 1858-Barcelona, 1926).

Dadas las características propias del país, este retraso resulta lógico. Lo explica, en primer lugar, la historia especialmente penosa y segregada de las españolas a lo largo de los siglos y el lento proceso de alfabetización del género femenino, sobre el que volveré más adelante. También la implantación pausada y débil del capitalismo industrial, que hizo que el estallido de los movimientos obreros —y la toma de conciencia de género por parte de las obreras— fuese más tardío. Y, por supuesto, el peso de la Iglesia católica y, en concreto, el peso de muchos confesores sobre las mentes de sus fieles femeninas, que tan bien describió Clarín en *La Regenta*.

Sin embargo, es justo recordar que algunas de las mujeres que en España lucharon con más fuerza por los derechos de otras mujeres lo hicieron desde posiciones católicas o, al menos, cristianas, probablemente haciendo frente con valentía a lo que los sacerdotes les decían en los confesionarios.

A pesar de todo, las investigaciones de los últimos años van sacando de la oscuridad los nombres de algunas figuras femeninas de las que la historiografía se había olvidado. Se está trabajando, por ejemplo, sobre las liberales que contribuyeron a la lucha por la democracia a principios del XIX y que, igual que los hombres de su círculo, vivieron vidas convulsas y padecieron persecuciones, exilio, cárcel e incluso la muerte, como la famosa Mariana Pineda (Granada, 1804-1831), a la que inmortalizó Federico García Lorca.[1]

Sin embargo, la mayor parte de esas interesantes y arriesgadas mujeres parecen haber actuado más como hijas, esposas o, en general, familiares de los liberales que en reivindicación de sí mismas. Es lo que ocurre con la propia Mariana Pineda o con otras menos conocidas, como Juana de Vega —activa mujer del general Espoz y Mina—, Emilia Duguermeur —bulliciosa viuda del general Luis Lacy, ejecutado por Fernando VII— o Rosa María Zamora, implicada en una conspiración en la que participaba su marido.

Otra de las mujeres comprometidas en la causa liberal fue María del Carmen Silva, casada con el médico Pedro Fernández Sardino. Cuando él fue encarcelado en 1811, Silva se puso al frente del periódico que dirigía su marido, *El Robespierre Español*. Logró publicar diecinueve números —lo cual es sin duda toda una hazaña—, pero en los artículos que escribió ella misma se dedicó fundamentalmente a defender el buen nombre de su esposo: una ocasión perdida para oír la voz auténtica de una mujer liberal.[2]

En esas circunstancias en las que se desarrollaron aparentemente sus vidas, siempre acompañadas por alguna figura masculina, no resulta fácil saber hasta qué punto fueron autónomas y actuaron por convicciones propias o se limitaron a seguir lo que les marcaban los hombres cercanos y obedecerlos a ciegas. No es descartable pensar que algunos las utilizaran en los peores momentos para luego volver a dejarlas encerradas en la jaula: como hemos visto en el capítulo 6, cuando el liberalismo terminó por asentarse en España —con sus más y sus menos—, esos hombres demostraron rápidamente que no estaban dispuestos a concederles a ellas ni un ápice de la libertad que reclamaban para sí mismos.

En esto sí que se pondrían finalmente de acuerdo con los sectores más reaccionarios de la sociedad, como aquel patriota de la guerra de la Independencia que lanzó una proclama para que las mujeres de Valencia —cada vez más implicadas en la lucha contra los invasores franceses— se quedasen en casa cargando con su modestia bajo las bombas de los franceses:

> Hilad el lino, blanqueadlo, haced calcetas, cosed camisas, prevenid hilas y vendajes, arrojad de vosotras la moda, moderad el lujo y renunciad a las ropas extranjeras. Esto es lo que corres-

ponde a vuestro sexo, lo que exige de vosotras la patria y lo que necesitan nuestros guerreros. Valencianas: me olvidaba de deciros lo más importante. Guardad retiro: el pudor, el recato y la modestia sean una valla que os haga inaccesibles mientras dure la guerra. [...] Madrugad con la aurora para ir al templo a pedir al Dios de la victoria [que] la conceda a nuestros ejércitos. [...] No presumáis de ser Déboras, Jaeles y Judits, ni emuléis la república de las amazonas. [...] Tomad mi consejo: hilad y cosed.[3]

En este contexto social tan extremo —en todos los bandos—, parece lógico que muy pocas mujeres se alzasen en la España del XIX por encima de su condición de hijas, esposas y madres devotas, reclamando su propia individualidad. Las poquísimas que lo hicieron son figuras solitarias, a veces incluso tan marginales que terminan por resultar conmovedoras al imaginarlas en su aislamiento: como ya hemos visto con las escritoras y con las pintoras, la historia del género femenino en la España de los siglos XVIII y XIX resulta sombría y triste.

Pero, a veces, alguna figura se ilumina de pronto sobre ese fondo oscuro, un momento, y deja un breve halo de osadía. Es lo que ocurre, por ejemplo, con Margarita López de Morla (Jerez de la Frontera, 1788-Toledo, 1850). Hija de una familia acaudalada, Margarita se educó en Inglaterra y en París, donde llegó a ser amiga de madame de Staël. Durante la guerra de la Independencia —y, por lo que parece, separada de su marido—, se instaló con su hermano en el Cádiz de las Cortes, donde mantuvo una tertulia abierta a los liberales y rival de la tertulia conservadora de Frasquita Larrea, la madre de Cecilia Böhl de Faber, de la que ya he hablado.

Con el tiempo, evolucionó hacia posiciones cercanas al socialismo utópico de Charles Fourier, que tuvo algunos adeptos en

Cádiz. En 1841 tradujo del francés el ensayo *Porvenir de las mujeres*, del pensador fourierista Jan Czinski, al que añadió un epílogo. No se sabe mucho más de ella, salvo que terminó su vida encerrada en un manicomio de Toledo: tal vez una más de las muchas mujeres que, por no adecuarse a las reglas, acabaron siendo consideradas «locas» o llegaron a perder realmente el equilibrio ante la hostilidad incesante y la claustrofóbica frustración.[4]

Dentro de ese pequeño círculo de fourieristas de Cádiz, dos mujeres tuvieron el valor de fundar una revista a mediados de siglo. Fueron las todavía poco conocidas María Josefa Zapata (Cádiz, 1822?-ca. 1878) y Margarita Pérez de Celis (Cádiz, 1840-1882). Ambas permanecieron solteras y vivieron juntas mucho tiempo, sin que sepamos si solo fueron amigas o pareja sentimental. En 1856 pusieron en marcha un «periódico de literatura, ciencias y artes», *El Pensil Gaditano*. Aunque con distintos nombres —y con muchos problemas económicos—, *El Pensil* se siguió editando hasta 1859, cuando la censura obligó a cerrarlo por sus artículos contrarios a la fe católica.

Años más tarde, en 1865, publicarían durante unos meses un nuevo periódico, *La Buena Nueva*, que correría la misma suerte. En todas esas revistas, además de ellas mismas, colaboraron autoras y autores cercanos al republicanismo y el socialismo utópico. A veces en prosa y a menudo en verso —lo cual resulta realmente sorprendente—, las dos periodistas-poetas reivindicaron una nueva era basada en los conceptos socialistas de fraternidad e igualdad —también entre los géneros—, que ellas consideraban estrechamente ligados a las ideas cristianas. La redención del ser humano, hombre o mujer, que tanto interesaba a los socialistas utópicos:

Porque débil mujer, mi voz cortada
quedará oscurecida y despreciada.
¿Quién eres, me dirán, que preconizas
la nueva ley del amor, que olvida el sabio?
¿Por qué, pequeño ser, tu voz deslizas
y osas vibrar por tu rosado labio?
Mas, de Jesús siguiendo la doctrina,
si alguno la examina
convencido será: predicad, dijo,
hombre o mujer, el Evangelio fijo.[5]

Las vidas de María Josefa Zapata y Margarita Pérez de Celis, como las de las periodistas sansimonianas, no debieron de ser fáciles: incapaces de sobrevivir con sus escritos y socialmente marginadas, tuvieron que trabajar como costureras, y llegaron a compartir vivienda con otras mujeres viudas que se dedicaban a la misma profesión, aunque ignoramos si lo hicieron por deseo o por necesidad. Desaparecida María Josefa —probablemente muerta—, el último rastro de Margarita se ha encontrado en un barrio obrero de Cádiz, donde ejercía hacia 1880 uno de los trabajos femeninos más habituales —y peor pagados— de la época, el de cigarrera en la Fábrica de Tabacos local. La misma actividad que, en 1883, inspiró a Emilia Pardo Bazán la primera novela naturalista en España, *La Tribuna*.

El siglo XIX fue el gran siglo de la prensa escrita. Periódicos y revistas nacían y morían sin parar, unos tras otros, a menudo subvencionados durante unos meses o unos breves años por propietarios que los ponían descaradamente al servicio de su ideología o de sus intereses, sin preocuparse en exceso por lo que ahora consideramos el auténtico periodismo.

En las décadas de 1820 y 1830, los dueños de esas publicaciones se fueron dando cuenta de que cada vez había más lectoras, y decidieron incluir artículos y secciones pensados para ellas, pero escritos por hombres. A partir de 1840 —que fue cuando comenzaron igualmente a darse a conocer las poetas románticas—, empezó a ser habitual que algunas mujeres publicasen en la prensa artículos, poemas, novelas por entregas y secciones de moda. Incluso hubo varias propietarias y directoras de medios destinados a otras mujeres. En ese sentido, el caso de María Josefa Zapata y Margarita Pérez de Celis no fue pues único.

Ahora bien, que ciertas mujeres escribiesen no significa que fuesen feministas. Por el contrario, la mayor parte de las articulistas y directoras de prensa españolas —como les ocurrió con el tiempo a las poetas— parecían empeñadas en negarse a sí mismas y en rechazar su propia condición de mujeres inteligentes y dotadas de talento. Igual que hizo Cecilia Böhl de Faber en sus novelas, prefirieron casi siempre convencer a sus lectoras de que debían ser los perfectos seres sumisos y silenciosos que el orden burgués necesitaba. A veces el asunto quedaba claro desde la propia cabecera de las publicaciones, con nombres como *La Violeta*, dirigida desde 1862 por Faustina Sáez de Melgar (Villamanrique de Tajo, Madrid, 1834-Madrid, 1895), o *El Ángel del Hogar*, que María del Pilar Sinués de Marco (Zaragoza, 1835-Madrid, 1893) fundó en 1865. No hace falta revisar la hemeroteca para adivinar su contenido y su tono: las cenizas tan grises del patriarcado español lo cubrían todo.

Muy pocas de aquellas periodistas se mostraron realmente insumisas y apoyaron sin disimulos los derechos del género femenino. Una de ellas fue Emilia Serrano, baronesa de Wilson (Granada, 1834-Barcelona, 1923). Serrano, que no por casualidad se educó en París, publicó centenares de artículos en diversos medios —además de novelas, poesía y libros de viaje— y fundó y dirigió también varias revistas. Fue conservadora en lo político, pero reivindicó siempre el derecho de las mujeres a estudiar y a ejercer las profesiones más prestigiosas.

Su vida fue muy poco común: a los catorce años, el famoso dramaturgo Zorrilla —que estaba casado y era casi veinte años mayor que ella— la sedujo y la dejó embarazada. La familia la obligó de inmediato a contraer matrimonio con un barón inglés, que murió enseguida. Emilia nunca se volvió a casar. Fundó una revista, empezó a escribir y, años más tarde, se dedicó a viajar. Durante tres décadas recorrió el continente americano de norte a sur sin dejar de publicar artículos y libros sobre sus experiencias, algo que la asemeja a las grandes viajeras y exploradoras de otros países europeos que, en aquel siglo XIX de mujeres supuestamente frágiles —que debían desmayarse en cuanto el viento soplase un poco más fuerte de lo habitual—, dedicaron sus vidas a recorrer desiertos, montañas, selvas y ríos, cartografiando lugares desconocidos, excavando ruinas milenarias, descubriendo especies vegetales o animales ignotas, entablando relaciones con gentes que jamás habían visto a una persona blanca y demostrando de paso que una mujer que se lo propusiese poseía la misma ansia de aventuras y la misma resistencia física y mental que cualquiera de los ensalzados exploradores del tiempo.*

Todas ellas, y las infinitas mujeres anónimas que un día tuvieron que abandonar su hogar para emigrar por necesidad hacia otro lugar remoto, las que partieron al otro lado del mundo para casarse con un hombre al que a veces ni siquiera conocían, las

---

* En los últimos años se ha escrito mucho sobre las exploradoras y viajeras decimonónicas. Sus vidas son tan apasionantes, que animo a la lectura de cualquiera de los diversos libros publicados sobre ellas.

que colonizaron el «salvaje Oeste», las que se fueron como misioneras católicas y protestantes hacia territorios peligrosos, las que acompañaron como cantineras, lavanderas, esposas, concubinas o prostitutas a los soldados de todos los ejércitos que arrasaban a lo largo del siglo medio mundo en nombre del imperialismo, o incluso las que se hicieron pasar por hombres para incorporarse a esos mismos ejércitos y a las tripulaciones de numerosos barcos, deconstruyen el relato patriarcal de la fragilidad que una mente tan brillante —y tan misógina— como la del filósofo Schopenhauer expresó en estas frases de 1851:

> Basta con ver el aspecto de las mujeres para saber que lo suyo no son los grandes esfuerzos, ni los de la mente ni los del cuerpo. [...] No están destinadas a nada que exija mucha fuerza.[6]

Como ya hemos visto en el capítulo 6, el debate principal en torno a las mujeres en la España del siglo XIX estuvo centrado, igual que en el XVIII, en su derecho —o no— a la educación: la lucha de poder se mantenía en el nivel más básico. Apenas se mencionaron otros asuntos presentes ya en el feminismo de la mayor parte de los países europeos, como la propiedad de las mujeres casadas, el divorcio —anatema total en la católica España— o el sufragio.

Lo cierto es que la indolencia de la enseñanza siguió siendo una verdadera catástrofe social durante toda la centuria, y lo fue muy en especial para las niñas. A pesar de la ley Moyano de 1857, que, como ya he contado, preveía la extensión de la enseñanza básica a todos los habitantes de España, los índices de analfabetismo de 1900 son escandalosos: en esa fecha, cuando arrancaba ya el siglo XX, el 71,5 por ciento de las mujeres españolas no sabían leer o escribir. Un 55,8 por ciento de los hombres estaban en la misma situación.[7]

La formación —salvo la de las élites masculinas— importaba poco, y la del género femenino tan poco que, durante mucho tiempo, la preparación de las maestras fue escasa y nada exigente: había lugares donde las encargadas de enseñar a las niñas ni siquiera tenían que demostrar que sabían leer y escribir. Bastaba con que fueran buenas católicas y supieran remendar con arte. El menosprecio se dejaba ver incluso en los sueldos: el salario de las maestras públicas era un tercio menor que el de los maestros.

Tras la Revolución Gloriosa de 1868, que terminó con el reinado de Isabel II, hubo un cierto esfuerzo por mejorar la condición cultural de las españolas. O, mejor dicho, de las españolas que formaban parte de la burguesía. Fue un empeño leve, que no hizo mucho ruido y que mantuvo siempre como fondo casi inamovible la condición de esposas y madres de las mujeres: la idea fundamental era ahora que fuesen un poquito cultivadas para que pudieran educar bien a sus hijos, y también —un nuevo añadido de la segunda mitad del siglo— para que los maridos no se aburriesen demasiado con ellas. Aunque ya empezaba a hablarse, en voz baja, de la posibilidad de que accedieran a algunas nuevas profesiones —no muy prestigiosas, es cierto— que parecían adecuadas para señoras bien educadas.

En esas fechas, algunos políticos y profesores del círculo krausista —seguidores de las ideas del pensador alemán Karl Krause y partidarios, al menos teóricamente, de la educación para ambos sexos— pusieron en marcha en Madrid y en varias capitales de provincia ciertas iniciativas para mejorar el nivel cultural femenino, como las Conferencias Dominicales para la Educación de la Mujer, que se celebraron en la Universidad Central de Madrid en 1869 —todas ellas impartidas por hombres—, o el Ateneo Artístico y Literario de Señoras, presidido por la periodista Faustina Sáez de Melgar, donde, al menos, se procuraba que las clases fuesen impartidas por profesoras.

La propia Sáez de Melgar —que se ganaba la vida dirigiendo la revista *La Violeta* pero siempre había sostenido que el destino de la mujer era el hogar— explicaba así algunos de los novedosos objetivos de la asociación:

> La misión del Ateneo será instruir a la mujer para que pueda guiarse por sí sola sin necesidad de auxilio alguno, que se baste a sí propia y tenga los conocimientos necesarios para adquirirse una posición en caso preciso.[8]

«Adquirirse una posición en caso preciso». Es decir, poder trabajar: habían hecho falta décadas y décadas de sufrimiento y empobrecimiento de infinidad de mujeres de clase media para que algunos empezasen a darse cuenta de que las estaban condenando a la catástrofe. La expectativa de una «buena» boda con la que las clases medias educaban a sus hijas no siempre era posible. La cantidad de mujeres solteras o viudas sin recursos e incapacitadas para cualquier empleo no hacía más que crecer. Que se empezase a hablar de esto alrededor de 1870 es, me parece, muy significativo.

De hecho, el círculo krausista puso en marcha en esa década otras iniciativas interesantes como la Escuela de Institutrices —en el sentido de maestras—, la de Comercio, que se inauguró en 1878, o la de Correos y Telégrafos, en 1883. Empezaban a abrirse así algunas modestas opciones profesionales para el género femenino. Otra cosa muy distinta, como veremos, era el acceso a los estudios superiores y a las profesiones de prestigio para las que capacitaban los títulos universitarios.

El asunto de la educación de las mujeres se debatió, cómo no, en los tres grandes congresos pedagógicos organizados en 1882, 1888 y 1892: era imprescindible modernizar la enseñanza en España, y en eso todo el mundo estaba de acuerdo. Pero ¿qué debían hacer con las mujeres? ¿Hasta dónde era conveniente permitirles que estudiasen? ¿Y para qué? En general, los —y las— participantes seguían insistiendo en la idea de que no había que «excitar en las mujeres —como dijo uno de los asistentes— las aspiraciones a salir de su propia esfera». Aquello de la esfera resultaba interminable, un auténtico universo sin principio ni fin...

Incluso el director de la Escuela Normal de Maestras de Segovia aseguraba que la enseñanza superior solo debía estar abierta para las mujeres con «caracteres varoniles», que resultaban ser «extraños contrasentidos» de la naturaleza. Según las actas del primer congreso, uno de los asistentes fue muy aplaudido cuando hizo estúpidas bromas machistas, de esas que todavía a día de hoy hacen reír a algunas personas: «No me gustaría tener una esposa que cuando yo le dijera: "Dame mi camisa y mi cuello" me contestase: "Déjame, que estoy preparando una interpelación al ministro de la Guerra"». El taquígrafo —supongo que sería varón— anotó en ese momento la reacción de los asistentes: «¡Muy bien, muy bien! (Aplausos)».[9]

La mayor parte de las mujeres que acudieron a estos congresos —fundamentalmente maestras, periodistas y escritoras— mantuvieron el mismo tono de sumisión y autoexclusión. Una de ellas, enormemente agradecida por la «generosidad» que los hombres mostraban al permitirles aprender un poquito, alertó incluso a sus congéneres para que no pretendiesen ir demasiado lejos con sus aspiraciones educacionales:

No vayamos con nuestra altivez a hacer al hombre arrepentirse de su buen propósito; no seamos como la culebra de la fábula, que oprimió el cuello del labrador que la cobijó en su seno.[10]

Solo en el último congreso, el de 1892, dos mujeres tomaron la palabra para defender a todas las demás, dos grandes de nuestra historia, Concepción Arenal (Ferrol, 1820-Vigo, 1893) y Emilia Pardo Bazán. Este es un fragmento del impactante discurso feminista que doña Emilia soltó en aquella ocasión:

La primera conclusión que someto a discusión y votación del Congreso es teórica: aspiro a que reconozcáis que la mujer tiene destino propio; que sus primeros deberes naturales son para consigo misma, no relativos y dependientes de la entidad moral de la familia que en su día podría constituir o no constituir; que su felicidad y dignidad personal tienen que ser el fin esencial de su cultura, y que, por consecuencia, está investida del mismo derecho a la educación que el hombre. [...] No puede, en rigor, la educación general de la mujer llamarse tal *educación*, sino *doma*, pues se propone como fin la obediencia, la pasividad y la sumisión. [...] Es un error afirmar que el papel que a la mujer corresponde en las funciones reproductivas de la especie determina y limita las restantes funciones de su actividad humana, quitando a su destino toda significación individual, y no dejándole sino la que puede tener relativamente al destino del varón. Es decir, que el eje de la vida femenina para los que así piensan no es la dignidad y felicidad propia, sino la ajena, la del esposo e hijos, y si no hay hijos ni esposo, la del padre o hermano, y cuando estos faltaren, la de la entidad abstracta género masculino.[11]

Pocas de las intelectuales españolas coetáneas de Emilia Pardo Bazán —por no decir ninguna— llegaron tan lejos como ella en la reivindicación del feminismo. Pocas elaboraron un discurso tan bien armado y se atrevieron a afirmar tan alto y tan claro que la mujer era sujeto de su propia vida, y no objeto de la vida de los otros. En general, todas las que en estos tiempos exigían educación para el género femenino lo hacían refugiadas tras la idea de que no lo reclamaban por su propio bien, sino por el de sus maridos e hijos. ¿Lo creían realmente así o era una astuta excusa para sus reivindicaciones, una manera de tratar de convencer —con femenina suavidad— a aquellos maridos e hijos excluyentes? No es fácil saberlo.

La misma Concepción Arenal mantuvo esa postura durante buena parte de su vida —aunque la corrigió en los últimos años—, y eso a pesar de su propia excepcionalidad: Arenal fue una de las poquísimas españolas que tuvo cargos de responsabilidad pública durante el siglo XIX y que escribió sobre temas considerados masculinos: asuntos jurídicos, penales y carcelarios, objeto todos ellos de su estudio y de su actividad.

Hija de un militar liberal —y perseguido—, asistió como oyente a las clases de Derecho de la Universidad Central de Madrid en la década de 1840, sin poder examinarse. Fue siempre una mujer profundamente católica, pero en su manera de entender la religión encontró la fuerza para convertirse en una reformadora social, algo que iba mucho más allá de la mera práctica de la caridad. Escribió innumerables textos —ensayos, artículos e informes, además de poesía y algún drama—, y depositó siempre su mirada en los sectores más desprotegidos de la sociedad, la clase obrera, los pobres, la población penitenciaria, las niñas y niños huérfanos y sin recursos. Denunció las injusticias, pero también propuso activamente soluciones, con una enorme capacidad analítica y política.

Sus conocimientos —y quizá también su imagen de mujer virtuosa, nada sospechosa de veleidades revolucionarias— hicieron que fuese nombrada para ejercer dos cargos públicos, el de visitadora de las cárceles de mujeres en A Coruña y más tarde el de inspectora de las casas de corrección de mujeres a nivel nacional: aunque fuese desde su posición de viuda católica y respetable, lo cierto es que Arenal logró entrar en un espacio que jamás ninguna española había pisado. Lamentablemente —y salvo alguna breve excepción durante la República—, tendrían que pasar casi cien años hasta que esos ámbitos se volviesen a abrir para las ciudadanas de España.

Concepción Arenal defendió con uñas y dientes la idea de que las mujeres no eran inferiores a los hombres, luchó mucho por su educación y reivindicó su derecho a ganarse la vida con dignidad, pero hasta sus últimos años no fue capaz de superar algunos escollos en los que ella misma se hacía tropezar. En uno de sus primeros textos sobre la cuestión, *La mujer del porvenir*, publicado en 1861, atacaba a quienes aseguraban con razones seudocientíficas que el género femenino era menos inteligente que el masculino:

> Ni el estudio de la fisiología del cerebro ni la observación de lo que pasa en el mundo autorizan para afirmar resueltamente que la inferioridad intelectual de la mujer sea orgánica, porque no existe donde los dos sexos están igualmente sin educar, ni empieza en las clases educadas sino donde empieza la diferencia de la educación.[12]

Sin embargo, en el mismo ensayo ponía límites muy claros —y patriarcalmente burgueses— a la actividad femenina: las mujeres solo debían ejercer profesiones que no exigieran «mucha fuerza física y que no perjudiquen a la ternura de su corazón». Con argumentos parecidos, rechazaba la participación de la mujer en la política y, por lo tanto, su consideración como auténtica ciudadana:

> Tampoco quisiéramos para ella derechos políticos ni parte alguna activa en la política. [...] Si no por siempre, por mucho tiempo, por muchos siglos, la política será militante; y si la mujer toma parte activa en ella, podrá verse envuelta en sus persecuciones y la familia dispersa y los huérfanos sin amparo.[13]

Seguramente estas reflexiones se basaban en su propia experiencia: como hija de un liberal perseguido, Concepción Arenal había vivido de cerca el sufrimiento de las familias en los tiempos oscuros. Pero no se quedó ahí, sino que llegó más lejos, permitiendo que sus ideas volasen hacia el fantasma imperturbable del «ángel del hogar»:

> Necesita ser neutral, sagrado, el hogar que custodia la mujer; allí debe estrellarse el oleaje de las pasiones políticas, vivir en paz el padre del rebelde, el hijo del proscrito, y acogerse los vencidos, sean quienes fueran.[14]

Sin embargo, como ya he dicho, en los momentos finales de su vida su pensamiento pareció acercarse a lo que llamaríamos categóricamente feminista. Al menos es lo que refleja uno de sus últimos textos, el discurso que escribió precisamente para el Congreso Pedagógico de 1892, y en el que utilizó argumentos que se aproximaban a los de Emilia Pardo Bazán en el mismo encuentro:

Es un error grave y de los más perjudiciales inculcar a la mujer que su misión única es la de esposa y madre. [...] Lo primero que necesita la mujer es afirmar su personalidad, independientemente de su estado, y persuadirse de que, soltera, casada o viuda, tiene derechos que cumplir, derechos que reclamar, dignidad que no depende de nadie, un trabajo que realizar e idea de que es cosa seria, grave, la vida, y que si se la toma como un juego, ella será indefectiblemente un juguete.[15]

Parece que, en la mente de Concepción Arenal, el «ángel del hogar» había emprendido al fin el vuelo para no regresar.

Entretanto, y por muchos congresos pedagógicos que se celebraran, el acceso de las españolas a los estudios superiores seguía siendo un tema enormemente espinoso: una cosa era que asistiesen a conferencias para mejorar su cultura general, y otra muy distinta, todavía, que pretendiesen igualarse en erudición a los hombres. Fue en las décadas de 1870, 1880 y 1890 cuando un pequeñísimo grupo de mujeres —dieciséis en total, según los datos investigados— se animó a matricularse en alguna universidad española. Pero no podían hacerlo sin más: necesitaban un permiso especial del ministerio, y aquello condujo a largos debates de meses y hasta de años, que a veces terminaron por frustrar a las alumnas y hacerlas abandonar.

Ese fue el caso de la primera mujer, que sepamos, que estudió Medicina. Fue Elena Maseras (Vilaseca, Tarragona, 1853-Mahó, Menorca, 1905). Descendiente de una familia de médicos, Maseras comenzó sus estudios en Barcelona en 1872, con la imprescindible autorización gubernamental, y los terminó en 1878. Pero entonces tenía que hacer el examen de licenciatura para poder ejercer como médica. Los señores del ministerio tardaron tres años en concederle el permiso, tres largos años de discusiones sobre si una mujer podía o no podía practicar la medicina: una cosa era aquella rareza de querer estudiar, y otra muy distinta convertirse en una profesional. Finalmente se examinó y aprobó con sobresaliente, pero para entonces Elena Maseras, frustrada por las muchas dificultades, ya había decidido dedicarse a la enseñanza y había obtenido el título de maestra.

La primera médica que ejerció como tal en España —y además se doctoró— fue su coetánea Dolors Aleu Riera (Barcelona, 1857-1913), que vivió el mismo calvario pero aguantó, logrando abrir después su propia consulta como ginecóloga y pediatra: en medio de todo, en esas especialidades una mujer médica no resultaba tan perturbadora. Elena Maseras y Dolors Aleu fueron auténticas pioneras de una actividad en la que, aunque muy lentamente, las mujeres se adentrarían con firmeza, reencontrándose así con sus antepasadas médicas de los tiempos remotos.

Solo en 1910 —ya en pleno siglo XX— se permitió al fin por ley que las mujeres pudiesen matricularse en las universidades españolas sin ningún permiso especial. Al año siguiente, en 1911, Marie Curie recibía su segundo Premio Nobel, el de Química: el primero, de Física y compartido con su marido, lo había logrado en 1903. Cuando Curie —por entonces Sklodowska— empezó a estudiar en la Facultad de Ciencias de la Sorbona en 1891, había ya otras veintiséis mujeres matriculadas en la misma carrera, una cifra que estaba muy por encima de la realidad española.

En la mayor parte de los países occidentales, mientras España empezaba a abrir por fin las puertas de los viriles claustros al género femenino, las mujeres hacía ya muchos años que podían ingresar en la enseñanza superior, aunque siguiesen siendo una minoría y aunque a veces, como ocurría en el Reino Unido o en

Estados Unidos, tuvieran que hacerlo en instituciones segregadas: la Universidad de Cambridge inauguró su primer *college* —facultad— exclusivamente para alumnas en 1869, si bien, como nos contó Virginia Woolf, las condiciones eran mucho peores que las de las facultades masculinas.

Aun así, aquello supuso un cambio enorme para las ciudadanas españolas. Pero una cosa era la ley y otra la realidad: ese mismo año de 1911, cuando comenzó en octubre el primer curso en el que las alumnas podían acceder a las aulas sin cortapisas —justo a punto de que Marie Curie viajase a Estocolmo para recoger su premio—, ocurrió algo terrible en la Facultad de Filosofía y Letras de la Universidad Central de Madrid. Según contó el diario *El Heraldo de Madrid*, ese año había por primera vez seis «señoritas» matriculadas en la especialidad de Literatura Española: dos españolas, dos francesas, una alemana y una estadounidense. Un grupo de estudiantes varones arremetió contra ellas desde el primer día, acosándolas, insultándolas e incluso agrediendo una mañana en la calle a una de las alumnas extranjeras. Era su manera de decirles que se marchasen a casa a fregar: los modos violentos del patriarcado se perpetúan.[16]

La escritora feminista y librepensadora Rosario de Acuña (Madrid, 1850-Gijón, 1923), indignada por el suceso, escribió un artículo que envió al periódico *L'Internationale*, que se publicaba en París. En tono sarcástico, llamaba a los jóvenes españoles «machihembras», por ser «engendros de un par de sayas (la de la mujer y la del cura o el fraile)». Y añadía:

> ¡Arreglados quedarían entonces todos estos machihembras españoles si la mujer adquiere facultades de persona! ¿Qué van a ser ellos? ¿Amas de cría? No, no; los destinos hay que separar-

los: los hombres a los doctorados, a los tribunales, a las cátedras, a las timbas y a las mancebías de machos [...]; las mujeres
a la parroquia o al locutorio, a comerse o amasar el *pan de San
Antonio*; y luego, las de clase media, a soltar el gorro y la escar-
cela, a ponerse el mandil de tela de colchón y a aliñar las alu-
bias de la cena, a echar culeras a los calzoncillos o a curarse las
llagas impuestas por la sanidad marital. [...] Este, este es el camino verdaderamente *derechito* y *ejemplar* de las mujeres.[17]

Tras ser publicado en París, el artículo fue reproducido por
un periódico de Barcelona, probablemente con la intención de
que se armase la que se armó: hubo airadas manifestaciones de universitarios en toda España contra la autora —que obligaron a
cerrar algún campus—, un violento «escrache» en su casa de Gijón y una querella interpuesta por Acción Católica. Rosario de
Acuña fue juzgada y condenada a prisión en rebeldía: para entonces, como ya hemos visto, había huido con su compañero,
Carlos Lamo, a Portugal, donde permaneció exiliada cuatro
años, hasta que fue indultada en 1915.

Plantar cara a la sociedad más conservadora, enfrentarse a la
ira de la opinión pública y andar huyendo de un sitio para otro
no era nada nuevo en la vida de esa rara española que fue Rosario
de Acuña, feminista, obrerista, atea, masona y enemiga declarada de la Iglesia católica. Hija de una familia ilustrada, su pensamiento —igual que su vida— fue siempre radical y enormemente adelantado a su tiempo. Comenzó dándose a conocer
como poeta, articulista y dramaturga. Su primera obra teatral,
estrenada con éxito en Madrid en 1876, *Rienzi el tribuno*, era
un canto contra la tiranía que encajaba muy bien en el ideario
republicano del momento pero hacía de ella una mujer sospechosa, por atreverse a tratar asuntos políticos.

Aun así, Rosario de Acuña fue llevando sus ideas y sus acciones cada vez más lejos: abandonó a su marido a causa de sus numerosas infidelidades —algo inaudito en la España del tiempo— y formó una pareja libre con Carlos Lamo. También empezó a publicar en el semanario madrileño más radical de la época, *Las Dominicales del Libre Pensamiento* —siempre artículos enormemente combativos—, y, para colmo, se afilió a una logia masónica, demostrando su rebeldía y su empeño en combatir a la Iglesia.

Ese empeño fructificó en 1891 en una obra teatral que la convirtió, como a Flora Tristan, en una paria: *El padre Juan* contaba la historia de una joven pareja del mundo rural, casada por lo civil y acosada por un pueblo cuyas mentes estaban dirigidas por el párroco. Nadie quiso estrenar aquel drama escrito por una mujer que se había convertido ya, con sus ideas revolucionarias, en una peste. Pero Rosario de Acuña, indomable, alquiló un teatro, contrató actrices y actores y estrenó la pieza. Solo duró un día: el escándalo fue tan grande que el gobernador civil de Madrid ordenó clausurar la sala y el gobierno prohibió las representaciones de la obra.

La escritora y su pareja decidieron entonces abandonar aquel Madrid donde eran detestados y se fueron a vivir en medio de la naturaleza del norte, que ella adoraba. Primero a un pueblo de Cantabria, Cueto —donde montaron una moderna granja avícola—, y después a La Providencia, muy cerca de Gijón, en una casa construida sobre un acantilado y rodeada de un paisaje bellísimo. Entretanto, viajaban a menudo, visitando comarcas casi inaccesibles —a pie, en burro, a caballo o como hiciera falta—, y hacían montañismo en los Picos de Europa, otra excentricidad más para una española de la época.

Cuando al fin pudo regresar a Gijón en 1915, tras su exilio en Portugal, Rosario de Acuña tenía ya sesenta y cinco años y estaba prácticamente ciega. Pero ni el exilio, ni la vejez, ni la ceguera pudieron con su carácter indomable. Se volvió incluso más radical que antes, y comenzó a prestar su apoyo y su voz a los movimientos obreros, muy activos entonces en Asturias.

En un número de la revista *Acción Fabril* de 1916, publicó un artículo dirigiéndose a las proletarias, en las que creía ver la posibilidad de un futuro mejor no solo para el género femenino, sino para toda la humanidad:

> Vosotras, mitad humana apartada de la masculinidad por un largo trabajo de perversión, hecho a conciencia por religiones, leyes y costumbres, habéis recuperado, de un solo empuje, vuestro sitio verdadero recogiendo de las manos de la fiera que mata, el cetro de la mano que crea, y hoy la civilización entera pesa sobre vuestros hombros, que están demostrando magníficamente que pueden sostenerla.[18]

Rosario de Acuña pasó los últimos años de su vida en su casa de La Providencia, colaborando con el Ateneo Obrero de Gijón y convertida en una leyenda entre los luchadores del proletariado, que acudían a su casa como en peregrinación y que incluso le pusieron el sobrenombre de «la Virgen Roja», aunque no sé si aquello de la Virgen le haría mucha gracia a ella, tan radicalmente anticlerical.

El resto del país, la burguesía a la que pertenecía por sus orígenes, los intelectuales republicanos que la habían admirado al principio de su carrera y, por supuesto, las gentes más conservadoras, se olvidaron por completo de aquella mujer que tanto había dado que hablar en las décadas de 1870 y 1880. O, si la recordaron, fue como una paria, una apestada, una auténtica bruja: una de esas brujas de las que nosotras somos orgullosas descendientes.

He empezado este libro con una cita de Emilia Pardo Bazán, ese lamento de indignación que un día, harta de tantas dificultades, salió como un grito de su pluma: «¡Qué distinta habría sido mi vida si en mi tarjeta pusiera Emilio en vez de Emilia!».

Estoy segura de que la mayor parte de las mujeres de las que he hablado en este texto, escritoras, filósofas, pintoras, revolucionarias, científicas, viajeras, sindicalistas, escultoras, las infinitas rebeldes y desheredadas de los siglos XVIII y XIX, debieron de haber pensado lo mismo en algún momento de sus vidas, en medio del agotamiento, la frustración, la soledad, el desprecio, el exilio o la cárcel.

Pero también estoy segura de que si Emilia se hubiera llamado Emilio, si ellas hubieran sido hombres, nosotras no existiríamos. Eso es lo que les debemos, lo que nos han legado, además de la belleza que crearon y la sabiduría que fueron capaces de compartir: la conciencia de que debemos seguir luchando para ser totalmente libres e iguales, por todas las que vienen detrás.

Notas

CAPÍTULO 1

1. Citado en Paule-Marie Duhet (ed.), *Les femmes et la Révolution. 1789-1794*, París, Gallimard/Julliard, 1971.

2. Véase Ángeles Caso, *Grandes maestras. Mujeres en el arte occidental. Renacimiento-Siglo XIX*, Oviedo, Libros de la Letra Azul, 2017.

3. Véase Jacques Soubeyroux, «Les Espagnoles à l'Académie des Beaux-Arts de San Fernando dans la seconde moitié du XVIIIᵉ siècle», en Françoise Étienvre (dir.), *Regards sur les Espagnoles créatrices. XVIIIᵉ-XIXᵉ siècle*, París, Presses Sorbonne Nouvelle, 2006.

4. Véase Séverine Sofio, *Artistes femmes. La parenthèse enchantée. XVIIIᵉ-XIXᵉ siècles*, París, CNRS, 2016.

5. Véase Francisco Calvo Serraller, *Los géneros de la pintura*, Madrid, Taurus, 2005.

6. Citado en Séverine Sofio, *op. cit.*

7. Véase Germaine Greer, *La carrera de obstáculos. Vida y obra de las pintoras antes de 1950*, Madrid, Bercimuel, 2005.

8. Élisabeth Vigée Le Brun, *Mémoires d'une portraitiste*, París, Scala, 1989.

CAPÍTULO 2

1. Véase Madame Roland, *Memorias privadas* (edición y traducción de Ángeles Caso), Madrid, Siruela, 2008.

2. Anne-Thérèse de Marguenat de Courcelles, marquise de Lambert, *Réflexions nouvelles sur les femmes, par une Dame de la Cour*. Digitalizado en Bibliothèque Nationale de France: https://gallica.bnf.fr/ ark:/12148/bpt6k722771/f6.item

3. Jean-Jacques Rousseau, *Émile, ou De l'éducation*, París, Larousse, 2000.

4. Véase Ángeles Caso, *Las olvidadas. Una historia de mujeres creadoras*, capítulo 7, Barcelona, Planeta, 2005.

5. Citado en Barbara Brandon Schnorrenberg, «Montagu, Elizabeth (1718-1800)», *Oxford Dictionary of National Biography*, Oxford University Press, 2004.

6. Véase Virginia Woolf, *Una habitación propia*, Barcelona, DeBolsillo, 2021.

7. Véase Ángeles Caso, *op. cit.*, capítulo 1.

8. Véase Rochelle E. Rojas, «Bad Christians and Hanging Toads: Witch Trials in Early Modern Spain, 1525-1675». Disertación, Duke University, 2016. Digitalizado en: https://dukespace.lib.duke.edu/ dspace/bitstream/handle/10161/13429/Rojas_duke_0066D_13782. pdf?sequence=1&isAllowed=y

9. Véase Ángeles Caso, *op. cit.*, capítulo 7.

10. Véase Philipp Blom, *Encyclopédie. El triunfo de la razón en tiempos irracionales*, Barcelona, Anagrama, 2007.

11. Madame du Deffand, *Cher Voltaire. La correspondance de Madame du Deffand avec Voltaire*, París, Éditions des Femmes, 1987.

12. Lady Mary Wortley Montagu, *The Turkish Embassy Letters*, Londres, Virago Press, 1994.

13. Citado en Carmen Albacete, Isabel Arenas, Carmen Calle, Carmen Merino, Manuel Navamuel y Carlos Romero, *Cabellos largos e ideas cortas. Lo que han dicho algunos filósofos sobre la mujer*, Madrid, Akal, 1993.

14. Véase Élisabeth Badinter, *Émilie, Émilie: L'ambition féminine au XVIIIᵉ siècle*, París, Le Livre de Poche, 2000.

15. Émilie du Châtelet, *Discours sur le bonheur*, en Robert Mauzi, *L'art de vivre d'une femme au XVIIIᵉ siècle*, París, Desjonquères, 2008.

16. Véase James Essinger, *El algoritmo de Ada. La vida de Ada Lovelace, hija de lord Byron y pionera de la era informática*, Barcelona, Alba, 2016.

Capítulo 3

1. Véase Rocío de la Nogal Fernández, *Españolas en la arena pública (1758-1808)*, Buenos Aires, Miño y Dávila, 2006.

2. Véase Ángeles Caso, *Las olvidadas. Una historia de mujeres creadoras*, capítulo 7, Barcelona, Planeta, 2005.

3. Marie-Catherine d'Aulnoy, *Relación del viaje de España*, Madrid, Akal, 1986.

4. Benito Jerónimo Feijoo, «Defensa de las mujeres», en *Teatro crítico universal*, tomo primero, discurso XVI. Digitalizado en: https://www.filosofia.org/bjf/bjft116.htm

5. Benito Jerónimo Feijoo, *op. cit.*

6. Antonio Arbiol, *Estragos de la lujuria y sus remedios conforme a las Divinas Escrituras y sus Santos Padres de la Iglesia*, Sevilla, 1726. Citado en María Ruiz Ortiz, «Pecados femeninos y vida privada: discursos sobre la conciencia y la vida cotidiana en la España Moderna (ss. XVI-XVIII)», en *Cuadernos de Historia Moderna*, n.º 39, 2014.

7. Francisco Cabarrús, «Discurso sobre la admisión de Señoras a la Sociedad Económica de Madrid», en *Memorial Literario*, Madrid, mayo de 1786. Citado en Paloma Fernández-Quintanilla, *La mujer ilustrada en la España del siglo XVIII*, Madrid, Ministerio de Cultura, 1981.

8. Véase María Victoria López-Cordón Cortezo, *Condición femenina y razón ilustrada. Josefa Amar y Borbón*, Zaragoza, Prensas Universitarias de Zaragoza, 2005.

9. Josefa Amar y Borbón, *Discurso en defensa del talento de las mujeres, y de su aptitud para el gobierno, y otros cargos en que se emplean los hombres*, Zaragoza, 5 de junio de 1786, edición de Carmen Chaves Tesser. Digitalizado en: https://ensayistas.org/antologia/XVIII/amar-bor/

10. Josefa Amar y Borbón, *Discurso sobre la educación física y moral de las mugeres*, Imprenta de Benito Cano, Madrid, 1790. Digitalizado en: https://ia800205.us.archive.org/1/items/discursosobrelae00amaruoft/discursosobrelae00amaruoft.pdf

11. Véase Olwen Hufton, «Mujeres, trabajo y familia», en Georges Duby y Michelle Perrot (eds.), *Historia de las mujeres en Occidente 3: Del Renacimiento a la Edad Moderna*, Madrid, Taurus, 2000.

12. Véase Julio Bernués y Pedro J. Miana, «Soñando con números, María Andresa Casamayor (1720-1780)», en *Suma: Revista sobre Enseñanza y Aprendizaje de las Matemáticas*, n.º 91, 2019. Digitalizado en: https://arxiv.org/abs/1901.07389

13. Inés Joyes y Blake, *Apología de las mujeres*, 1798. Digitalizado en: https://www.bieses.net/wp-content/uploads/2019/03/Apologia_rev_PEND.pdf

CAPÍTULO 4

1. Véase José Luis Corral, «Constructoras de catedrales», en *Historia y Vida*, n.º 580, junio de 2017.

2. *Journal politique national des Etats Généraux et de la Révolution de 1789, publié par M. l'abbé Sabatier et tiré des Annales manuscrites de M. le comte de R.*, 1790. Citado en Michel Faucheux, *Olympe de Gouges*, París, Gallimard, 2018.

3. Citado en Dominique Godineau, «De la guerrière à la citoyenne: Porter les armes pendant l'Ancien Régime et la Révolution française», en *Clio. Femmes, Genre, Histoire*, n.º 20, noviembre de 2004.

4. Véase Dominique Godineau, «Le genre de la citoyenneté», en *Genre, femmes, histoire en Europe*, Nanterre, Presses Universitaires de Paris Ouest, 2011.

5. *Discours de Madame Palm d'Aelders, hollandaise, lu à la Confédération des Amis de la Vérité.* Digitalizado en Bibliothèque Nationale de France: https://gallica.bnf.fr/ark:/12148/bpt6k86050m/f2. item

6. Citado en Paule-Marie Duhet (ed.), *Les femmes et la Révolution. 1789-1794*, París, Gallimard/Julliard, 1971.

7. Olympe de Gouges, *Déclaration des droits de la Femme et de la Citoyenne*, 1791. Digitalizado en Bibliothèque Nationale de France: https://gallica.bnf.fr/ark:/12148/bpt6k426138/f13.item

8. Jean-Paul Marat, *Projet de Déclaration des droits de l'homme et du citoyen, suivi d'un plan de Constitution juste, sage et libre*, 1789. Digitalizado en Bibliothèque Nationale de France: https://gallica.bnf.fr/ark:/12148/bpt6k10497400/f25.image

9. Citado en Paule-Marie Duhet, *op. cit.*

10. Olympe de Gouges, *Réponse à la justification de Maximilien Robespierre adressée à Jérôme Pétion*, 1792. Citado en Michel Faucheux, *op. cit.*

11. Mary Wollstonecraft, *Vindicación de los derechos de la mujer* (trad. de Marta Lois González), Barcelona, Penguin Clásicos, 2020.

12. Mary Wollstonecraft, *op. cit.*

13. Véase Ángeles Caso, *Quiero escribirte esta noche una carta de amor. La correspondencia pasional de quince grandes escritoras y sus historias*, Barcelona, Lumen, 2019.

CAPÍTULO 5

1. Véase Miranda Seymour, *Mary Shelley*, Londres, Simon & Schuster, 2018.

2. Véase la película de 2007 *Becoming Jane* (*La joven Jane Austen*), dirigida por Julian Jarrold y protagonizada por Anne Hathaway.

3. James Edward Austen-Leigh, *Recuerdos de Jane Austen*, Barcelona, Alba, 2012.

4. *Idem.*

5. *Code Civil*, 1804. Digitalizado en Bibliothèque Nationale de France: https://gallica.bnf.fr/ark:/12148/bpt6k1061517/f55.item

6. Citado en Juliet Barker, *The Brontës*, Abacus, Londres, 2010.

7. *Idem.*

8. Anne Brontë, *The Tenant of Wildfell Hall* [1848], Oxford, Clarendon, 1992. Citado en Juliet Barker, *op. cit.*

9. Véase Ángeles Caso, *Quiero escribirte esta noche una carta de amor. La correspondencia pasional de quince grandes escritoras y sus historias*, Barcelona, Lumen, 2019.

10. Charles Baudelaire, *Mon cœur mis à nu. Journaux intimes*, París, 1887. Digitalizado en: https://fr.wikisource.org/wiki/Mon_cœur_mis_à_nu

11. *Idem.*

Capítulo 6

1. Emilia Pardo Bazán, «La cuestión académica. A Gertrudis Gómez de Avellaneda (En los Campos Elíseos)», en *La España Moderna*, Madrid, 27 de febrero de 1889. Digitalizado en: https://bibliotecalazarogaldiano.wordpress.com/2013/11/06/gertrudis-gomez-de-avellaneda-y-emilia-pardo-bazan-la-cuestion-academica-segunda-parte/

2. *Idem.*

3. Gertrudis Gómez de Avellaneda, «Romance», en *Poesías y epistolario de amor y de amistad*, Elena Catena (ed.), Madrid, Castalia, 1989.

4. Leandro Ángel Herrero, «De la mujer», en *La Violeta*, n.º 4, Madrid, 28 de diciembre de 1862. Digitalizado en Biblioteca Nacional de España: https://hemerotecadigital.bne.es/hd/es/viewer?id=e4f050b1-1591-4577-bbd9-2528a091a305

5. Pedro Sabater, «La mujer», en *Semanario Pintoresco Español*, n.º 4, Madrid, 1842. Citado en Susan Kirkpatrick, *Las Románticas. Escritoras y subjetividad en España, 1835-1850*, Madrid, Cátedra, 1991.

6. Véase Susan Kirkpatrick, *op. cit.*

7. Carolina Coronado, carta 228 a Juan Eugenio Hartzenbusch, ¿1842? Citado en Susan Kirkpatrick, *op. cit.*

8. Véase Vicente Gozálvez Pérez y Gabino Martín-Serrano Rodríguez, «El censo de la población de España de 1860. Problemas metodológicos. Inicio de la aportación social en los censos», en *Boletín de la Asociación de Geógrafos Españoles*, n.º 70, 2016.

9. Véase François Furet y Wladimir Sachs, «La croissance de l'alphabétisation en France. XVIIIᵉ-XIXᵉ siècle», en *Annales* 29, n.º 3, 1974. Digitalizado en: https://www.persee.fr/doc/ahess_0395-2649_1974_num_29_3_293505

10. Citado en Susan Kirkpatrick, *op. cit.*

11. *Idem.*

12. «Ley de Instrucción Pública», en *Gaceta de Madrid*, n.º 1.710, 10 de septiembre de 1857. Digitalizado en: https://www.boe.es/datos/pdfs/BOE//1857/1710/A00001-00003.pdf

13. Véase Germán Rueda Hernanz, «La sociedad isabelina. Cambios de época», en VV. AA., *Liberalismo y Romanticismo en tiempos de Isabel II* (catálogo de exposición), Madrid, Sociedad Estatal de Conmemoraciones Culturales, 2004.

14. Citado en Antonio Porpetta y Luzmaría Jiménez Faro, *Carolina Coronado (Apunte biográfico y antología)*, Madrid, Ediciones Torremozas, 1983.

15. Citado en Susan Kirkpatrick, *op. cit.*

16. Véase Germán Rueda Hernanz, *op. cit.*

17. Véase Isabel Burdiel, *Emilia Pardo Bazán*, Barcelona, Taurus, 2019.

18. Véase Leopoldo Alas «Clarín», *La Regenta*, Barcelona, Penguin Clásicos, 2015.

19. Véase Eva Acosta, *Emilia Pardo Bazán. La luz en la batalla*, Barcelona, Lumen, 2009.

20. Citado en Eva Acosta, *op. cit.*

21. Leopoldo Alas «Clarín», «Palique». Citado en Anna Caballé, *Una breve historia de la misoginia*, Barcelona, Lumen, 2006.

22. Citado en Eva Acosta, *op. cit.*

23. Véase Antonio García Jiménez, «Pardo Bazán, la académica que no pudo ser», en el blog de la Biblioteca Nacional de España: https://www.bne.es/es/blog/blog-bne/pardo-bazan-la-academica-que-no-pudo-ser

24. *El Día*, 7 de febrero de 1917. Citado en Antonio García Jiménez, *op. cit.*

25. Rosalía de Castro, «Lieders», en *Obra completa*, Padrón, Fundación Rosalía de Castro, 1996.

26. Rosalía de Castro, «Las literatas. Carta a Eduarda», en *Almanaque de Galicia*, 1865. Digitalizado en: https://es.wikisource.org/wiki/Las_literatas

Capítulo 7

1. Véase Ángeles Caso, *Ellas mismas. Autorretratos de pintoras*, Oviedo, Libros de la Letra Azul, 2016, y *Grandes maestras. Mujeres en el arte occidental. Renacimiento-Siglo XIX*, Oviedo, Libros de la Letra Azul, 2017.

2. Véase Séverine Sofio, *Artistes femmes. La parenthèse enchantée. XVIIIᵉ-XIXᵉ siècles*, París, CNRS, 2016.

3. José Parada y Santín, *Las pintoras españolas*, Madrid, Imprenta del Asilo de Huérfanos del S. C. de Jesús, 1903.

4. Véase Estrella de Diego, *La mujer y la pintura del XIX español. Cuatrocientas olvidadas y algunas más*, Madrid, Cátedra, 2009.

5. Citado en Séverine Sofio, *op. cit.*

6. Citado en Anne Higonnet, *Berthe Morisot, une biographie*, París, Adam Biro, 1989.

7. Marie Bashkirtseff, entrada del 2 de enero de 1879 en *Journal (Extraits)*, París, Mercure de France, 2000.

8. Véase Ángeles Caso, *Grandes maestras. Mujeres en el arte occidental. Renacimiento-Siglo XIX*, *op. cit.*

9. *Idem.*

10. Véase Ángeles Caso, *Las olvidadas. Una historia de mujeres creadoras*, capítulo 8, Barcelona, Planeta, 2005.

11. Carta de madame Claudel a su hija, 1927, en Camille Claudel, *Correspondance*, París, Gallimard, 2014.

12. Véase Maite Jiménez Ochoa de Alda, *La fotógrafa Eulalia Abaitua (1853-1943)*, Bilbao, Bilbao Bizkaia Kutxa, 2010.

13. Véase Antonio Jesús González Pérez, *Andaluzas tras la cámara. Fotógrafas en Andalucía 1844-1939*, Sevilla, Consejería de Cultura y Patrimonio Histórico, 2021.

Capítulo 8

1. Alejandro Dumas hijo, *L'Homme-Femme. Réponse à M. Henri d'Ideville*, Calmann Lévy Éditeur, París, 1884. Digitalizado en: https://play.google.com/books/reader?id=jQ4bAAAAYAAJ&pg=GBS.PP8&hl=es

2. Pascual Madoz, *Diccionario geográfico, estadístico, histórico de España y sus provincias de Ultramar*, Madrid, 1845-1850. Citado en Gloria Nielfa Cristóbal, «El nuevo orden liberal», en Bonnie S. Anderson y Judith P. Zinsser, *Historia de las mujeres. Una historia propia*, Barcelona, Crítica, 1991.

3. Véase Geraldine M. Scanlon, *La polémica feminista en la España contemporánea, 1868-1974*, Madrid, Akal, 1986.

4. Véase Jean Marie Minot, «Le travail des femmes à la mine», en *Mineurs du monde. Mémoires de mines*. Incluye imágenes de mineras rodadas en 1921 y una entrevista con una antigua minera. Digitalizado en: https://fresques.ina.fr/memoires-de-mines/fiche-media/Mineur00384/le-travail-des-femmes-a-la-mine.html

5. Véase Kelu Robles, «¿Qué papel jugaron las mujeres mineras asturianas?», en *Etheria Magazine*. Digitalizado en: https://etheria magazine.com/2021/10/20/mujeres-mineras-visita-pozo-soton-asturias/

6. Emilia Pardo Bazán, *La mujer española*, 1916. Citado en Gloria Nielfa Cristóbal, *op. cit.*

7. Citado en Bonnie S. Anderson y Judith P. Zinsser, *Historia de las mujeres, op. cit.*

8. Jeanne-Désirée [Véret] y Marie-Reine [Guindorf], «Appel aux femmes», en *La Femme Libre*, n.º 1, agosto de 1832. Digitalizado en Bibliothèque Nationale de France: https://gallica.bnf.fr/ark:/12148/bpt6k85525j/f2.item

9. Flora Tristan, *Pérégrinations d'une paria*, tomo 2, Librorium, 2019.

10. Citado en Evelyn Bloch-Dano, *Flora Tristan. La femme-messie*, París, Grasset & Fasquelle, 2001.

11. Véase Laure Adler, *Les maisons closes 1830-1930*, París, Hachette Littératures, 1990.

12. Citado en Geraldine M. Scanlon, *op. cit.*

13. Citado en Marie Petitot, «Syphilis: les ravages de la Belle-Endormie», en el blog: https://plume-dhistoire.fr/syphilis-les-ravages-de-la-belle-endormie/

14. Citado en Laure Adler, *op. cit.*

15. Flora Tristan, *Union ouvrière*, Deuxième Édition, París, 1844. Digitalizado en Bibliothèque Nationale de France: https://gallica.bnf.fr/ark:/12148/bpt6k81522j/f4.item.r=.langFR

16. Flora Tristan, *Le tour de France. Journal inédit. 1843-1844*, París, Tête de Feuilles, 1973. Digitalizado en Bibliothèque Nationale de France: https://gallica.bnf.fr/ark:/12148/bpt6k82507w/f6.item

17. Véase Judy Cox, «How Marx and Engels fought for women's liberation», en *International Socialism*, marzo de 2020. Digitalizado en: http://isj.org.uk/jcox-marx-engels-women-lib/

Capítulo 9

1. Véase Juan Francisco Fuentes y Pilar Garí, *Amazonas de la libertad. Mujeres liberales contra Fernando VII*, Madrid, Marcial Pons, 2015.

2. *Idem.*

3. Citado en Juan Francisco Fuentes y Pilar Garí, *op. cit.*

4. Véase Ana Muiña, *Rebeldes periféricas del siglo XIX*, Madrid, La Linterna Sorda, 2021.

5. María Josefa Zapata, «La hija del pueblo», en *El Nuevo Pensil de Iberia*, 1858. Citado en Gloria Espigado Tocino, «La buena nueva de la mujer-profeta: identidad y cultura de género en las fourieristas M.ª Josefa Zapata y Margarita Pérez de Celis», en *Pasado y Memoria: Revista de Historia Contemporánea*, n.º 7, 2008. Digitalizado en: https://dialnet.unirioja.es/servlet/articulo?codigo=3282269

6. Arthur Schopenhauer, «Ensayo sobre las mujeres», en *Parerga y paralipómena*, 1851. Citado en Carmen Albacete *et al.*, *Cabellos largos e ideas cortas. Lo que han dicho algunos filósofos sobre la mujer*, Madrid, Akal, 1993.

7. Véase Gloria Nielfa Cristóbal, «El nuevo orden liberal», en Bonnie S. Anderson y Judith P. Zinsser, *Historia de las mujeres. Una historia propia*, Barcelona, Crítica, 1991.

8. Faustina Sáez de Melgar, *Ateneo artístico y literario de señoras. Asociación de enseñanza universal, científica, religiosa y recreativa*, Madrid, 1869. Digitalizado en Biblioteca Virtual de la Comunidad de Madrid: https://bibliotecavirtualmadrid.comunidad.madrid/bvmadrid_publicacion/es/catalogo_imagenes/grupo.do?path=1034760&posicion=1#search=%22Ateneo+Art%C3%ADstico+y+Literario+de+Señoras%22

9. Citado en Geraldine M. Scanlon, *La polémica feminista en la España contemporánea, 1868-1974*, Madrid, Akal, 1986.

10. *Idem.*

11. Emilia Pardo Bazán, *La educación del hombre y la de la mujer. Sus relaciones y diferencias*, discurso pronunciado en el Congreso Pedagógico Nacional de 1892. Citado en Geraldine M. Scanlon, *op. cit.*

12. Concepción Arenal, *La mujer del porvenir. Artículos sobre las conferencias dominicales para la educación de la mujer celebradas en el Paraninfo de la Universidad de Madrid*, Madrid, Eduardo Perié-Félix Perié, 1869. Citado en Pilar Folguera Crespo, «¿Hubo una revolución liberal burguesa para las mujeres? (1808-1868)», en Elisa Garrido (ed.), Pilar Folguera, Margarita Ortega y Cristina Segura, *Historia de las mujeres en España*, Madrid, Síntesis, 1997.

13. *Idem.*

14. *Idem.*

15. Concepción Arenal, «La educación de la mujer», en *Boletín de la Institución Libre de Enseñanza*, 1892. Digitalizado en Biblioteca Virtual Miguel de Cervantes: https://www.cervantesvirtual.com/obra-visor/la-educacion-de-la-mujer--0/html/fef9f6e6-82b1-11df-acc7-002185ce6064_2.html

16. El artículo publicado por el periodista Cristóbal de Castro en *El Heraldo de Madrid* el 14 de octubre de 1911 se puede encontrar digitalizado aquí: https://rosariodeacu.blogspot.com/2015/12/21-el-escrito-que-provoco-su-reaccion.html

17. Rosario de Acuña, «La jarca de la Universidad», en *El Progreso*, 22 y 23 de noviembre de 1911. Digitalizado en: http://www.rosariodeacuna.es/obras/articulos/jarca.htm

18. Rosario de Acuña, en *Acción Fabril*, 6 de mayo de 1916. Citado en José Bolado García, «Rosario de Acuña: Palabra y testimonio en la causa de la emancipación femenina». Digitalizado en Biblioteca Virtual Miguel de Cervantes: https://www.cervantesvirtual.com/obra-visor/rosario-de-acua--palabra-y-testimonio-en-la-causa-de-la-emancipacion-femenina/html/dcd87dae-2dc6-11e2-b417-000475f5bda5_3.html

Bibliografía

OBRAS GENERALES

ALBACETE, Carmen; ARENAS, Isabel; CALLE, Carmen; MERINO, Carmen; NAVAMUEL, Manuel, y ROMERO, Carlos, *Cabellos largos e ideas cortas. Lo que han dicho algunos filósofos sobre la mujer*, Madrid, Akal, 1993.

AMELANG, James, y NASH, Mary, *Historia y género. Las mujeres en la Europa moderna y contemporánea* (traducción de Eugenio Portela y Marta Portela), Valencia, Edicions Alfons el Magnànim, 1990.

ANDERSON, Bonnie S., y ZINSSER, Judith P., *Historia de las mujeres. Una historia propia* (traducción de Teresa Camprodón y Beatriz Villacañas), Barcelona, Crítica, 1991.

ARIÈS, Philippe, y DUBY, Georges (dirs.), *Historia de la vida privada* (traducción de Francisco Pérez Gutiérrez), 5 volúmenes, Madrid, Taurus, 1988.

BOLLMANN, Stefan, *Mujeres y libros. Una pasión con consecuencias* (traducción de María José Díez Pérez), Barcelona, Seix Barral, 2015.

BORZELLO, Frances, *Seeing Ourselves. Women's Self-Portraits*, Londres, Thames & Hudson, 1998.

—, *A World of Our Own: Women as Artists*, Londres, Thames & Hudson, 2000.

CABALLÉ, Anna, *El feminismo en España. La lenta conquista de un derecho*, Madrid, Cátedra, 2013.

—, *La vida escrita por las mujeres*, 4 volúmenes, Barcelona, Lumen, 2004.

CASO, Ángeles, *Ellas mismas. Autorretratos de pintoras*, Oviedo, Libros de la Letra Azul, 2016.

—, *Grandes maestras. Mujeres en el arte occidental. Renacimiento-siglo XIX*, Oviedo, Libros de la Letra Azul, 2017.

—, *Las olvidadas. Una historia de mujeres creadoras*, Barcelona, Planeta, 2005.

CHADWICK, Whitney, *Mujer, arte y sociedad* (traducción de María Barberán), Barcelona, Destino, 1992.

COMBALÍA, Victoria, *Amazonas con pincel. Vida y obra de las grandes artistas del siglo XVI al siglo XXI*, Barcelona, Destino, 2006.

DUBY, Georges, y PERROT, Michelle (dirs.), *Historia de las mujeres en Occidente* (traducción de Marco Aurelio Galmarini), 5 volúmenes, Madrid, Taurus, 1992.

DURÁN, María Ángeles (ed.), *La mujer en la historia de España (siglos XVI-XX). Actas de las segundas jornadas de investigación interdisciplinaria*, Madrid, Universidad Autónoma de Madrid, 1984.

FIGES, Orlando, *Los europeos. Tres vidas y el nacimiento de una cultura cosmopolita* (traducción de María Serrano), Barcelona, Taurus, 2020.

GALLARDO, Guillermo, y MIGUEZ, Luis, *Filósofas o barbarie. La historia de las ideas como no te la habían contado*, Madrid, Oberon, 2022.

GARCÍA NIETO PARÍS, María del Carmen, *Ordenamiento jurídico y realidad social de las mujeres. Siglos XVI a XX*, Madrid, Ediciones de la Universidad Autónoma, 1986.

GARRIDO, Elisa (ed.); FOLGUERA, Pilar; ORTEGA, Margarita, y SEGURA, Cristina, *Historia de las mujeres en España*, Madrid, Síntesis, 1997.

GREER, Germaine, *The Obstacle Race. The Fortunes of Women Painters and Their Work*, Londres, Tauris Parke Paperbacks, 2001. [Hay trad. cast.: *La carrera de obstáculos. Vida y obra de las pintoras antes de 1956*, Madrid, Bercimuel, 2005].

HELLER, Nancy G., *Femmes artistes*, París, Herscher, 1991.

HONIG FINE, Elsa, *Women and Art. A History of Women Painters and Sculptors from the Renaissance to the 20th century*, Londres, Allanheld & Schram/Prior, 1978.

LABALME, Patricia H. (ed.), *Beyond their Sex. Learned Women of the European Past*, Nueva York, New York University Press, 1984.

LEVI-MONTALCINI, Rita, y TRIPODI, Giuseppina, *Las pioneras. Las mujeres que cambiaron la sociedad y la ciencia desde la Antigüedad hasta nuestros días* (traducción de Lara Cortés Fernández), Barcelona, Crítica, 2011.

MARTÍNEZ, Cándida; PASTOR, Reyna; PASCUA, M.ª José de la, y TAVERA, Susanna (dirs.), *Mujeres en la historia de España. Enciclopedia biográfica*, Barcelona, Planeta, 2000.

MARTINO, Giulio de, y BRUZZESE, Marina, *Las filósofas* (traducción de Monica Poole), Madrid, Cátedra, 2000.

MAYAYO, Patricia, *Historias de mujeres, historias del arte*, Madrid, Cátedra, 2003.

NOCHLIN, Linda, *Situar en la historia. Mujeres, arte y sociedad* (traducción de Francisco López Martín y Antonio Rivas González), Madrid, Akal, 2020.

—, *Mujeres, arte y poder y otros ensayos* (traducción de Mela Dávila-Freire), Barcelona, Paidós, 2022.

OFFEN, Karen, *Feminismos europeos (1700-1950). Una historia política* (traducción de Pedro Andrés Piedras Monroy), Madrid, Akal, 2020.

PARKER, Rozsika, y POLLOCK, Griselda, *Old Mistresses. Women, Art and Ideology*, Londres, I. B. Tauris & Co Ltd., 2013.

PETERSEN, Karen, y WILSON, J. J., *Women Artists. Recognition and Reappraisal. From the Early Middle Ages to the Twentieth Century*, Nueva York/Hagerstown/San Francisco/Londres, Harper & Row Publishers, 1976.

POUNDS, Norman J. G., *La vida cotidiana. Historia de la cultura material* (traducción de Jordi Ainaud), Barcelona, Crítica, 1999.

RIOT-SARCEY, Michèle, *Histoire du féminisme*, París, La Découverte, 2015.

VILLAR GARCÍA, María Begoña (coord.), *Vida y recursos de mujeres durante el Antiguo Régimen*, Málaga, Servicio de Publicaciones de la Universidad de Málaga, 1997.

WARNOCK, Mary (ed.), *Women Philosophers*, Londres, Everyman, 1996.

WILWERTH, Evelyn, *Visages de la littérature féminine*, Bruselas, Pierre Mardaga Éditeur, 1987.

WOOLF, Virginia, *A Room of One's Own*, Londres, Penguin Books, 2000. [Hay trad. cast.: *Una habitación propia*, trad. de Jorge Luis Borges, Barcelona, DeBolsillo, 2021].

YALOM, Marilyn, *Historia de la esposa* (traducción de Marcelo Covián Fasce), Barcelona, Salamandra, 2003.

ZAVALA, Iris M. (coord.), *Breve historia feminista de la literatura española*, 6 volúmenes, Barcelona, Anthropos, 1997.

CAPÍTULO 1

AURICCHIO, Laura, *Adélaïde Labille-Guiard. Artist in the Age of Revolution*, Los Ángeles, J. Paul Getty Museum, 2009.

BERLY, Cécile, *Élisabeth Vigée Le Brun*, París, ArtLys, 2015.

CALVO SERRALLER, Francisco, *Los géneros de la pintura*, Madrid, Taurus, 2005.

ÉTIENVRE, Françoise (dir.), *Regards sur les Espagnoles créatrices. XVIIIe-XIXe siècle*, París, Presses Sorbonne Nouvelle, 2006.

MOULTON MAYER, Dorothy, *Angelica Kauffmann. A Biography*, Gerrards Cross, Colin Smythe, 1972.

PARADA Y SANTÍN, José, *Las pintoras españolas*, Madrid, Imprenta del Asilo de Huérfanos del Sagrado Corazón de Jesús, 1903.

ROSENTHAL, Angela, *Angelica Kauffman. Art and Sensibility*, New Haven, Yale University Press, 2006.

SANI, Bernardina, *Rosalba Carriera (1673-1757). Maestra del pastello nell'Europa ancien régime*, Turín, Allemandi, 2007.

SOFIO, Séverine, *Artistes femmes. La parenthèse enchantée. XVIIIe-XIXe siècles*, París, CNRS, 2016.

VIGÉE LE BRUN, Élisabeth, *Mémoires d'une portraitiste*, París, Scala, 1989.

VV. AA., *Der Freie Blick. Anna Dorothea Therbusch und Ludovike Simanowicz. Zwei Porträtmahlerinnen des 18. Jahrhunderts*, catálogo de exposición, Heidelberg, Kehrer Verlag, 2002.

CAPÍTULO 2

BADINTER, Élisabeth, *Émilie, Émilie: L'ambition féminine au XVIIIème siècle*, París, Le Livre de Poche, 2000.

BLOM, Philipp, *Encyclopédie. El triunfo de la razón en tiempos irracionales* (traducción de Javier Calzada), Barcelona, Anagrama, 2007.

BOLUFER PERUGA, Mónica, *La vida y la escritura en el siglo XVIII. Inés Joyes: Apología de las mujeres*, Valencia, Universitat de València, 2008.

CHÂTELET, Madame du, *Discurso sobre la felicidad* (edición de Isabel Morant), Madrid, Cátedra, 2009.

CRAVERI, Benedetta, *La civiltà della conversazione*, Milán, Adelphi, 2006. [Hay trad. cast.: *La cultura de la conversación*, trad. de César Palma, Madrid, Siruela, 2020].

DEFFAND, Madame du, *Cher Voltaire. La correspondance de Madame du Deffand avec Voltaire*, París, Éditions des Femmes, 1987.

ESSINGER, James, *El algoritmo de Ada. La vida de Ada Lovelace, hija de lord Byron y pionera de la era informática* (traducción de Pablo Sauras Rodríguez-Olleros), Barcelona, Alba, 2016.

GRUNDY, Isobel, *Lady Mary Wortley Montagu: Comet of the Enlightenment*, Oxford, Oxford University Press, 2001.

HESSE, Carla, *The Other Enlightenment. How French Women became Modern*, Princeton, Princeton University Press, 2001.

HEYDEN-RYNSCH, Verena von der, *Los salones europeos. Las cimas de una cultura femenina desaparecida* (traducción de José Luis Gil Aristu), Barcelona, Península, 1998.

KANT, Immanuel, *Observaciones acerca del sentimiento de lo bello y lo sublime* (traducción de Luis Jiménez Moreno), Madrid, Alianza, 2015.

MARGUENAT DE COURCELLES, Anne-Thérèse de, marquise de Lambert, *Réflexions nouvelles sur les femmes, par une Dame de la Cour*. Digitalizado en Bibliothèque Nationale de France: https://gallica.bnf.fr/ark:/12148/bpt6k722771/f6.item

MAUZI, Robert, *L'art de vivre d'une femme au XVIIIᵉ siècle*, París, Desjonquères, 2008.

MONTAGU, Lady Mary Wortley, *The Turkish Embassy Letters*, Londres, Virago Press, 1994.

MUÑOZ PÁEZ, Adela, *Sabias. La cara oculta de la ciencia*, Barcelona, Debate, 2017.

ROJAS, Rochelle E., «Bad Christians and Hanging Toads: Witch Trials in Early Modern Spain, 1525-1675». Disertación, Duke University, 2016. Digitalizado en: https://dukespace.lib.duke.edu/dspace/

bitstream/handle/10161/13429/Rojas_duke_0066D_13782. pdf?sequence=1&isAllowed=y

ROLAND, Madame, *Memorias privadas* (traducción de Ángeles Caso), Madrid, Siruela, 2008.

ROUSSEAU, Jean-Jacques, *Émile, ou De l'Éducation*, París, Larousse, 2000. [Hay trad. cast.: *Emilio o De la educación*, trad. de Mauro Armiño, Madrid, Alianza, 2011].

CAPÍTULO 3

AMAR Y BORBÓN, Josefa, *Discurso en defensa del talento de las mujeres, y de su aptitud para el gobierno, y otros cargos en que se emplean los hombres*, Zaragoza, 5 de junio de 1786 (edición de Carmen Chaves Tesser). Digitalizado en: https://ensayistas.org/antologia/XVIII/amar-bor/

—, *Discurso sobre la educación física y moral de las mugeres*, Madrid, Benito Cano, 1790. Digitalizado en: https://ia800205.us.archive.org/1/items/discursosobrelae00amaruoft/discursosobrelae00amaruoft.pdf

BERNUÉS, Julio, y MIANA, Pedro J., «Soñando con números, María Andresa Casamayor (1720-1780)», en *Suma: Revista sobre Enseñanza y Aprendizaje de las Matemáticas*, n.º 91, 2019. Digitalizado en: https://arxiv.org/abs/1901.07389

CASO GONZÁLEZ, José Miguel, *Jovellanos*, Barcelona, Ariel, 1998.

D'AULNOY, *Relación del viaje de España* (edición de G. Mercadal), Madrid, Akal, 1986.

DEMERSON, Paula de, *María Francisca de Sales Portocarrero, condesa de Montijo: una figura de la Ilustración*, Madrid, Editora Nacional, 1975.

FEIJOO, Benito Jerónimo, «Defensa de las mujeres», en *Teatro crítico universal*, tomo primero, discurso XVI. Digitalizado en: https://www.filosofia.org/bjf/bjft116.htm

FERNÁNDEZ-QUINTANILLA, Paloma, *La mujer ilustrada en la España del siglo XVIII*, Madrid, Ministerio de Cultura, 1981.

—, *La IX Duquesa de Osuna. Una ilustrada en la corte de Carlos III*, Aranjuez, Ediciones Doce Calles, 2017.

JOYES Y BLAKE, Inés, *Apología de las mujeres*, 1798. Digitalizado en: https://www.bieses.net/wp-content/uploads/2019/03/Apologia_rev_PEND.pdf

LÓPEZ-CORDÓN CORTEZO, María Victoria, *Condición femenina y razón ilustrada. Josefa Amar y Borbón*, Zaragoza, Prensas Universitarias de Zaragoza, 2005.

MARTÍN GAITE, Carmen, *Usos amorosos del dieciocho en España*, Madrid, Siglo XXI, 1972.

NOGAL FERNÁNDEZ, Rocío de la, *Españolas en la arena pública (1758-1808)*, Buenos Aires, Miño y Dávila, 2006.

RUIZ ORTIZ, María, «Pecados femeninos y vida privada: discursos sobre la conciencia y la vida cotidiana en la España Moderna (ss. XVI-XVIII)», en *Cuadernos de Historia Moderna*, n.º 39, Madrid, 2014.

CAPÍTULO 4

CASO, Ángeles, *Quiero escribirte esta noche una carta de amor. La correspondencia pasional de quince grandes escritoras y sus historias*, Barcelona, Lumen, 2019.

CORRAL, José Luis, «Constructoras de catedrales», en *Historia y Vida*, n.º 580, Barcelona, junio de 2017.

DALL'AVA SANTUCCI, Josette, *Des sorcières aux mandarines. Histoire des femmes médecins*, París, Calman-Lévy, 2004.

DUHET, Paule-Marie (ed.), *Les femmes et la Révolution. 1789-1794*, París, Gallimard/Julliard, 1971.

FAUCHEUX, Michel, *Olympe de Gouges*, París, Gallimard, 2018.

GODINEAU, Dominique, «De la guerrière à la citoyenne. Porter les armes pendant l'Ancien Régime et la Révolution française», en *Clio. Femmes, Genre, Histoire*, n.º 20, noviembre de 2004. Disponible en: https://journals.openedition.org/clio/1418#ftn18

—, «Le genre de la citoyenneté», en VV. AA., *Genre, femmes, histoire en Europe*, París, Presses Universitaires de Paris Ouest, 2011.

GOUGES, Olympe de, *Déclaration des droits de la Femme et de la Citoyenne*, 1791. Digitalizado en Bibliothèque Nationale de France: https://gallica.bnf.fr/ark:/12148/bpt6k426138/f13.item

MANZANERA, Laura, *Olympe de Gouges. La cronista maldita de la Revolución Francesa*, Barcelona, El Viejo Topo, 2010.

MARAND-FOUQUET, Catherine, *La Femme au temps de la Révolution*, París, Stock, 1989.

MARTIN, Jean-Clément, *La révolte brisée: femmes dans la Révolution Française et l'Empire*, París, Armand Colin, 2008.

PALM D'ALDERS, Etta, *Discours de Madame Etta Palm d'Aelders, hollandaise, lu à la Confédération des Amis de la Vérité*. Digitalizado en Bibliothèque Nationale de France: https://gallica.bnf.fr/ark:/12148/bpt6k86050m

ROJAS, Rochelle E., *Bad Christians and Hanging Toads: Witch Trials in Early Modern Spain, 1525-1675*. Disertación, Duke University, 2016. Digitalizado en: https://hdl.handle.net/10161/13429

TOMALIN, Claire, *Vida y muerte de Mary Wollstonecraft* (traducción de Miguel Á. López Lafuente), Barcelona, El Viejo Topo, 2011.

WOLLSTONECRAFT, Mary, *Vindicación de los derechos de la mujer* (traducción de Marta Lois González), Barcelona, Penguin Clásicos, 2020.

—, *Cartas escritas durante una corta estancia en Suecia, Noruega y Dinamarca* (traducción de Camila Zapponi), Madrid, Los Libros de la Catarata, 2003.

—, *La educación de las hijas* (traducción de Cristina López González), Santander, El Desvelo, 2022.

YALOM, Marilyn, *Blood Sisters. The French Revolution in Women's Memory*, Londres, Pandora, 1993.

CAPÍTULO 5

ANDRADE BOUÉ, Pilar, *Madame de Staël (1766-1817)*, Madrid, Ediciones del Orto, 2002.

AUSTEN-LEIGH, James Edward, *Recuerdos de Jane Austen* (traducción de Marta Salís), Barcelona, Alba, 2012.

BARKER, Juliet, *The Brontës*, Londres, Abacus, 2012.

BAUDELAIRE, Charles, *Mon cœur mis à nu. Journaux intimes*, París, 1887. Digitalizado en: https://fr.wikisource.org/wiki/Mon_cœur_mis_à_nu

MALLET, Francine, *George Sand*, París, Bernard Grasset, 1995.

REID, Martine, *George Sand: Biographie*, París, Folio, 2013.

SEYMOUR, Miranda, *Mary Shelley*, Londres, Simon & Schuster, 2018.

SPARK, Muriel, *Mary Shelley. La vida de la creadora de Frankenstein* (traducción de Aurora Fernández de Villavicencio), Barcelona, Lumen, 2006.

TOMALIN, Claire, *Jane Austen. Una vida* (traducción de Beatriz López-Buisán), Barcelona, Circe, 1999.

CAPÍTULO 6

ACOSTA, Eva, *Emilia Pardo Bazán. La luz en la batalla*, Barcelona, Lumen, 2009.

BURDIEL, Isabel, *Emilia Pardo Bazán*, Madrid, Taurus, 2019.

CASTRO, Rosalía de, «Lieders», en *Obra completa*, Padrón, Fundación Rosalía de Castro, 1996.

—, «Las literatas. Carta a Eduarda», en *Almanaque de Galicia*, 1865. Digitalizado en: https://es.wikisource.org/wiki/Las_literatas

COSTA STAKSRUD, Liliana, *Rosalía de Castro (1837-1885)*, Madrid, Ediciones del Orto, 2000.

GARCÍA JIMÉNEZ, Antonio, «Pardo Bazán, la académica que no pudo ser», en el blog de la Biblioteca Nacional de España: https://www. bne.es/es/blog/blog-bne/pardo-bazan-la-academica-que-no-pudo-ser

GÓMEZ DE AVELLANEDA, Gertrudis, *Poesías y epistolario de amor y de amistad* (edición de Elena Catena), Madrid, Castalia, 1989.

KIRKPATRICK, Susan, *Las Románticas. Escritoras y subjetividad en España, 1835-1850* (traducción de Amaia Bárcena), Madrid, Cátedra, 1991.

MAYORAL, Marina, «Biografía de Rosalía de Castro», en Biblioteca Virtual Miguel de Cervantes: https://www.cervantesvirtual.com/ portales/rosalia_de_castro/autora_biografia/

PARDO BAZÁN, Emilia, «La cuestión académica. A Gertrudis Gómez de Avellaneda (En los Campos Elíseos)», en *La España Moderna*, Madrid, 27 de febrero de 1889. Digitalizado en la Biblioteca de la Fundación Lázaro Galdiano: https://bibliotecalazarogaldiano.word-press.com/2013/11/06/gertrudis-gomez-de-avellaneda-y-emilia-pardo-bazan-la-cuestion-academica-segunda-parte/

PORPETTA, Antonio, y JIMÉNEZ FARO, Luzmaría, *Carolina Coronado (Apunte biográfico y Antología)*, Madrid, Ediciones Torremozas, 1983.

VV. AA., *Liberalismo y Romanticismo en tiempos de Isabel II*, catálogo de exposición, Madrid, Sociedad Estatal de Conmemoraciones Culturales, 2004.

Capítulo 7

Adler, Kathleen, y Garb, Tamar, *Berthe Morisot*, Londres, Phaidon Press Limited, 1987.

Bashkirtseff, Marie, *Journal (Extraits)*, París, Mercure de France, 2000.

Bonnet, Marie-Josèphe, *Liberté, Égalité, Exclusion. Femmes peintres en Révolution, 1770-1804*, París, Vendémiaire, 2012.

Cetti, Luisa, *Forever free. Oltre la barriera del colore. L'esilio romano di Edmonia Lewis*, Roma, Castelvecchi, 2017.

Champion, Jeanne, *Suzanne Valadon*, París, Fayard, 2004.

Claudel, Camille, *Correspondance*, París, Gallimard, 2014.

Delafond, Marianne, *Les femmes impressionistes: Mary Cassatt, Eva Gonzalès, Berthe Morisot*, catálogo de exposición, París, Musée Marmottan, 1993.

Delbée, Anne, *Camille Claudel* (traducción de Ana María Moix), Barcelona, Circe, 1989.

Diego, Estrella de, *La mujer y la pintura del XIX español. Cuatrocientas olvidadas y algunas más*, Madrid, Cátedra, 2009.

González Pérez, Antonio Jesús, *Andaluzas tras la cámara. Fotógrafas en Andalucía 1844-1939*, Sevilla, Consejería de Cultura y Patrimonio Histórico, 2021.

Higonnet, Anne, *Berthe Morisot, une biographie*, París, Adam Biro, 1989.

Jiménez Ochoa de Alda, Maite, *La fotógrafa Eulalia Abaituna (1853-1943)*, Bilbao, Bilbao Bizkaia Kutxa, 2010.

Lebart, Luce, y Robert, Marie, *Une histoire mondiale des femmes photographes*, París, Textuel, 2020.

Pinet, Hélène, y Paris, Reine-Marie, *Camille Claudel. Le génie est comme un miroir*, París, Gallimard, 2003.

Pfeiffer, Ingrid, y Hollein, Max (eds.), *Women Impressionists*, catálogo de exposición, Berlín, Hatje Kantz Verlag, 2008.

ROSENBLUM, Naomi, *A History of Women Photographers*, París/Londres/Nueva York, Abbeville Press Publishers, 1994.

VV. AA., *Camille Claudel, 1864-1943*, catálogo de exposición, Madrid, Fundación Mapfre, 2007.

VV. AA., *Valadon. Utrillo*, catálogo de exposición, París, Éditions Pinacothèque de París, 2009.

CAPÍTULO 8

ADLER, Laure, *Les maisons closes. 1830-1930*, París, Hachette, 1990.

—, *À l'aube du Féminisme: les premières journalistes (1830-1850)*, París, Payot, 1979.

BLOCH-DANO, Evelyn, *Flora Tristan. La femme-messie*, París, Grasset & Fasquelle, 2001.

COX, Judy, «How Marx and Engels fought for women's liberation», en *International Socialism*, marzo de 2020. Digitalizado en: http://isj.org.uk/jcox-marx-engels-women-lib/

ENGELS, Friedrich, *El origen de la familia, la propiedad privada y el estado* (traducción del Instituto de Lenguas Extranjeras de Moscú), Madrid, Alianza, 2013.

FEITO, María Teresa, *Louisa May Alcott*, Madrid, Edimat, 2005.

JEANNE-DÉSIRÉE [Véret] y Marie-Reine [Guindorf], «Appel aux femmes», en *La Femme libre*, n.º 1, agosto de 1832. Digitalizado en Bibliothèque Nationale de France: https://gallica.bnf.fr/ark:/12148/bpt6k85525j/f2.item

MINOT, Jean-Marie, «Le travail des femmes à la mine», en *Mineurs du monde. Mémoires de mines*. Digitalizado en: https://fresques.ina.fr/memoires-de-mines/fiche-media/Mineur00384/le-travail-des-femmes-a-la-mine.html

Musso, Pierre, *Saint-Simon et le Saint-Simonisme*, París, Presses Universitaires de France, 1999.

Robles, Kelu, «¿Qué papel jugaron las mujeres mineras asturianas?», en *Etheria Magazine*. Digitalizado en https://etheriamagazine. com/2021/10/20/mujeres-mineras-visita-pozo-soton-asturias/

Tristan, Flora, *Pérégrinations d'une paria*, Librorium, 2019. [Hay trad. cast.: *Peregrinaciones de una paria*, ed. de María José Bruña Bragado, Madrid, Red Libre, 2019].

—, *Promenades dans Londres. 1842. L'aristocratie & les prolétaires anglais*, París, Indigo & Côté Femmes, 2001. [Hay trad. cast.: *Paseos por Londres*, trad. de Gabriel Hormaechea, Barcelona, Global Rhythm, 2008].

—, *Union ouvrière*, París, 1844. Digitalizado en Bibliothèque Nationale de France: https://gallica.bnf.fr/ark:/12148/bpt6k81522j/ f4.item.r=.langFR

Capítulo 9

Acuña, Rosario de, «La jarca de la Universidad», en *El Progreso*, 22 y 23 de noviembre de 1911. Digitalizado en: http://www.rosario-deacuna.es/obras/articulos/jarca.htm

Arenal, Concepción, «La educación de la mujer», en *Boletín de la Institución Libre de Enseñanza*, 1892. Digitalizado en Biblioteca Virtual Miguel de Cervantes: https://www.cervantesvirtual.com/ obra-visor/la-educacion-de-la-mujer--0/html/fef9f6e6-82b1-11df-acc7-002185ce6064_2.html

Bolado García, José, «Rosario de Acuña: Palabra y testimonio en la causa de la emancipación femenina». Digitalizado en Biblioteca Virtual Miguel de Cervantes: https://www.cervantesvirtual.com/ obra-visor/rosario-de-acua--palabra-y-testimonio-en-la-causa-de-la-emancipacion-femenina/html/dcd87dae-2dc6-11e2-b417-000475f5bda5_3.html

CABALLÉ, Anna, *Concepción Arenal. La caminante y su sombra*, Barcelona, Taurus, 2018.

ELORZA, Antonio, *Socialismo utópico español*, Madrid, Alianza, 1970.

ESPIGADO TOCINO, Gloria, «La buena nueva de la mujer-profeta: identidad y cultura de género en las fourieristas M.ª Josefa Zapata y Margarita Pérez de Celis», en *Pasado y Memoria: Revista de Historia Contemporánea*, n.º 7, 2008. Digitalizado en: https://dialnet.unirioja.es/servlet/articulo?codigo=3282269

FERNÁNDEZ, Pura, *365 relojes. La baronesa de Wilson*, Barcelona, Taurus, 2022.

FERNÁNDEZ RIERA, Macrino, *Rosario de Acuña y Villanueva. Una heterodoxa en la España del Concordato*, Valencia, Ediciones 19, 2022.

FUENTES, Juan Francisco, y GARÍ, Pilar, *Amazonas de la libertad. Mujeres liberales contra Fernando VII*, Madrid, Marcial Pons, 2015.

MUIÑA, Ana, *Rebeldes periféricas del siglo XIX*, Madrid, La Linterna Sorda, 2021.

SCANLON, Geraldine M., *La polémica feminista en la España contemporánea. 1868-1974* (traducción de Rafael Mazarrasa), Madrid, Akal, 1986.

Índice onomástico

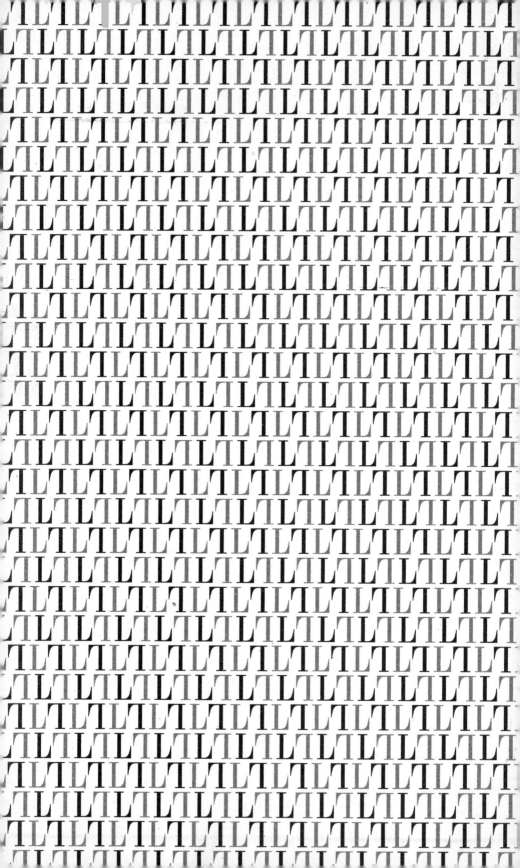